増補 **ガラス瓶の考古学**

桜井準也

六一書房

増補版刊行にあたって

「近現代のガラス瓶も立派な考古資料である」という意味合いを込めて本書を出版したのは平成 18 年（2006）のことである。その際の序文でも触れたが私がガラス瓶をはじめとする近現代遺物に興味をもつことになったのは平成 7 年（1995）に発掘調査報告書が刊行された神奈川県南葛野遺跡の調査においてであり，その後十年ほどして慶應義塾大学出版会から『モノが語る日本の近現代生活』を刊行することができた。この頃は拙著以外にも福田敏一氏の一連の著作（『新橋駅発掘』，『新橋駅の考古学』，『方法としての考古学』），メタ・アーケオロジー研究会の『近現代考古学の射程』など近現代考古学関係の書籍が相次いで刊行され，本書刊行後も小川 望氏・小林 克氏・両角まり氏（編）の『考古学が語る日本の近現代』，鈴木公雄ゼミナール（編）の『近世・近現代考古学入門』，福田敏一氏（編）の『考古学という可能性』が相次いで刊行された。この中で本書は近現代遺物の一つに過ぎないガラス瓶に関する書籍ということで，残念ながら正統派を自認する考古学研究者にとっては評価に値しない著作であったようである。しかし，わが国で発掘調査を実施すれば，それが埋蔵文化財であるかどうかは別として近現代のガラス瓶は必ず出土するため，ガラス瓶に興味を持った発掘担当者にとって本書は便利なガラス瓶の調査研究マニュアルと認識されたようで予想外のことに本書は完売した。また，近現代考古学がいまだに確立されたとは言い難いわが国の現状の中で，最近は卒業論文や修士論文で近現代のガラス瓶を扱う学生や大学院生も出てきているようである。

その後本書は電子書籍として六一書房から配信することになったが，昨年末になって六一書房の八木環一氏から増補版のお話を頂いた。そこで，増補版の刊行にあたって初版の誤植を訂正したうえで「コーラ瓶の型式学」という附編を加えることとした。この文章は考古学の専攻どころか人文系の学部も存在しない現在の本務校や都内の女子大で担当している考古学の授業において型式論や機能論を教える際に，学生にとっては縄文土器より身近な存在であるガラス瓶を教室に持ち込んで実施している講義内容をもとに執筆したものである。様々な側面からのアプローチが可能な近現代のガラス瓶にさらなる魅力を感じて頂ければ幸いである。

2019 年 4 月

桜 井 準 也

は　じ　め　に

　私が子どもの頃，ガラス瓶はあまりにも一般的な容器であり，ガラス瓶に「美しさ」や「珍しさ」，ましては「ノスタルジー」を感じることはなかったため，王冠や牛乳瓶の紙栓は収集しても重くて嵩張るガラス瓶は収集の対象にはならなかった。当然，ガラス瓶についての知識があるわけでもなく，小学生の頃にコカ・コーラ瓶にあった印刷の際にずれないように瓶を固定する凹み（臍）について，四角いものが「辛口」，丸いものが「甘口」であるとまじめに話していた記憶がある。しかし，中学生や高校生の頃になるとサイダーやコーラなどの清涼飲料の容器にスチール缶やアルミ缶が普及し，昭和 52 年（1977）には紙容器の使用量がガラス瓶を上回り，現在では PET ボトルが氾濫する時代となった。ガラス瓶はいつの間にか食品容器の中心としての座を他の容器に明け渡していったのである。

　このような私がガラス瓶を研究対象として考えるようになったのは，今から十数年前のことである。当時，神奈川県藤沢市で南葛野遺跡という遺跡の調査をしていて戦後の高度経済成長期のゴミ穴から出土した遺物を報告することになったことが契機であった。そして，本格的にガラス瓶に興味を抱くようになったのは，近現代考古学や物質文化研究に目覚め，「近代」という時代について真剣に考えるようになってからのことである。無色透明のガラス瓶は「清潔」や「衛生」という近代特有の観念を体現するものであり，ガラス瓶はきわめて「近代的」な存在であったのである。日本の考古学界では近現代のガラス瓶は一部の幸運な例外を除き，遺跡から出土しても回収して報告されることのない資料であり，ガラス瓶を研究対象にしている考古学研究者は全国でも極めて少ない。しかし，本書を読んでいただければガラス瓶が魅力のある研究対象であり，ガラス瓶も十分，考古学的な分析の対象となることが御理解いただけると思う。また，本書をまとめようと考えた理由の一つに，近現代遺跡から出土したガラス瓶を報告するに際し，いまだガラス瓶に関する情報が少ないため担当者が苦労して報告しているという状況がある。出土したガラス瓶を無視せずに報告されようとする方々の苦労を少しでも軽減するために本書がお役に立てば幸いである。

2006 年 5 月

桜　井　準　也

目　　　　次

増補版刊行にあたって

は　じ　め　に

第1章　なぜガラス瓶なのか ……………………………………………………… 1

第2章　ガラス瓶の概要

　第1節　ガラス瓶の歴史 ………………………………………………………… 5

　第2節　ガラス瓶の原料と製造技術 …………………………………………… 7

　第3節　ガラス瓶の諸特徴 ……………………………………………………… 12

第3章　ガラス瓶調査の方法

　第1節　文献等の調査 …………………………………………………………… 21

　第2節　資料の調査 ……………………………………………………………… 27

第4章　ガラス瓶の種類と出土資料

　第1節　ガラス瓶の分類 ………………………………………………………… 31

　第2節　ガラス瓶の種類とその特徴 …………………………………………… 31

　第3節　ガラス瓶の変遷 ………………………………………………………… 90

第5章　近現代遺跡とガラス瓶

第1節　近現代遺跡出土のガラス瓶⋯⋯⋯⋯⋯⋯⋯⋯⋯⋯⋯⋯⋯⋯⋯⋯99

第2節　遺跡の性格と出土ガラス瓶⋯⋯⋯⋯⋯⋯⋯⋯⋯⋯⋯⋯⋯⋯⋯118

第6章　ガラス瓶の諸相

第1節　ガラス瓶の形態と機能⋯⋯⋯⋯⋯⋯⋯⋯⋯⋯⋯⋯⋯⋯⋯⋯⋯123

第2節　ガラス瓶の色調⋯⋯⋯⋯⋯⋯⋯⋯⋯⋯⋯⋯⋯⋯⋯⋯⋯⋯⋯⋯130

第3節　ガラス瓶のデザインと記号⋯⋯⋯⋯⋯⋯⋯⋯⋯⋯⋯⋯⋯⋯⋯135

第4節　流用されるガラス瓶⋯⋯⋯⋯⋯⋯⋯⋯⋯⋯⋯⋯⋯⋯⋯⋯⋯⋯136

第5節　消えゆくガラス瓶⋯⋯⋯⋯⋯⋯⋯⋯⋯⋯⋯⋯⋯⋯⋯⋯⋯⋯⋯139

お　わ　り　に⋯⋯⋯⋯⋯⋯⋯⋯⋯⋯⋯⋯⋯⋯⋯⋯⋯⋯⋯⋯⋯⋯⋯⋯141

参　考　文　献⋯⋯⋯⋯⋯⋯⋯⋯⋯⋯⋯⋯⋯⋯⋯⋯⋯⋯⋯⋯⋯⋯⋯143

附編　コーラ瓶の型式学⋯⋯⋯⋯⋯⋯⋯⋯⋯⋯⋯⋯⋯⋯⋯⋯⋯⋯⋯⋯149

資　　　　　料⋯⋯⋯⋯⋯⋯⋯⋯⋯⋯⋯⋯⋯⋯⋯⋯⋯⋯⋯⋯⋯⋯⋯⋯167

第 I 章　なぜガラス瓶なのか

　現在，全国各地で年間 8000 件ほどの遺跡の発掘調査が実施されている。その際には古いもの
から徐々に堆積する遺跡の性格上，発掘調査の際は新しい時代から古い時代に遡って調査を行わ
ざるをえない。するとまず，調査の対象となる面は近世や近現代という新しい時代の遺構や遺物
ということになる。かつては，このような新しい時代の遺構は「攪乱」とされ，そこから出土し
た遺物も含め調査や記録の対象とはならなかった。しかし，1980 年代後半頃から徐々に近現代
の遺跡や遺物も調査・報告される機会が増えてきた。近現代遺跡では発掘調査に伴って陶磁器，
土器，土製品，金属製品，木製品，漆製品，ガラス製品，プラスチック製品など様々な素材や種
類の遺物が出土するが，近代の到来とともに大量に出土するようになる遺物がガラス瓶[1]である。
もちろん，近代以前にガラス瓶が存在しなかったわけではないが，わが国では近代になってガラ
ス瓶の大量生産が可能となったため，近現代遺跡からガラス瓶が安定して出土するのである。

　それでは，これらの近現代遺物の中でガラス瓶の持っている特徴とは何であろうか。まず，通
常のガラス瓶は透明や半透明であるということ，そして他の素材を用いた容器よりも硬く，重い
などという物理的特性を指摘できる。また，遺跡から発掘される生活財という観点から考えると，
ガラス瓶は飲料や食品などの容器であり，現在のようにリサイクルが進む以前はその多くが中身
がなくなったらそのままゴミ穴などに廃棄されていたことも重要な要素である。そのため，食器
などに使用される陶磁器と比較すると遺物の使用期間（桜井 2002）が短いため，遺構の年代や共
伴遺物の廃棄年代を決定する際の基準資料となりうることが指摘できる。さらに，様々な商品の
容器としての使用されるガラス瓶は当時の消費生活を直接的に反映するため，主に物質資料を用
いて近現代生活の実態を探る近現代考古学にとって重要な存在であることは明らかである。近現
代遺跡から発掘されるビール瓶や清酒瓶などの酒瓶，サイダー瓶やジュース瓶などの清涼飲料水
瓶，牛乳瓶などの乳製品瓶，さらには様々な形態の食品瓶，薬瓶，化粧瓶，文具瓶，日常生活瓶
などのガラス瓶は，それらをすべて回収してその種類や商品名を特定し，遺跡や遺構単位でガラ
ス瓶の組成（アセンブリッジ）を把握することにより，居住者の消費生活や彼らの趣味・嗜好を
探ることが可能になるのである。

　また，遺跡から出土するガラス瓶について詳細に分析することによって，ガラス瓶を製造する
際の技術的側面について知ることができる。新たな素材であるガラスの製造法は，他の素材とは
異なる独特のプロセスによるものであり，約 4500 年という長いガラスの歴史の中でいくつかの
技術革新によって製造法に変化がみられた。ガラス研究家である由水常雄はガラス作品の鑑賞の

2 第1章 なぜガラス瓶なのか

意義を美的評価に限定せずに，技術的側面を強調しながら「一つのガラス作品を鑑賞するとき，そこに使われている技術と技巧とを読み取ることができたならば，その技術・技巧の中に流れている知的内容，技巧の熟練度を知ることができるから，それをとおして，その時代のサイエンス，その時代の文化的熟成度を推しはかることができるであろう」（由水 1983：p37）と述べている。この指摘は近代のガラス瓶製造にもあてはまるものであり，明治期から現代に至るまでの様々な技術革新がガラス瓶製造を支え，品質を向上させていった。このようなガラス瓶の製造技術の変化や技術革新の痕跡は近現代遺跡から出土するガラス瓶を詳細に観察することによって明らかになるのである。

　さらに，無視できない点として，ガラス瓶が西洋や近代を象徴する存在であるということがあげられる。1981年公開の南アフリカの映画『ミラクル・ワールドブッシュマン』はクン・サン族（ブッシュマン）が飛行機から捨てられたコカ・コーラの瓶を悪魔の道具であるとして世界の果てまで捨てにゆくという物語であるが，まさにガラス瓶が現代文明・西洋文明を象徴する「モノ」として描かれている。また，近代の消費社会を鋭い切り口で分析したボードリヤールは環境の雰囲気を決定する材料としてガラスの存在をあげ，ガラスが《透明な》《未来の材料》で，ガラス瓶が理想的な現代的容器であると位置づけている（ボードリヤール 1980）。ガラス瓶にみられる「透明感（可視性）」は「清潔感」につながり，従来の陶磁器や木製・金属製の容器などにはみられない新たな視覚経験をもたらしたのである。また，「透明感」という視覚的な要素以外のガラス瓶の特徴として，温度や気圧で変形しない「耐久性」を持っていることや成分が中に溶け出さないことがあげられるが，これが容器としての「安心感」や「信頼性」に繋がっているとも考えられる。

　このように，近現代遺跡から出土するガラス瓶は近現代の消費生活を探る遺物であるとともに，近代ガラス工業における技術革新や近現代の消費生活の一端を雄弁に物語る貴重な資料でもあり，さらに近代を象徴する存在でもあるのである。本書では従来の考古学では研究対象とされることが少なかった近現代遺跡出土のガラス瓶[2]を取り上げ，近現代考古学の研究対象としてのガラス瓶が持つ可能性について論じていくこととする。

注

1）「びん」という名称については，「瓶」や「壜あるいは罎（旧漢字）」の漢字があてられたり，平仮名の「びん」や片仮名の「ビン」が用いられる場合がある。このように，「びん」の表現は文献によって様々である。例えば，山本孝造は『びんの話』（山本 1990）の中で用字としての「びん」を「壜＝人口吹きのもの，瓶＝自動製瓶機によるもの，びん＝第二次世界大戦後のもの，ボトル＝①同大戦後のプラスチック製品，②英語の訳語，外国製品」に使い分けている。また，GK道具学研究所の『暮らしの中のガラスびん』（GK道具学研究所 1994）では，瓶が中国渡来の言葉であり，西洋渡来の外来語のみカタカナ表記するというルールに従って「ビン」ではなく「びん」で統一されている。これに対し，考古

学の分野では出土遺物の名称は漢字表記が原則であるため，本書では「瓶」に統一することとした。

2) 本書では，東京都内および神奈川県内の以下の15遺跡から出土したガラス瓶を分析対象とした。

東京都

　　中野区江古田遺跡（旧国立療養所中野病院跡地遺跡調査会1999），新宿区百人町三丁目遺跡（新宿区遺跡調査会1996），目黒区大橋遺跡（大橋遺跡調査会1998），中央区明石町遺跡（明石町遺跡調査会2003），港区汐留遺跡（汐留遺跡調査会1996，東京都埋蔵文化財センター1997・2000・2003，福田2004a・b），港区郵政省飯倉分館構内遺跡（港区麻布台一丁目遺跡調査会1986），日野市南広間地遺跡（日野市遺跡調査会2003）

神奈川県

　　川崎市黒川地区No.29遺跡（黒川地区遺跡調査団1992），藤沢市南葛野遺跡（南葛野遺跡発掘調査団1995），茅ヶ崎市上ノ町・広町遺跡（茅ヶ崎市埋蔵文化財調査会・（財）茅ヶ崎市文化振興財団1997），厚木市東町二番遺跡（厚木市教育委員会1996），清川村宮ヶ瀬遺跡群北原（No.9）遺跡（神奈川県埋蔵文化財センター1993，市川1997），逗子市池子桟敷戸遺跡（（仮称）医療保険センター建設地内埋蔵文化財発掘調査団2000），葉山町No.2遺跡（葉山町No.2遺跡発掘調査団1999），三浦市ヤキバの塚遺跡（三浦の塚研究会2003，渡辺2005）

なお，参考資料として大分県竹田市炭竃遺跡（大分県教育委員会2000）および岩手県盛岡市下構遺跡（岩手県文化振興事業団埋蔵文化財センター2004）の出土資料も一部掲載した。

第2章　ガラス瓶の概要

第I節　ガラス瓶の歴史

　ガラスの起源はメソポタミアのアッカド期（紀元前25世紀）で貴石の代用品や模造品として製作されたガラスに求められる（谷一1999）。初期のガラスは装飾品として製作されていたが，メソポタミアでは紀元前16世紀後半，エジプトでは紀元前15世紀前半頃からガラスの容器が作られるようになった。当時のガラス成形技法には，コア技法（コア・テクニック），モザイク技法，輪積み技法，鋳造技法などがあった。初期のガラス容器は金属棒を芯にして耐火粘土で中型をつくり，加熱した中型の周りに溶けたガラスを附着させて器体をつくるコア技法によるものが中心であった。モザイク技法はガラス片を並べて加熱して繋ぎ合わせてゆく技法で，メソポタミアで発明されたとされている。鋳造技法は型を使用した方法で，初期には装飾品などの製作に用いられたが，紀元前8世紀頃にガラス容器に応用されるようになった。その後，紀元前1世紀にシリアで発明された吹きガラス技法はガラス容器の大量生産を可能にし，ガラス生産に革命を起こした。吹きガラス技法には鋳型の中に溶けたガラスを吹き込む型吹きガラス技法とガラスや鉄のパイプの先に溶けたガラスをつけて息を吹き込んで成形する宙吹きガラス技法に区分できる。そして，吹きガラス技法は各地に広まり，宙吹きガラス技法が普及するとガラス容器が大量に生産できるようになり，1世紀後半のローマ帝国ではガラス容器が貴族だけでなく庶民も所有するようになった。また，古代のガラスにはソーダ石灰ガラスと鉛ガラスがあるが，前者はユーラシア大陸を西へと伝播しローマンガラスへ，後者は東に伝播し中国の伝統的なガラスとなっていったとされている。

　わが国ではガラスは弥生時代に大陸より渡来し，奈良時代にガラスの製造技術が発達し，勾玉など各種の装飾品が作られた。当時は鋳造技法により勾玉や小玉が製作されており，7世紀後半の飛鳥池遺跡のガラス工房跡が著名な発掘事例である。また，壺など鋳造技法によって製作されたガラス容器も奈良県宇陀市文禰麻呂墓，福岡県福津市宮地嶽古墳から出土している。さらに，一般にササン・グラスとされているガラス容器として「白瑠璃碗」に代表される正倉院所蔵資料，これと同形の大阪府羽曳野市伝安閑天皇陵出土の切子碗，奈良県橿原市新沢千塚126号墳の切子碗などがあげられる。しかしながら，それ以降わが国にはガラス文化は根付かなかった。近世になるとオランダあるいは中国から「びいどろ」（ポルトガル語）や「ギヤマン」（オランダ語）と呼ばれたガラスの製法が長崎に伝えられ，簪などに使用されるようになり，鉛ガラスを使用した吹きガラス技法によるガラス瓶も作られるようになった。そして，ガラスの製法は正徳年間（1711～1716）には大阪，京都，江戸に伝えられた。また，薩摩ガラスは弘化3年（1846）に藩

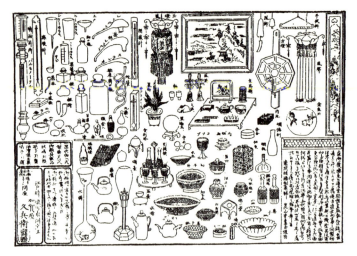

図1 江戸時代のガラス問屋「加賀屋」の引き札（びいどろ史料庫蔵）

主島津斉興が江戸からガラス工人を招いたのが始まりとされている。長崎ガラスは色ガラス素文の仕上げ，江戸ガラスは型吹きガラスで無色（やや黄緑色を帯びる）のガラスに切子を施したもの（曲線構成が多い），薩摩ガラスは赤やコバルト色を無色透明のガラスの外側に被せて，色ガラスの部分に主として直線構成のカットを施して幾何学的な切子パターンを作りだす点に特色がある。近世のガラスの器には，瓶の他に壺，皿，鉢，碗，杯，重箱，急須などがあり，装身具や置物，飾物，灯籠，金魚鉢，ポッペンなどがあった（由水 1983b）。当時のギヤマン問屋，加賀屋の引札には，ガラス瓶として燗瓶，銘酒瓶，舶来広口瓶，細口瓶，薬篭瓶が描かれている（図1）。しかし，当時ガラス瓶は貴重であり，長崎ではオランダ船の水夫が飲んだリキュールやジンの瓶を長崎港の海中に投棄したものを水中に潜って拾い集め，高値で数寄者に売る人間がいたという。瓶一本が小判一枚で飛ぶように売れ，ガラス瓶をめぐって殺傷事件が起きたため長崎奉行所によって酒瓶拾収禁止令が出された（由水 1983a）。また，安政元年（1854）のペリーの二度目の来航時にも黒船から捨てられた空き瓶を人々が拾って珍重したが，これは開国後の横浜でも同様であったという。当時の空き瓶はフラスコやギヤマン徳利と呼ばれ，三月の節句に天下無二の貴重品として飾られた。そのため，ガンガラ引きといわれた空き瓶買いは横浜独特の商売であり，今日の想像以上の利益を得たという（土方・坂本編 1978）。このように，ガラス瓶は近代以前にも長崎や平戸を通じてわが国に入ってきたが，その状況は開国から明治にかけての横浜でも同様であり，国産のガラス瓶が製造されるようになってもしばらくはガラス容器として空き瓶は貴重な存在であった。

　明治期になると明治2年（1869）に澤定次郎が東京本所松井町で薬瓶の製造を始め，明治3年（1870）に大阪の木村新兵衛がガラス瓶の製造を開始するなどガラス瓶製造が始まるが，それらは江戸時代の技法を受け継いだ小規模なものであり，ガラス瓶生産が本格的に工業化されたのは明治9年（1876）の工部省品川硝子製作所の設立以降である。ここではイギリスから技師や作業員数名を招いて，人工吹きを行う熟練工を養成したが，当時ガラス瓶の需要はそれほどではなく，明治時代中頃までのガラス瓶の多くは輸入に頼っていた（図2）。しかし，次第にガラス瓶が不足するようになり，明治21年（1888）には品川硝子製作所でビール瓶や薬瓶が生産され，明治26年（1893）頃から大手メーカーを中心に国産ビール瓶が量産されるようになった。このよう

に国産のガラス瓶が盛んに製造されるようになったのは明治20年代以降のことである。その後，明治39年（1906）には東洋硝子製造株式会社によって機械吹き（半人工式製瓶機）による製瓶が行われるなど半人工式の製瓶技術が導入され，ガラス瓶の量産化が試みられた。その背景に日清・日露戦争の頃に都市への人口集中が進み，飲酒の習慣が広がり，酒類の消費量が急激に増えたこと，明治33年（1900）に牛乳にガラス瓶使用が義務づけられたことなどがあげられる（山本1990）。その後，大正時代になるとビール等の普及によってガラス瓶の需要がさらに増し，ガラス瓶製造方法も半人工式から自動式へと変化していった。具体的には，大正5年（1916）に日本硝子工業株式会社が横浜と

図2　輸入された空き瓶（『横浜売物図絵唐物店之図』より）

尼崎の工場に自動製瓶機（オーエンス機）を設置したが，これがわが国における自動式生産の最初であり，その後ビール瓶や1升瓶が量産されるようになった。また，人工吹きが自動製瓶機になったことによって作業能率が上昇したが，一説によると自動製瓶機になって作業効率が約38倍になったという。また，内部に気泡がなくなり，形状も一定で丈夫になり品質が向上した。そして，昭和4年（1929）になると，透明ガラス瓶の自動製瓶が可能となるなど製作技術の発達によって質の高い製品が製作できるようになり，より複雑な形状のガラス瓶を製作することが可能になった。その後，太平洋戦争によって一時的に生産量が落ちたが，戦後の高度経済成長期には，清涼飲料水・洋酒・調味料などの需要が増えて様々なガラス瓶が流通していった。しかし，その後のスチール缶やアルミ缶の普及，紙製容器やペットボトルなどの登場によって，現在ではガラス瓶が使用される商品は限定されている。

　このように，ガラスは近世において装身具や金魚鉢など一部の生活財に使用されていたものであり，庶民が日常的にガラスに接するようになったのは飲食器やガラス瓶などの容器にガラスが使用されるようになった近代以降のことである。そして，近現代遺跡の発掘調査においてガラス瓶が大量に出土することが示しているように，ガラス瓶は近現代生活に欠かせない生活財となった。

第2節　ガラス瓶の原料と製造技術

1. ガラスの原料

　ガラスの主原料は珪砂（シリカ），石灰，ソーダ灰で鉛ガラスにはソーダ灰のかわりに炭酸カ

8 第2章 ガラス瓶の概要

リウムや酸化鉛が使用されている。珪砂(シリカ)は化学名では二酸化珪素(SiO_2)である。岩石や砂の半透明の部分が99%以上の純度の高い珪酸分であり,世界に無尽蔵にある資源であるといえる。純粋な珪砂(シリカ)の融点は1723℃と高温であるため融剤としてソーダ灰を加えることによって融点が800℃以下になる。しかし,これでは水に侵蝕されるため石灰を加えて耐久性を高めることによりソーダ石灰ガラスが成立することになる。石灰は炭酸カルシウム($CaCO_3$)で,これも石灰石として無尽蔵に産出する材料である。ソーダ灰は炭酸ソーダ(Na_2CO_3)であり,塩湖の周辺に産出する。古代では1世紀のローマの博物学者プリニウスの著作『博物誌』に中東で産出するソーダ灰に関する記述があり,アフリカではケニアのマガジ湖に産出するマガジ灰が頻繁に使用されてきた。現在では工場で生産される炭酸ソーダが使用されている。炭酸カリウム(K_2CO_3)は通常,木を燃やしてできる木灰の状態で使用されてきた。カリ分の多いガラスは屈折率が増し,鉄による青緑色の発色を抑え,無色透明の光沢のあるガラスとなる。酸化鉛(鉛丹)(PbO)は東洋のガラスの材料として使用され,ガラスの粘り気を少なくし,冷めたときに光沢と屈折率を高める。この他にも酸化マグネシウム(マグネシア)(MgO),酸化アルミニウム(アルミナ)(Al_2O_3),炭酸バリウム($BaCO_3$),ホウ砂($Na_2O \cdot 2B_2O_3 \cdot 10H_2O$),ホウ酸($B_2O_3$)などが使用され,様々なガラスの性質を生み出している。

　ガラスは使用される原料から主にソーダ石灰ガラス,鉛ガラス,ホウケイ酸ガラスに区分される。このうち,ソーダ石灰ガラスは木灰と砂の調合物であり,組成は二酸化珪素(SiO_2)が70%程度,酸化ナトリウム(Na_2O)が15%程度,酸化カルシウム(CaO)が7%程度,酸化マグネシウム(MgO)が3%程度,酸化アルミニウム(Al_2O_3)が1~2%程度を占めている。鉛ガラスは中国で古代から製作され,オリエントでもソーダ石灰ガラスと同時期から製作されていた酸化鉛(PbO)を特徴とするガラスである。組成は二酸化ケイ素(SiO_2)が60%程度,酸化鉛(PbO)が20~30%程度,酸化カリウム(K_2O)が10%程度,酸化ナトリウム(Na_2O)が5%程度を占め,最近ではクリスタルガラスや光学ガラスとして利用されている。ホウケイ酸ガラス(耐熱ガラス)は19世紀にドイツで開発されたもので,ホウ砂($Na_2O \cdot 2B_2O_3 \cdot 10H_2O$)を添加した硬度の高いガラスである。元素では二酸化ケイ素(SiO_2)が80%程度,ホウ酸(B_2O_3)が13%程度,酸化ナトリウム(Na_2O)が4%程度,酸化アルミニウム(Al_2O_3)が2%程度を占めている。ホウケイ酸ガラスは19世紀末に光学ガラスの色収差を除去する要請から生まれ,20世紀前半までに低膨張ガラスや医薬・理化学用に使用されるようになった。1982年の統計によれば,わが国のガラス生産量は470万トンで,内訳は容器ガラス(瓶ガラス)200万トン,板ガラス170万トン,電子管用30万トン,ガラス繊維30万トン,台所・食卓用17万トン,その他23万トンである。さらにガラス組成でみるとソーダ石灰ガラスが約87%,バリウム・ストロンチウム含有ガラス(CRT用)が約4%,鉛ガラス(CRT用など)が約3%,アルミノケイ酸塩ガラス(ガラス繊維用)が約3%,ホウケイ酸ガラスが約1.5%と推定されている(作花(編)1985)。ガラス瓶には一般的にソーダ石灰ガラスが使用されるが,その組成の変遷(表1)をみるとまず1850年を境に組成が全体的に変化している。また,1920年を境として$CaO+MgO$が減少してい

るのに対し，Na_2O+K_2O が増加していることがわかる。これは手吹き法から機械成形へ移行するにあたって組成変更が行なわれた結果であると考えられる。

ガラスの着色の方法には金属酸化物を少量混入させ全体に色をつける方法とラスター彩色・イオン交換着色・エナメル彩色のように表面だけに着色する方法があり，使用される金属酸化物も様々である。ガラスの着色剤には酸

表1　1800〜1979 年の代表的瓶ガラス組成（作花（編）1985）

年　代	SiO_2	R_2O_3	$CaO+MgO$	Na_2O+K_2O
1800-1850*	57.0	6.5	29.7	6.0
1850-1900*	70.5	3.8	13.2	11.3
1900-1920*	70.0	0.75	18.0	11.2
1920-1930	73.5	0.6	9.0	17.5
1930-1940	73.0	0.75	9.5	16.7
1940-1950	73.5	0.75	9.0	16.5
1950-1960	73.2	1.0	9.0	16.5
1960-1970	73.0	1.4	10.3	15.2
1970-1979	72.8	1.6	11.3	13.8

＊手吹法による瓶ガラス

化鉄（青緑），酸化銅（青，青緑，赤），酸化マンガン（赤紫色），酸化コバルト（紺青），酸化ニッケル（青紫，茶褐色），酸化クロム（緑），硫黄（黄，褐色），金（赤），銀（黄），セレン（ピンク，褐色）などがある。ガラス瓶の色調は無色透明が主体であるが，天然の珪砂（シリカ）には 0.02% 程度の酸化鉄が含まれているため青緑色を帯びる。そのため，ガラスを無色透明にするためにかつては補色関係にある赤紫色の発色をする酸化マンガンなどを少量混ぜていた。現在使用されている消色剤として，セレン，酸化マンガン，酸化コバルト，酸化ニッケルなどがある。また，大正末期頃から戦後にかけて白色不透明の化粧瓶が多く出回っていたが，着色のため当時は骨灰などを混ぜていた。現在ではガラスの色調を白色不透明にする乳濁剤として，螢石，骨灰，水晶石，燐灰石，酸化錫，珪フッ化ソーダが使用されている。

2.　ガラス瓶の製造技術

ガラス器の成形技法には，コア技法（コア・テクニック），型押し技法，鋳造技法，モザイク技法，吹きガラス（宙吹き）技法，型吹き技法などがある（由水 1983）。このうち，コア技法（コア・テクニック）は紀元前 16 世紀後半にメソポタミアで考え出された技法で，金属棒の先端にガラス器の内型を耐火粘土で作り，加熱溶融したガラス棒をまわしながら巻きつけていく技法，型押し技法は溶けたガラスの種を雌型の中に流し込んで雄型をその上から押し当てて成形する技法である。また，鋳造技法は原形を粘土・木・石膏などで作り，粘土や石膏で型どりし，合わせ型に溶けたガラスを流し込む方法である。古代には粘土型の中にガラスのカレット（細片）を詰めて型のまま加熱して鋳造していた。モザイク技法は小さく切断した色ガラス棒を耐火粘土の型の中に並べ，凸型（雄型）をその上に置いて型のまま加熱して溶かし合わせる技法である。これらの技法は古代メソポタミアには既に存在した成形技法である。

これに対し，吹きガラス（宙吹き）技法は紀元前 1 世紀にシリアで発明された技法で，鉄パイプの先に溶けたガラスを巻き取り，息を吹き込んで膨らましガラスが軟らかいうちに成形してゆく技法である。この技法の出現によって従来の非効率的な技法が消滅し，薄く透明度の高いガラ

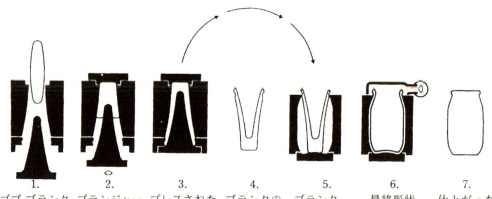

図3　プレス・アンド・ブロー工程（黒川 2005）

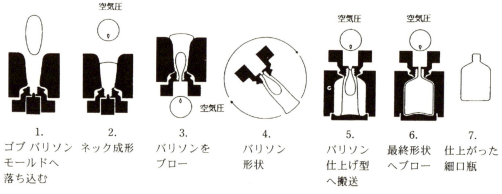

図4　ブロー・アンド・ブロー工程（黒川 2005）

スの器の大量生産が可能となった。型吹き技法は粘土型・木型・金型などの型の中に溶けたガラスを吹き込んで型の形に吹きだす技法であり，同じ形態のガラス器を大量に生産することが可能となった。近代のガラス瓶生産で最も一般的な技法であり，瓶の表面に残る金型の合わせ目の存在がこの技法であることを判断する目安となる。現代の機械による自動成形法も型吹き技法の変形である。

　これに対し，機械によるガラス瓶の生産は19世紀中頃に始まる（黒川 2005）。1859年にイギリスのアレキサンダー・メインがボトルの製造機械の最初の特許を取得し，1860年にはキィルナーがガラスボトル・ブローイング機の特許を取得した。そして，翌1861年にはジェームス・ボローンが大幅に進歩した設計を行った。これは溶けたガラスを逆転する型に注ぎ，カウンターウエストの底型でプレスして口部をつくり，型を180度回転させ，空気を吹き込んで瓶を成形するものである。その後，1882年にアメリカのフィリップ・アルボガストはこの「プレス・アンド・ブロー製法」（図3）で特許を取り，1893年に製造権を得たガラス会社によってワセリン用の広口瓶が製造された。しかし，この製法は開口部が小さい細口瓶には不向きであったため，細口瓶

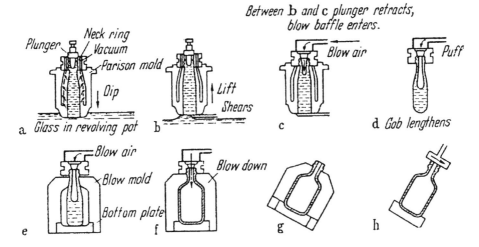

a：ガラスを粗型に真空により吸い込む
b：モールドが上昇しはさみが入る
c：プランジャーが抜け、ブローヘッドが入る
d：パフエアーが入りパリソンが伸びる
e：パリソンを仕上型に入れ、空気を吹き込む
f：完全に吹き込む
g：ブローヘッドが外れる
h：仕上型が開き、製品を取り出す

図5　オーエンス機の動作原理（黒川 2005）

は 1886 年にヨシア・アナールとハワード・アシュリーによって特許が取られた「ブロー・アンド・ブロー製法」（図4）によって製造された。その後，1903 年のドイツのシラーがネック部を成形するのに真空吸込みを採用した「ブロー・アンド・ブロー製法」の特許を取得し，その後改良されて半人工式製瓶の主要な機械となった。自動製瓶機として最初に考案されたのがアメリカのオーエンスによって 1907 年に完成した「オーエンス機」（図5）である。自動製瓶の導入によって 1 日に 15 人の職人と同じ数の補助者による製造と同量のガラス瓶を製作することができるようになったという。また，1917 年にオニール式およびリンチ式自動製瓶機が作られ，わが国でも大正 8 年（1919）年に創立した日本製壜株式会社が，この製瓶機を設置し，ガラス瓶の品質向上に貢献した。その後主流となった製瓶機は 1924 年にヘンリー・イングルによって発明された「IS 機」である。この機械では，フィーダーからガラスのゴブがシュートによって固定されている粗型に運ばれることが特徴で，無駄な時間がかからず生産量が大幅に増加した。

　このように，わが国の近代社会にガラス瓶が普及していった背景にはガラス瓶の製作技術の発達があることは明らかである。ただし，それは人工吹きから自動製瓶への画期的な技術革新による生産効率の上昇だけでなく，無色透明のガラス瓶も含め様々な色調のガラス瓶が生産可能になったことや複雑な形状（デザイン）のガラス瓶が製造可能になったことも転機になったと推定される。このうち後者についてはガラス瓶のデザインが素材の性質と型抜き技術との関係によって

12　第2章　ガラス瓶の概要

図6　瓶に生じる欠点の名称（作花ほか1975）

決定されることが関連している。この点は現在巷に氾濫しているプラスチック製品にもあてはまるものである。プラスチック製品が曲線を描くのはポリマーが鋳型の内部を流れるため角ができにくいことによるものであり，初期のプラスチック製品に段のある製品が多いのはアールデコの影響ばかりでなく鋳型からはずすのが容易であるためであるという（ウォーカー1998）。このように，ガラス瓶の製作技術の発達はガラス瓶のデザインに対しても影響を与えるものである。さらに，ガラス瓶の製作技術の発達はガラス瓶の品質向上にも貢献してきた。現在は徹底した品質管理が実施されているが，近現代遺跡から出土するガラス瓶には現在では「不良品」とされ流通しないガラス瓶が多数含まれている。一般的にガラス瓶の欠点は，主としてガラス素地に起因するものと，成形する工程で生じるものがある。前者で代表的なものに，「石」，「泡」，「色すじ」があり，後者の代表的なものとして「肉厚不良」，「びり（裂け目）」，「表面のしわ」，「穴細（口部や首部の穴径が小さいこと）」，「天出不良（瓶の天面の一部が溶けて流れること）」，「電線（内部が電線を張った状態にガラスが細くつながること）」がある（作花・境野・高橋（編）1975）。そして，実際に遺跡から出土したガラス瓶の中でも明治期から大正期頃のガラス瓶には，瓶の「変形」をはじめ，「泡」（気泡），「肩うす」，「胴うす」，「底厚」，「底偏肉」，首・胴表面の「しわ・すじ」（図6）などが頻繁に観察される。そして，戦後になると製作技術の発達によって，このような「不良品」はほとんど出土しなくなる。

第3節　ガラス瓶の諸特徴

1. 形　　　態

　近現代遺跡から出土するガラス瓶には，先史時代の考古資料のような形態分類が必ずしも有効であるとは限らない。それは近現代のガラス瓶が容器という点で機能は同じでも中身（内容物）や使用方法が多様であるため，大きさ（全体の大きさ・口部の大きさ・ガラスの厚さなど），形態（全体形状・口部形状・首部形状・肩部形状・胴部断面形状・キックを含む底部形状など），栓の種類，デザイン，色調などが実に多様な要素が複雑に絡み合っており，分類を困難にしているためである。このような状況の中でガラス瓶の形態分類を試みた事例として小林謙一・渡辺貴

子による目黒区大橋遺跡の事例があげられ（図7），遺跡から出土した244点のガラス瓶が16類に分類されている（小林・渡辺2002）。具体的には，1類が細口で首部が短く肩部はいかり肩，底形は円形の資料，2類は細口で首部が長く，底形は円形の資料，3類は広口で首は短いか無く，底形は円形の資料，4類は細口でなで肩，底形は円形の資料，5類は1類の器高が低いタイプで肩から底部にかけて垂直な胴部の資料，6類は細口で，首部は短くいかり肩，底形は楕円もしくは変形楕円形の資料，7類は細口で，蓋はスクリュー栓，底形は長方形の資料，8類は極細口で，蓋はスクリュー栓，底形は楕円形もしくは変形楕円形の資料，9類は肩が張り器高が低く，底形は円形の資料，10類は広口で筒形，器高が口径より小さい資料，11類は広口で，蓋

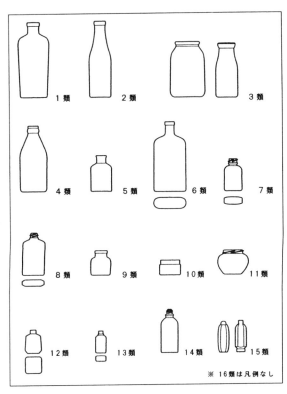

図7　ガラスの形態分類（小林・渡辺2002）

はスクリュー栓，胴部が丸く外へ張り，底形は円形の資料，12類は細口で胴部は直線で構成され，底形が方形の変形瓶，13類は細口で首部が無く，底形が長方形の資料，14類は極細口で，首が無く肩から底部まで垂直な胴部，底形は円形の資料，15類は細長く，容量が少ないタイプの資料，16類は1類～15類に分類されない資料である。

　各類はさらに細分されているが，図示された1類から15類のガラス瓶の形状を眺めると一見まとまりがないように見える。それは大きさ，栓の種類，肩部形状，胴部断面形状，底部形状など分類要素の組み合わせが多いわりにそれに該当する資料が極端に少ないためである。これは内容物や使用方法によってガラス瓶の形態が規定され，それに対する商品イメージも定着していることによる。そのため，これらの形態分類は我々がイメージする内容物を示す名称を付加することによってこの分類は理解しやすくなる。具体的に1類は薬品瓶，2類はサイダー瓶，3類は食品瓶と牛乳瓶，4類は戦後持ち込まれたワンウェイのビール瓶，5～8類は薬瓶や化粧瓶，9類はインク瓶，10類は化粧クリーム瓶・ポマード瓶・糊瓶，11類は歯磨き粉瓶，12～14類は薬品瓶や化粧瓶，15類は目薬瓶ということになり，ある程度ガラス瓶に親しんでいる人間にとっては，それぞれの瓶の大きさや色調まで頭に浮かんでくる。このように，近現代のガラス瓶は大きさ，形態，色調など多くの属性を持ちながら，実際にはいくつかのグループに収斂され，特定の内容物や使用法に結びついているものが多いのである。そして，子どもの頃から日常生活の中でガラ

14　第2章　ガラス瓶の概要

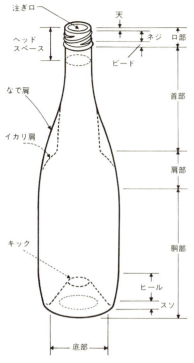

図8　ガラス瓶の主な名称（山本1990）

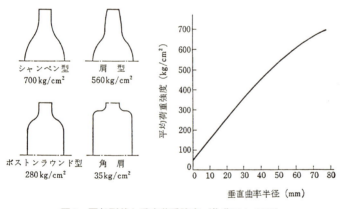

図9　肩部形状と垂直荷重強度（作花ほか1975）

ス瓶に親しんでいた世代やガラス瓶収集家が近現代遺跡から出土するラベルや陽刻（エンボス）のないガラス瓶を見て，内容物あるいは商品名まで推測できるのはこのためである。この点は他の時代の遺物にはない近現代のガラス瓶の特徴であるといえる。

これに対して，一般的にガラス工業の世界においてガラス瓶は断面形状によって大まかに円筒形瓶，楕円筒形瓶，角瓶，変形瓶に区分されている。さらに，口部の形状で細口瓶（bottle）と広口瓶（jar）に区分され，口がすぼまった細口瓶はビール瓶やサイダー瓶のように液体を入れる容器，口径が胴部径に近い広口瓶は固形物を入れる容器とされている。また，細部名称については，一般的に「口部」，「首部」，「肩部」，「胴部」，「底部」に区分され，「ヒール」や「キック」などのガラス瓶独特の名称も用いられている（図8）。さらに，よく用いられる分類は「肩部」の形状を「なで肩」や「いかり肩」に区別することである。現在のわが国のビール瓶で例を示すならば，「なで肩」が「キリンビール」，「いかり肩」が「アサヒビール」や「サッポロビール」にあたり，ワイン瓶では「なで肩」は「ブルゴーニュ型」や「シャンパーニュ型」，「いかり肩」が「ボルドー型」ということになる。なお，肩のあるガラス瓶は垂直加重がかかった場合，肩の部分から破損するが，肩の形状はその強度と関連する。ウイスキーなどの「角肩」が最も強度がなく，「いかり肩（肩型）」と「なで肩（シャンペン型）」では「なで肩（シャンペン型）」のほうが強度がある（図9）。このうち，肩の張った「いかり肩」は液体を注ぐ際に液体と空気が入れ代わるため「トクトク」と音がするのが特徴である。また，底部にも「平底」のもの，「上げ底」のもの，ワイン瓶のように底が内側に突出する「キック」が存在するものがある。このうち，「キック」は瓶の中の沈殿物（澱）を溜まらせる機能があるとされているが，かつてはガラス瓶を吹いて製造する際に底を平らに成形するよりも，下部の中央を一カ所持ち上げて自立させる方が楽であったためという説もある（GK道具学研究所1994）。これに対し，古手のサイダー瓶の中に「きゅうり瓶（ハミルトン

ボトル)」のように底が尖って自立しないものもあるが，これは炭酸飲料瓶に内部圧力がかかるため，ワインのように横にしてコルクを常に湿らせておくためである。内部圧力に耐えるためには，まずガラスを厚くすること，そして肩部を「なで肩」にすること，胴部横断面を圧力に強い円形にすること，キックを大きくしないことが必要になってくる。高い内部圧がかかるサイダー瓶が「なで肩」で胴部横断面円形，底部にキックが存在しないのはこの理由による。

このように，ガラス瓶は内容物によって形態が決定されるが，この他にも製作技術や輸送方法などの要因もガラス瓶の形態に関わってくる問題である。ガラス瓶は容器である以上，これらの要因を無視してデザインされることは難しいのである。

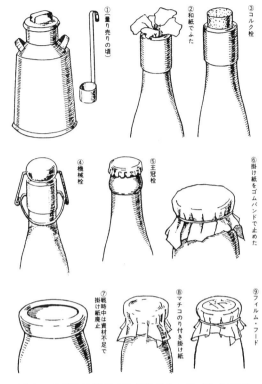

図10　牛乳瓶の密栓方法の移りかわり（山本1990）

2. 栓 の 種 類

ガラス瓶を密閉する栓（キャップcapあるいはクロージャーcloser）には，一度開栓して使い切るタイプのものと何度も開栓を繰り返すタイプのものがある。栓はそれぞれのガラス瓶の機能や用途に応じて，開閉のしやすさ，密栓の確実さ，作りやすさ，経済性などの工夫が積み重ねられており，その材料は，土・粘土（蓋），木材（木口，呑口），コルク（コルク栓），金属（王冠，変形王冠，金属キャップ，トップ），針金（機械栓＝機械口），陶磁器，ガラス（共栓：洋酒瓶・薬瓶・香水瓶に使用，玉栓：ラムネ瓶のビー玉），ゴム（ゴム栓，パッキング），合成樹脂（プラスチックキャップ），シート（プラスチックのふた），フィルム（シール：プラスチック・フィルムを容器に接着），ホイル（シール：アルミ箔などで紙容器に接着），厚紙（紙栓＝ペーパーキャップ）など多様である（図10）（山本1990）。

わが国では古くから樽や徳利などに木栓が用いられていたが，外国から輸入されるワイン瓶や洋酒瓶にはコルクが使用されており機密性が高かった。コルク栓は，ワイン瓶，薬瓶，化粧瓶などに用いられていた。このうち薬瓶の栓は明治はじめ頃までは木やとうもろこしの茎などを使用していたが，輸送中に漏水することが多かったため，コルク栓が用いられるようになったという。当初のコルク栓はワインや洋酒の古栓を加工して薬瓶に使用していたが，明治19年（1886）に岸田吟香の精錡水本舗の店員であった奥勝重がコルク業「奥勝重商店」を開店し，横浜の外国商館からコルク樹皮とコルク栓削り機を買い入れて薬瓶用のコルク栓を製作している。また，陶

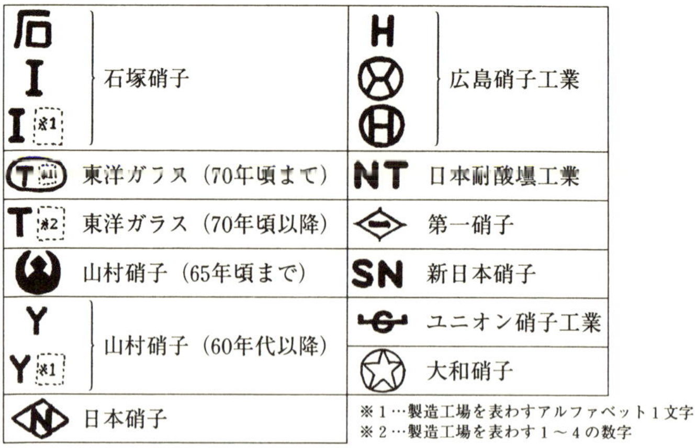

16　　第2章　ガラス瓶の概要

石, I, I※1	石塚硝子	H, ⊗, H	広島硝子工業
T	東洋ガラス（70年頃まで）	NT	日本耐酸壜工業
T※2	東洋ガラス（70年頃以降）	◇	第一硝子
（山村マーク）	山村硝子（65年頃まで）	SN	新日本硝子
Y, Y※1	山村硝子（60年代以降）	⊂G⊃	ユニオン硝子工業
Ⓝ	日本硝子	☆	大和硝子

※1…製造工場を表わすアルファベット1文字
※2…製造工場を表わす1～4の数字

図11　主な製瓶メーカーの記号（栗原 2005）

栓・コルク栓・ゴム栓と針金を組み合わせた機械栓は明治8年（1875）にアメリカ人シャルル・ド・キイユフェルドによって発明されたものある。わが国では明治17年（1884）に機械栓のビール（「扇ビール」）が発売されている。明治39年（1906）に東洋硝子製造が機械栓瓶を生産しているが，機械栓はこの頃以降，昭和初期頃まで主に清酒瓶や牛乳瓶に使われており，現在は輸入ビールや地ビールなどに使用されている。これに対し，現在でもビール瓶などに使用されている王冠栓はブリキを打ち抜いた襞のあるキャップの内側にコルク・ディスク（コルクの薄い円盤）を接着したものである。明治25年（1892）にアメリカ人ウィリアム・ペインターによって王冠が発明され，ビール瓶や清涼飲料瓶に盛んに用いられた。王冠栓はコルク栓に変わって明治33年（1900）に「東京ビール」や「金線サイダー」に採用されている。なお，「大日本ビール」に始めて王冠栓が採用されたのは明治39年（1906），「キリンビール」に採用されたのが明治45年（1912）である。また，牛乳に王冠栓が使用されたのは大正末期であり，昭和2年（1927）の『牛乳営業取締規則（新庁令）』によって義務づけられた。しかし，掛け紙（パラフィン紙）を輪ゴムで王冠の形にとめることにより紙栓（紙キャップ）も容認され，その後の牛乳栓の主流となっていった。

　これに対し，ネジ栓（スクリューキャップ）は瓶の口にネジ山をつくって，金属やプラスチック製の栓を噛み合わせる方法で密閉するものである。何回も開け閉めが可能であり，飲料瓶，調味料瓶，食品瓶，薬瓶などに使用された。また，広口食品瓶などにネジ式のラグキャップやツイストキャップも採用されている。さらに，現在は清酒の1升瓶などに冠頭・替栓が使用されているが，この組合せは「複式王冠」などと呼ばれ，替栓にブリキとコルクが使用されていたが，現在ではコルクの代わりにポリエチレンが使用されている。最近ではガラス瓶の栓も多様化しており，清酒キャップ，焼酎キャップ，ワインデカンターなどの広口瓶に引手のついたティアオフキャップ，プルアップキャップ，ビール瓶や炭酸清涼飲料瓶などにマキシキャップ，リップキャップ，洋酒瓶やワイン瓶などにPPキャップ（ピルファープルーフキャップ），炭酸入り清涼飲料瓶などにトップサイドシールPPキャップなどが使用されている（日本王冠コルク工業連合会 1986）。

第3節　ガラス瓶の諸特徴　17

　ガラス瓶の栓は内容物を密閉して中に空気が入らないためだけでなく、輸送中に中身が漏れないためにもガラス瓶にとって重要な存在であり、長期間にわたって様々な工夫が凝らされてきた。また、木栓やコルク栓と比べ、口部の大きさや形状が一定していないと密閉できない王冠栓やネジ栓には口部成形技術の向上が背景にある点も見逃せない。

図 12　臍（ラグ・ディンプル）

3. 細部の特徴

　ここではガラス瓶を観察するときに注意すべき細部の特徴について述べてみたい。まず、ガラス瓶の全体的な特徴として古い時期のガラス瓶に多くみられる「変形」、「気泡（泡）」、「底部の偏り（底偏肉）」、「首部や胴部表面のしわ・すじ」などの「不良品」に見られるいくつかの特徴があげられる（図6）。また、同じように意図的に残された痕跡ではないが、吹き成形ではなく型成形であるという確実な証拠となるのが瓶の縦方向にみられる金型の「合わせ目」である。この「合わせ目」は完全機械製瓶

図 13　底面のナーリング

になると口部まで伸びる。次に、商品名や製造メーカー名を知るために重要なものとして、陽刻（エンボス）がある。陽刻（エンボス）は戦前から胴部や底面に会社名、商品名、商標など示したものが存在するが、戦後になると昭和26年（1951）公布の計量法によって、ガラス瓶の内容量の表示が義務づけられ裾附近に表示されるようになり、昭和31年（1956）には多くのガラス瓶に容量の正確さを保障する㊣（マルショウマーク）表示がなされるようになった。また、瓶の製造年代や製瓶メーカーの記号（図11）が底面あるいは裾附近に表示されるようになった。これらの陽刻（エンボス）はガラス瓶の製造年代、製瓶メーカー、製造工場、金型番号などを知る重要な手がかりとなる。その後、昭和50年（1975）に麒麟麦酒が「キリンビール」の大瓶の胴部に製造年月日の印刷を始め、昭和52年（1977）には中・小瓶にも実施されたように、この頃になるとガラス瓶の表面に製造年月日が印刷されるようになった。また、ガラス瓶には長い間、商品名や製造メーカー名を印刷した紙ラベルが貼られて販売されていたが、戦後になるとガラス瓶に直接、商品名や製造メーカー名などが印刷されるACL瓶が登場する。これはガラス瓶に直接セラミックインクを印刷、焼き付けたもので、昭和26年（1951）に発売された「バヤリース」にACL瓶が初めて使用され、「三ツ矢サイダー」も昭和47年（1972）にACL瓶に切り替えられ

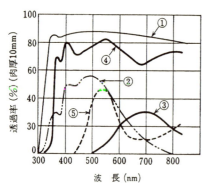

① 普通の無色ガラス，② 青ガラス，③ 褐色（アンバー）ガラス（カーボン，サルファ着色），④ ジョージアグリーンガラス，⑤ エメラルドグリーンガラス（紫外線遮断）

図14 瓶ガラスの透過率曲線（作花 1985）

た（アサヒビール株式会社 1990）。なお，瓶の裾や下端に存在する「臍（ラグ・ディンプル）」という丸・四角・三角の小さな凹み（図12）は，印刷する際に印刷がずれないようにするためのものであり，この頃になるとコーラ瓶やジュース瓶などの清涼飲料水瓶の中に単純な円筒形瓶ではなく凝った形状やデザインの瓶が出現したため，考案されたものである。その後，商品名や製造メーカー名を表示する方法として，昭和50年（1975）頃になると，瓶の胴回りにフィルムを被せた「プレラベル瓶」が登場するようになる。その他に，1960年代になると底面に「ナーリング」（図13）と呼ばれるギザギザの加工がなされるようになってくる。これは滑り止めではなく，底面の細かなキズが瓶の割れの原因となるため施された瓶の割れ防止の加工である。このようにガラス瓶は全体形状だけでなく細部にも多くの特徴が見出される。

4. 色　　　調

　近現代のガラス瓶について考える場合，見逃せない要素として色調がある。現在のガラス瓶には無色透明だけでなく，コバルト色，緑色，赤色，青色，茶色，黒色，白色などに着色されたガラス瓶が多く流通している。わが国では大正期までは無色透明，淡緑色，コバルト色のガラス瓶が中心であったが，大正10年（1921）頃には白色の化粧クリーム瓶の製造が盛んになり，昭和期になると様々な色調に着色されたガラス瓶が増えてきている。また，全体的にガラス瓶の色調は無色透明が主体であるが，天然の珪砂には若干の酸化鉄が含まれているため若干青緑色を帯びている。古手のガラス瓶に淡緑色の資料が多いのはこのためであるが，ガラスを無色透明にするために消色剤として酸化マンガンなどを少量混ぜている。さらに，着色によるものではないが，発掘資料の中にはガラスの表面が虹色に輝き，薄く剥がれやすくなっているものがある。筆者が発掘調査を実施した神奈川県三浦市ヤキバの塚遺跡では明治から戦後にかけて形成された塚の層位発掘を実施したが，このような現象は3層（大正末～昭和初期）の出土資料からみられ，5層（明治30～40年代）では過半数となり，7層（明治20～30年代）以下ではほとんどのガラス製品にみられた。この現象は「虹彩（銀化）」といわれ，風化によって生じたものとされている。ガラスの風化は周囲の水分と炭酸ガスによって表面が分解される現象で，吸着された水はガラス内部に拡散してガラスを加水分解し，水からガラスの可溶性分解物を析出する。ガラスの表面はこの分解物が表面に膠着して薄層で覆われ，光沢が失われる。この風化したガラスに，土中の鉄などの酸化物が積層すると，光の干渉効果によって表面が金銀色の玉虫色に輝く「虹彩」という現象を生じさせるのである（黒川 2005）。

次に，ガラス瓶の色調と種類の関係を検討するとビール瓶には茶色系，ラムネ瓶やサイダー瓶には緑色系，医療用薬瓶には無色透明，薬品瓶には茶色系，化粧クリーム瓶には白色系が多く用いられている。このようにガラス瓶の種類と色調は関連しており，これが近現代のガラス瓶の特徴の一つとなっている。瓶ガラスの透過率曲線（図 14）にあらわれているように，茶色や褐色などは波長の短い（400 nm 以下）紫外線による内容物の変質や劣化を防ぐためにビール瓶や薬品瓶などに用いられ，光を遮断する白色不透明のガラス瓶が化粧クリーム瓶に用いられてきたのである。しかし，一時は茶色系ばかりであった清酒瓶に緑色の瓶が増え，さらに透明の瓶も使用されるようになったように，現在では必ずしも決まった色のガラス瓶を使用しないで，商品イメージを向上・定着させるために従来とは異なった色のガラス瓶を使用することが日常的に起こっている。

5. デ ザ イ ン

わが国の工芸品は明治初期にヨーロッパで開催された万国博覧会で評価され，ヨーロッパでジャポニズムの流行を引き起こし，盛んに海外へ輸出された。しかし，明治 30 年代頃になるとわが国の工芸品も時代遅れとなり，ヨーロッパのアール・ヌーヴォーに影響されて図案（デザイン）の重要性が認識され，それに伴って図案（デザイン）教育の機関が成立した（明治 32 年（1899）の東京工業学校工業図案科，明治 34 年（1901）の東京美術学校図案科など）。その後，大正期になると，1920 年代のデザイン運動の先駆けとなった展覧会が次々と開かれ（大正 2 年（1913）の『第 1 回農務省図案及応用作品展』，大正 9 年（1920）の『児童衛生博覧会』や『生活改善博覧会』，大正 11 年（1922）の『平和記念東京博覧会』など），企業も商品デザインを重視するようになってきた。その先駆的な企業として位置付けられる資生堂では，事業の主体を薬品から化粧品へ移行させた翌年の大正 5 年（1916）に意匠部を発足させ，宣伝活動を開始した（資生堂企業資料館 1995，資生堂 1998）。その後，日本の近代デザインが確立されたのがドイツのバウハウスやロシア構成主義の影響を受けた 1920 年代末から 1930 年代にかけての「形而工房」や1930〜40 年代の「商工省工芸指導所」においてであった。そして，戦後のデザイン運動はアメリカのインダストリアルデザインの影響を受けて始まり，1950 年代の「工芸とモダニズムの時代」（アメリカニズムと生活の近代化の時期でシンプルで機能的なデザインが求められた時期），1960〜72 年頃の「デラックスが魅了した時代」（高度経済成長期の中流意識の高揚と「消費は美徳」というデラックス志向の時期），1973〜84 年頃の「合理性の追求とハイテクの時代」（オイルショック後の低成長期で精神的アメニティと生活の質的向上の時期），1985 年頃以降の「個性と混沌の時代」（情報化とポストモダンの時代で個の感性と生活価値観の多様化の時期）に区分される（JIDA 西日本ブロック（編著）1994）。

このようなわが国の工業デザインの歴史の中で，ガラス瓶のデザインが注目されるようになったのは比較的最近のことである。わが国におけるガラス瓶のデザインは長い間，機能と結びついていたが，生産技術の進歩，ガラスの品質向上などによってガラス瓶の造形は徐々にその制約か

20　　第2章　ガラス瓶の概要

ら自由になってきた。それとともに，商品イメージを固定化する企業戦略として独特のデザインのガラス瓶を製造する現象が生じたのである。その典型とされるのがアメリカでデザインされた「コカ・コーラ」瓶である。コカ・コーラは当初，ソーダ・ファウンテンでグラス売りされていたが1890年代に瓶入りが発売された。瓶の形はしばらく「ハッチンソン・ボトル」という円筒形の瓶であったが，1915年に多くの世代が慣れ親しんだ「ホッブル・スカート・ボトル」がつくられた。これは当時流行していた「ホッブル・スカート」を真似たものとされており，「コカ・コーラ」が誰にでも認識されて類似商品がつくれないために考えられたとされている。これに対し，わが国で独創的なデザインのガラス瓶というと，明治期から戦後にかけての「味の素」を筆頭に戦後のカゴメの「トマトケチャップ」，キッコーマン（野田醤油）の卓上醤油瓶，サントリーウイスキーの「オールド」などが思い浮かぶ。それらは瓶の形を見ただけで商品名が連想できるものである。このうち，「味の素」については初期には無色透明で「なで形」，コルク栓で胴部横断面横長八角形の独特の形態であったが，グラム制採用により昭和3年（1928）にスクリュー栓で胴部の面取り数が12となった小瓶にモデルチェンジしている。その後，昭和26年（1951）には胴部横断面円形となり肩部に襞のある「ふりかけ式」食卓瓶に変わっている（味の素株式会社1951）。また，キッコーマン（野田醤油）の卓上醤油瓶は昭和36年（1961）に新たにGKインダストリアルデザイン研究所によってデザインされた「なで肩」の卓上瓶であり，現在でも親しまれている。

　また，容器の機能や使用法の変化によって以前とは異なる新たなデザインのガラス瓶が誕生するという現象も認められる。例えば，目薬瓶はかつて点眼器を用いて点眼していたものが，直接手にもって点眼するようになり，昭和になって目薬瓶とゴム製のスポイトが合体した目薬瓶が誕生した。また，醤油注しに中身を入れ替えて使用されていた醤油瓶に醤油注しの機能が加わった卓上醤油瓶が昭和33年（1958）にキッコーマン（野田醤油）から発売され，以前は匙を使用していた「味の素」は昭和26年（1951）に振り出し口の付いた「ふりかけ式」食卓瓶にモデルチェンジした。さらに，昭和39年（1964）に誕生したカップ酒（「大関」）は清酒を飲むためのコップが必要であった清酒瓶自体がコップの機能も備えるという画期的な商品であった。このように，昭和期や戦後になるとそれまでの機能や使用法を根底から覆す新たなガラス瓶が次々に登場するようになったのである。

第3章　ガラス瓶調査の方法

　近現代遺跡からは他の遺物とともに多量のガラス瓶が出土する。しかし，発掘されたガラス瓶にはラベルが残存していないため，ガラス瓶に関する基礎知識がないと遺跡から出土したガラス瓶を分類・整理することは難しい。また，わが国では近現代のガラス瓶を専門的に研究している考古学研究者はわずかである。そこで発掘担当者はガラス瓶について様々な文献を調べ，ガラス瓶に関する知識を得ることになる。ガラス瓶に関する知識を得る方法は，大まかに文献等の調査と資料調査に区分できる。

第 I 節　文 献 等 の 調 査

　文献等の調査によってガラス瓶に関して明らかになる情報は非常に多い。ガラス瓶に関する文献には，概説的な文献（ガラスに関する文献，ガラス瓶に関する文献，商品に関する年表形式の文献など），企業の社史や関連団体が発行した文献，さらには，ガラス瓶に関連した法令，登録商標，広告の調査もこれに含まれる。

1. 文 献 の 調 査

　ガラス瓶を調査研究するにあたって重要であると思われる文献は多いが，ここでは本書を執筆するにあたって参考にした文献を紹介してみたい。

　まず，近現代に限らず古代から現代に至る世界や日本におけるガラスの歴史という観点では，由水常雄の一連の著作である『ガラスの道』（徳間書店），『ガラス入門』（平凡社），『ガラス工芸』（桜楓社）をはじめ，土屋良雄の『日本のガラス』（紫紅社），谷一尚の『ガラスの考古学』（同成社）などを参考にした。また，ガラス工業に関する文献としては，日本硝子製品工業会の『日本ガラス製品工業史』がガラス製品全般を扱った基本文献であり，文献普及会の『明治工業史・化学工業編』（工学会），作花済夫・境野輝雄・高橋克明（編）の『ガラスハンドブック』（朝倉書店），山根正之ほか（編）の『ガラス工学ハンドブック』（朝倉書店），作花済夫編の『ガラスの事典』（朝倉書店），最近刊行された黒川高明の『ガラスの技術史』（アグネ技術センター）などを参考にした。

　次に，本書の多くの部分で参考にした文献でガラス瓶について技術史的あるいは文化史的観点から総合的に書かれている文献として，現代グラスパッケージング・フォーラム（編）の『ALL

ABOUT BOTTLES ガラスびんの文化誌』（三推社・講談社），山本孝造の『びんの話』（日本能率協会），GK 道具学研究所の『暮らしの中のガラスびん』（東洋ガラス株式会社）がある。なかでも山本孝造の『びんの話』と GK 道具学研究所の『暮らしの中のガラスびん』はガラス瓶研究におけるバイブル的な著作である。このうち，山本孝造の『びんの話』は技術史・文化史・世相史などの観点からガラス瓶について論じた文献である。構成は第 1 章：栓とクロージュア，第 2 章：通い箱・P 箱のルーツ，第 3 章：二十世紀のびん化，第 4 章：森の国からの紙容器，第 5 章：戦争とピクニック，第 6 章：角瓶と丸瓶と，第 7 章：一升瓶の誕生へ，第 8 章：ラムネとサイダー，第 9 章：牛乳の罐・壜・紙栓，第 10 章：壜明開化の麦酒壜，第 11 章：樽・革嚢からボトルへ，第 12 章：シゲンクル・エコノミー，エピローグ：びんの雑記帖，となっており，わが国で初めてガラス瓶についてまとめられた一般書籍である。GK 道具学研究所の『暮らしの中のガラスびん』は，GK 道具学研究所がまとめたガラス瓶に関する著作である。構成は第 1 章：ガラスびんの世界，第 2 章：ガラスびんの生活史─内容物とともに歩んできたびんの歴史，第 3 章：ひろがるびんの世界，おわりに─ガラスびんの魅力・ガラスびんの未来，となっている。このうち，第 2 章ではアルコール飲料，清涼飲料，乳製品，調味料，食品，化粧品・医薬品のように内容物によってガラス瓶が区分され，ガラス瓶という身近な生活財について主に生活史や文化史的観点からまとめられている。

　また，ガラス瓶収集家などの著作も大いに参考になる。本書では庄司太一の『びんだま飛ばそ』（パルコ出版）をはじめ，串田努・町田忍（編）の『ザ・ジュース大図鑑』（扶桑社），町田忍の『懐かしの家庭薬大全』（角川書店），日曜研究社の『日曜研究家』5 号の「特集　清涼飲料水」，7 号の「特集　続清涼飲料水」，『横浜骨董ワールドガイドブック』Vol. 6〜8 の庄司太一「蜜柑水壜覚書」，『横浜骨董ワールドガイドブック』Vol. 7 の栗原岳（銀）の「戦後の飲料水コレクション」などを参考にした。さらに，直接ガラス瓶に関する文献ではないが，ガラス瓶を使用した酒類・清涼飲料水・調味料・食品・薬品・化粧品などの商品の発売時期やそれが流行した時期などが掲載されている年表形式の文献も参考になる。本書では家庭総合研究会（編）の『昭和家庭史年表』（河出書房新社），下川耿史・家庭総合研究会（編）の『明治・大正家庭史年表』（河出書房新社），『近代日本総合年表』（岩波書店），『年表で見るモノの歴史事典』（ゆまに書房），小菅桂子の『近代日本食文化年表』（雄山閣出版）などを参考にした。

2. 社 史 の 調 査
　陽刻（エンボス）などから既に商品名やメーカー名が判明しているガラス瓶については，その企業の社史や関連団体発行の書籍などから商品に関する詳細な情報が得られる場合がある。ただし，社史が存在するのは主に大手のメーカーであり，中小の企業の場合は社史が制作されることは稀である。その上，社史はその会社の設立経緯やその後の事業拡張，事業内容などの記述が中心であり，商品名や内容量が判明している資料については発売期間を特定することができるが，残念ながら商品を特定できるようなガラス瓶の写真が掲載されていることは稀である。

第1節　文献等の調査　　23

　本書で参考にした社史は現在まで続く食品，薬品，化粧品などの大手メーカーが中心である。
酒類では『Asahi 100』（アサヒビール株式会社），『麒麟麦酒株式会社五十年史』（麒麟麦酒株式会社），
『サッポロビール 120 年史』（サッポロビール株式会社），『サントリー百年誌』（サントリー株式会社），
『大日本麦酒株式会社三十年史』（大日本麦酒株式会社），『三楽 50 年史』（三楽株式会社），清涼飲料
水では『愛されて 30 年』（日本コカ・コーラ株式会社），『70 年のあゆみ』（カルピス食品工業株式会
社），乳製品では『明治乳業 50 年史』（明治乳業株式会社），『森永乳業 50 年史』（森永乳業株式会社），
『雪印乳業史』（雪印乳業株式会社），『雪印乳業沿革史』（雪印乳業株式会社），調味料では『キッコー
マン株式会社八十年史』（キッコーマン株式会社），『ブルドックソース 55 年史』（ブルドックソース
株式会社），『創業二〇〇周年記念誌』（ミツカングループ），『味の素沿革史』（味の素株式会社），『味
の素株式会社社史』（味の素株式会社），『カゴメ 100 年史』（カゴメ株式会社），食品では『丸美屋食
品 50 年史』（丸美屋食品工業株式会社），薬品では『三共百年史』（三共株式会社），『大日本製薬 100
年史』（大日本製薬株式会社），『武田二百年史』（武田薬品工業株式会社），『五十年史』（日本農薬株式
会社），化粧品では『資生堂百年史』（資生堂），『株式会社桃谷順天館創業百年史』（桃谷順天館），
『モダン化粧史　装いの 80 年』（ポーラ文化研究所），『ライオン 100 年史』（ライオン株式会社），『ラ
イオン歯磨 80 年史』（ライオン歯磨株式会社），『花王 100 年』（花王株式会社），文房具では『パイロ
ットの航跡』（パイロット万年筆株式会社），『丸善百年史』（丸善株式会社）などである。なお，企業
の社史を多く所蔵し，公開している主な図書館には次のものがある。

　国立国会図書館（東京都千代田区：http://www.ndl.go.jp/jp/service/tokyo/index.html）
　神奈川県立川崎図書館（神奈川県川崎市：http://www.klnet.pref.kanagawa.jp/）
　東京商工会議所経済資料センター（東京都千代田区：http://www.tokyo-cci.or.jo/side_m/sisetu/keizai.
　　html）
　法政大学イノベーション・マネジメントセンター（東京都千代田区：http://www.hosei.ac.jp/fujimi/
　　sanzyo/siryo.html）
　大阪府立中之島図書館（大阪府大阪市：http://www.library.pref.osaka.jp/nakato/index.html）
　大阪企業家ミュージアム企業家ライブラリー（大阪府大阪市：http://www.kigyoka.jp/museum/exh/
　　lib.html）
　名古屋学院大学付属図書館（愛知県瀬戸市：http://www.ngu.ac.jp/white/Libra/libra-j00.html）
　（株）スルガ銀行社史図書館（静岡県駿東郡長泉町）

　また，社史を刊行していない企業でも最近は会社の沿革，過去の製品や過去の広告の紹介など
がインターネットのホームページ上で公開されていることがあり，以前には得られなかった貴重
な情報が得られるようになった。
　さらに，生産組合などの関連団体が刊行した書籍である『日本清涼飲料史』（東京清涼飲料協会），
『日本乳業の戦中戦後』（乳業懇話会），『化粧品工業 120 年の歩み』（日本化粧品工業連合会編），『牛

24   第3章   ガラス瓶調査の方法

乳容器ライブラリー　牛乳容器のうつりかわり』（全国牛乳容器環境評議会），『百年史』（東京薬事協会），『王冠の歴史』（日本王冠コルク工業連合会），日本ガラス瓶協会のホームページ（http://www.glassbottle.org/）や化粧品業界のホームページ（http://www.jncm.co.jp/cosmetics/history/）などからも多くの情報が得られた。また，一般書籍であるキリンビール（編）の『ビールと日本人　明治・大正・昭和ビール普及史』（三省堂），吉田豊の『牛乳と日本人』（新宿書房），吉田甚吉の『医薬品業界』（教育社），杉原正泰・天野宏の『横浜のくすり文化』（有隣堂），水尾順一の『化粧品のブランド史』（中央公論社），生活用品産業問題研究会の『生活用品ハンドブック』（東洋法規出版）なども参考にした。

3. 法 令 の 調 査

　近現代のガラス瓶は，種類によっては法令により口部の大きさ，栓の種類，ガラスの色調などが規制される場合があり，それらの法令に関する知識も必要である。それらの法令は衛生管理上の問題やガラス瓶の内容量を一定にする必要性から制定されたが，各種の法令による規制の問題は近現代のガラス瓶を考える上で無視できない存在である。

　このうち，規制が特に厳しかった牛乳瓶は，明治～大正期のコレラの流行や衛生管理上の問題によって法令による規制が行われた。具体的な法令としては，まず『内務省令牛乳営業取締規則』があげられ，この法令によって鉛や銅が牛乳容器に使用できなくなったのが明治18年（1885）のことである。その後，明治20年代には牛乳瓶の口径規制がなされたが，これは洗浄の不徹底に伴う衛生上の問題が大きかった。明治33年（1900）には『飲食物其ノ他ノ物品取締ニ関スル法律・規則』により，清涼飲料の混濁・沈殿物・防腐剤使用が禁止され，牛乳にガラス瓶の使用が義務づけられた。その後，昭和2年（1927）に無色透明のガラス瓶，王冠栓で密栓を義務づけた『牛乳営業取締規則』の改正が行われ，昭和8年（1933）には細菌数・殺菌規制である『内務省令第37号牛乳営業取締規則』の改正があった。戦後になると，昭和22年（1947）に「牛乳規則」を含む『食品衛生法』が公布された。また，牛乳瓶にはかつて胴が四角，六角，八角などがあったが，洗いにくく洗浄中に壊れやすいことなどから，昭和31年（1956）の『通産省令39号』によって牛乳瓶は胴が丸，容量は180 mlとされ，以後全国の主要牛乳メーカーのガラス瓶の形態は統一された。また，ビール瓶は昭和19年（1944）の『酒税法』の適用によって大瓶が633 ml，中瓶が500 ml，小瓶が336 mlに内容量が統一されている。

　これに対し，ガラス瓶全体に対して実施された規制も存在する。昭和26年（1951）に公布され，翌年に施行された『計量法』（「法律207号」）によってガラス瓶に内容量の表示が義務づけられ，昭和31年（1956）には法律74号によって『計量法』が改正され，内容量の正確さを保障する㊣（マルショウマーク）が表示されるようになった。ただし，表示をしたのは大手メーカー9社のみで総生産量の80～90%程度であったという（生活用品産業問題研究会1984）。

　このように，近現代のガラス瓶は衛生管理上の問題や内容量の統一のため各種の法令によって規制を受けていたが，各種の規制の存在は情報量の少ない遺跡出土ガラス瓶の製造年代を決定す

る貴重な手がかりを与えてくれる。

4. 登録商標の調査

わが国で『意匠法』や『商標法』が公布されたのは明治32年（1899）であり，それ以降の商品についてはガラス瓶に陽刻された商標から製造メーカーを特定することができる。現在では特許庁が公開しているデータベース（「特許電子図書館」）へアクセスし，商標について調べることができる（http://www.ipdl.ncipi.go.jp/homepg.ipdl）。具体的には画面で「図形商標検索」を選び，ウィーン図形分類および商品・サービス国際分類表による検索を実行すると製造メーカーや登録年月日などの登録商標に関する情報が得られる。また，文献による商標の調査法として，登録商標が集録されている文献を調べることもできる。具体的には帝国商工協会編の『日本政府登録商標大完』，大阪発明協会編の『新興日本商標総覧』，日本商標普及会編の『日本商標並商号総覧』（時事経済新聞社），商標研究会の『日本商標大事典』などを用いて商標を

図15 出土資料にみられる商標（『日本商標大事典』より）

探し出し，製造メーカーを特定する。図15は実際に近現代遺跡から出土したガラス瓶の陽刻（エンボス）や蓋などにプリントされた商標を商標研究会の『日本商標大事典』から抜粋したものである。

5. 新聞・雑誌広告の調査

新聞や雑誌の広告からの情報もガラス瓶研究にとっては重要である。特に，明治中期頃から戦後にかけての新聞や雑誌には様々な商品の広告が掲載されており，その中にガラス瓶の写真やイラストが掲載されるなど商品名の特定に有効な広告も多く含まれている（図16）。また，ガラス瓶は描かれていなくともガラス瓶の陽刻（エンボス）から商品名が判明したものに関しては，発売元・発売期間・効能などを知る手がかりとなる場合もある。さらに，新聞や雑誌の広告とは異なるが博物館等で収集された看板から商品名に関する情報が得られることがある。資料1は，内藤記念くすり博物館の『くすり看板』（内藤記念くすり博物館1986）に掲載されていた看板に記載されている薬の一覧であるが，ここでは明治期から昭和期にかけての薬の名称や効能，さらに製薬・製造所について貴重な情報を得ることができる。新聞や雑誌などのメディアに掲載された広

26　第3章　ガラス瓶調査の方法

S25.11.29

S25.7.15

S18.8.19

S25.4.20

S15.8.16

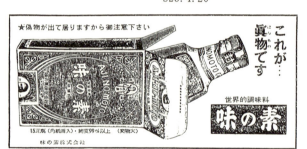
S25.2.16

S15.8.23

S15.9.7

S25.7.16

S15.3.27

図16　広告に掲載されたガラス瓶（『朝日新聞』より）

告は社史などに転載されたり，それをまとめて出版される場合もあるが（町田1997），これらはガラス瓶の商品名を特定する資料としてだけでなく当時の世相を反映する資料としても興味ある存在である。今後，様々なメディアに掲載された広告を系統的に収集し，資料化した文献が出版されたり，ホームページ上で公開されることを期待したい。

第2節　資料の調査

　発掘調査によって出土したガラス瓶は通常ラベルが残存しておらず，すべてに陽刻（エンボス）が存在しているわけでもないため，商品名，メーカー名，発売期間等を知るためには，その類例について調査する必要がある。具体的な資料調査の方法としては，発掘調査報告書に掲載されている資料の調査，博物館などに所蔵されている資料の調査，企業への問い合わせ，購入資料の検討などがある。

1. 発掘調査報告書掲載資料の調査

　わが国では，1980年代後半になって遺跡から発掘された近現代遺物が報告書に掲載される機会が増えてきた。そのため，近現代遺物についても類例の調査が可能になってきている。近現代遺物に限らず出土した考古資料に関して他の遺跡の類例を調べることは考古学の基本であり，ガラス瓶に関しても既に刊行された発掘調査報告書から類例を探す必要がある。また，一部の発掘調査報告書の中には担当者の努力で出土したガラス瓶に関して詳細な調査を実施しているものもあり大いに参考になる。しかし，他の遺跡の発掘調査報告書を利用する場合，いくつかの問題がある。まず，ガラス瓶の実測図の描き方や観察表の作成方法が統一されていない点があげられる。特に後者については実測図に反映されない色調，吹き成形や型成形などの製造技法，歪みや気泡の状況に関する情報が示されていない報告書が多くみられる。また，遺跡や遺構ごとの遺物組成（アセンブリッジ）を把握しようとする場合，ガラス瓶を含めた近現代遺物を掲載するに際しての資料の選択基準が提示されていないことも問題となる。具体的には，破損資料や破片資料はどのように扱っているか，同じ種類や絵柄の資料をすべて図化して報告しているのかといった点である。近現代考古学は出土遺物の使用者の特定すら可能な時代を研究対象としているため，階層や経済状況，家族や個人の趣味嗜好まで範疇に入れた研究が要求される。そのため，遺物として回収された生活財に関しては個々の遺物に関する記述を行うだけでなく，できるだけ当時の実態を反映した遺物組成（アセンブリッジ）を把握する必要がある。

2. 博物館所蔵資料の調査

　近現代のガラス瓶を積極的に収集しているのは，ガラス瓶収集家だけではない。最近の近現代展示や昭和30年代展示のブームに伴って，わが国の博物館や資料館の中に近現代資料を積極的に収集・展示しているところも増えている。例えば，愛知県の北名古屋市歴史民俗資料館ではガ

28　第3章　ガラス瓶調査の方法

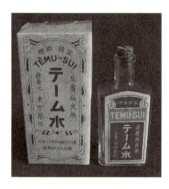

図17　購入ガラス瓶

ラス瓶はじめ主に昭和期の生活財を多数収集・展示しており（師勝町歴史民俗資料館 2000，市橋 2001），今後このような博物館や資料館が増加することが予想される。近現代の生活財資料は数が多く，すべてを展示したり図録等に掲載することはできないため，それらの博物館や資料館に赴いて資料調査を実施する必要があるが，博物館や資料館では発掘資料と異なりラベルや箱付でガラス瓶が収集されているため，商品名や製造メーカーに関する詳細な情報を得ることができる。

3. 企業への問い合わせ

　発掘されたガラス瓶に関する情報を得るため，企業の運営する博物館，社史編纂室，広報などに出土資料の写真や実測図を送って，製品名や販売時期を企業に問い合わせをする方法もある。しかし，企業博物館を所持しているような大企業以外では，自社の製品をすべて保管している企業はほとんどないため，多くは当時のカタログなどを調べてもらったり，過去の商品について知る社員に問い合わせてもらって回答を得ることになる。また，企業側では商品名や内容量などから発売期間や大幅にモデルチェンジした時期は指摘できても，ガラス瓶自体の形態の微妙な変化を把握していることはほとんどない。製瓶メーカーへ連絡してくれる場合もあるが，当時の金型が残っている可能性はほとんどないため，ガラス瓶自体の形態や細かな特徴からガラス瓶の製造年代などを知ることは難しいというのが現状である。

4. 資 料 の 購 入

　骨董店や骨董市などでラベル付や箱入りのガラス瓶を購入し，発掘資料と比較することも可能である。実際，筆者も購入資料（図 17）によって不明だったガラス瓶の商品名や製造メーカーが判明したことがある。また，販売年代についてもラベルに表示されている価格や表示内容によってある程度知ることができる。例えば，発売元の住所が「東京市」となっていたならば，「東京市」が成立した明治 22 年（1889）から「東京都」となって市制が消滅した昭和 18 年（1943）の間に発売されたものであることがわかる。また，購入資料には本来とは異なるラベルが貼られ，ガラス瓶が流用されていたことを示す興味深い資料が含まれていることがある。発掘資料ではラベルが消失しているため，このような資料の存在には気づかないが，購入資料にはこのような資料が少なからず含まれており，当時のガラス瓶使用の実態を知ることができる。

第4章　ガラス瓶の種類と出土資料

第Ⅰ節　ガラス瓶の分類

本書では，主に発掘調査によって得られたガラス瓶資料を研究することを念頭において，近現代のガラス瓶を以下のように分類した。

酒　　　　瓶：ビール瓶，ワイン瓶，日本酒瓶（清酒瓶，焼酎瓶，泡盛瓶），洋酒瓶（ウイスキー瓶，ブランデー瓶，ジン瓶，リキュール瓶など）

清涼飲料瓶：サイダー瓶，ラムネ瓶，コーラ瓶，ジュース（果実飲料）瓶，乳性飲料瓶（濃縮乳性飲料瓶，乳性飲料瓶），コーヒーシロップ瓶，ニッキ水瓶，茶瓶，薬用清涼飲料水瓶など

乳 製 品 瓶：牛乳瓶，ヨーグルト瓶など

調 味 料 瓶：醤油瓶，ソース瓶，酢瓶，食塩瓶，コショウ瓶，タバスコ瓶，カレー粉瓶，ケチャップ瓶，マヨネーズ瓶，ドレッシング瓶，化学調味料瓶，シロップ瓶など

食　品　瓶：らっきょう瓶，佃煮瓶，雲丹瓶，ふりかけ瓶，お茶漬け瓶，金平糖瓶，食用油脂瓶，栄養補助食品瓶など

薬　　　　瓶：医療用薬瓶，薬品瓶，一般用薬瓶，目薬瓶，軟膏瓶，殺虫剤瓶，栄養保健剤瓶，アンプルなど

化　粧　瓶：化粧水瓶，椿油瓶，整髪料瓶，化粧クリーム瓶，ポマード瓶，白粉瓶，香水瓶，マニキュア瓶，歯磨き粉瓶など

文　具　瓶：インク瓶，糊瓶，接着剤瓶など

日常生活瓶：染料瓶（繊維染料瓶，白髪染め瓶），靴墨瓶など

この分類に沿って，ガラス瓶が容器として使用された商品の概要および近現代遺跡から出土したガラス瓶について概略を述べる。

第2節　ガラス瓶の種類とその特徴

1. 酒　　　　瓶

(1) ビール瓶（図18，図19-1〜8）

ビールはかつて西洋では樽から出されて陶器製のジョッキで飲むのが一般的であり，ビール瓶

32　第4章　ガラス瓶の種類と出土資料

に詰めた瓶ビールは輸出用であった。わが国では開国の安政5年（1858）にイギリスやドイツから瓶詰めビールが輸入されたとされている。明治期になると，明治元年（1868）にはイギリスの「バースビール」が輸入されたが，明治2年（1869）にはコープランドが横浜に最初のビール醸造所であるビール工場ジャパン・ブルワリーを設立している。そして，明治5年（1872）には渋谷庄三郎が大阪北区堂島で日本人による最初のビール「渋谷ビール」を醸造販売した。明治前期にわが国で生産されたビールには「天沼ビール」（明治3年（1870）），「渋谷ビール」（明治5年（1872）），「三ッ鱗ビール」（明治6年（1873）），「保坂ビール」（明治8年（1975）），「桜田ビール」（明治14年（1881）），「浅田ビール」（明治18年（1885）），「大倉ビール」（明治18年（1885））などがあり，明治9年（1876）に開拓使麦酒醸造所が札幌に設立されている。

　その後，現在につながる大手のビール会社が相次いで設立された。設立年はジャパン・ブルアリーカンパニー（明治21年（1888）に「キリンビール」を発売し，明治40年（1907）に麒麟麦酒となる）が明治18年（1885），日本麦酒醸造（明治23年（1890）に「エビスビール」を発売する：のちのサッポロビール）が明治20年（1887），札幌麦酒（のちのサッポロビール）が明治21年（1888），大阪麦酒（明治25年（1892）に「アサヒビール」を発売する：のちのアサヒビール）が明治22年（1889）である。この他に東京麦酒の「東京ビール」が明治31年（1898），丸三麦酒の「カブトビール」が明治32年（1899），帝国麦酒の「サクラビール」が大正2年（1913），日英醸造の「カスケードビール」が大正9年（1920）に発売されている。わが国の家庭でビールを飲むことが一般化したのは明治36年（1903）頃であるとされており，明治39年（1906）には札幌麦酒（のちのサッポロビール），日本麦酒（のちのサッポロビール），大阪麦酒（のちのアサヒビール）が合併して大日本麦酒で設立され，戦後の昭和24年（1949）の集中排除法によって日本麦酒（のちのサッポロビール），朝日麦酒（のちのアサヒビール）に再分割された。戦後では昭和38年（1963）にサントリーの「サントリービール」，日本麦酒（のちのサッポロビール）の「サッポロジャイアンツ」，昭和39年（1964）に朝日麦酒（のちのアサヒビール）の「アサヒスタイニー」が発売され，昭和42年（1967）にわが国初の瓶詰生ビール「サントリービール〈純生〉」が発売された。

　ビール瓶には麒麟麦酒に代表されるドイツ系の「なで肩」の形態とその他のメーカーの肩の張ったイギリス系の「いかり肩」の形態があり，戦前の資料にはキックのあるものも多くみられる。栓の形状は現在では輸入ビールや地ビールの一部に機械栓のものがみられるが王冠栓が主体である。しかし，ビール瓶の栓は当初，コルク栓を針金で縛ったもので，これが大正初め頃まで続いた。王冠栓は明治25年（1892）にアメリカで発明され，明治33年（1900）にわが国で王冠栓のビール瓶（「東京ビール」）がはじめて発売され，大正4年（1915）頃に王冠栓が定着した。また，わが国のビール瓶は明治21年（1888）に東京の品川硝子製作所がビール瓶の本格生産を始めるまでは，輸入ビールやワインなどの空き瓶が使用された。「アサヒビール」や「キリンビール」に国産の瓶が使用された明治26年（1893）頃から国産ビール瓶が増えるようになったが，ビール瓶が量産されるようになったのは自動製瓶機が導入された大正末から昭和初期である。現在の

第 2 節　ガラス瓶の種類とその特徴　33

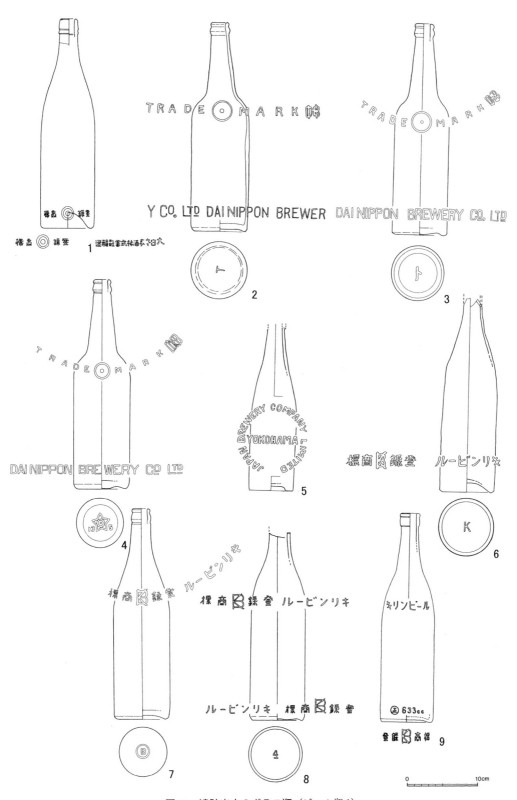

図18　遺跡出土のガラス瓶（ビール瓶1）

34 　第4章　ガラス瓶の種類と出土資料

ビール瓶には大瓶，中瓶，小瓶があり，その容量は大瓶 633 ml，中瓶 500 ml，小瓶 336 ml であ
るが，これは昭和 19 年（1944）の酒税法適用に伴ってビール瓶の容量を統一する際に，当時出
回っていた大瓶の中でいちばん容量の少ない量に統一したため大瓶が 633 ml という中途半端な
数値となったものである。ビールは長い間ガラス瓶に詰められて販売されていたが，昭和 33 年
（1958）には朝日麦酒（のちのアサヒビール）がわが国初の缶ビール（スチール缶）を発売して
いる。その後，昭和 40 年（1965）にはサッポロビールが瓶の王冠を指で押し上げるプルトップ
式「サッポロストライク」（瓶入り 334 ml）を発売し，昭和 46 年（1971）には朝日麦酒（のち
のアサヒビール）がわが国初のアルミ缶ビール（350 ml）を発売している。

　近現代遺跡出土のビール瓶は，大日本麦酒のビール瓶（図 18-1～4）が最も多く，麒麟麦酒の
ビール瓶（図 18-5～9）がそれに次いでいる。その他に，「カブトビール」（図 19-1～3），「ユニ
オンビール」（図 19-4）），「サクラビール」（図 19-7）などのビール瓶が出土している。胴部横断
面円形で色調は茶色半透明あるいは黄褐色半透明であり，大正期頃までの資料には「変形」，「底
部の偏り」，「表面のしわ・すじ」，「気泡」などが目立つ。このうち大日本麦酒のビール瓶にはい
くつかの種類がある。初期（明治末期）と思われるコルク栓の資料は今回扱った遺跡からは出土
しなかったが，これに相当するコルク栓「なで肩」でキックのある資料が岩手県下構遺跡から出
土している（図 18-1）。次いで，「TRADE ◉ MARK 〈商標〉」のやや大きめの陽刻（エンボス）
が肩部，「DAINIPPON BREWERY Co. LTD（CO, LTD）」の大きめの陽刻（エンボス）が胴下部に
あり，底面の陽刻（エンボス）がカタカナ・アルファベット・数字などである資料（図 18-2・
3）が江古田遺跡，葉山 No. 2 遺跡，ヤキバの塚遺跡から出土している。このうち，ヤキバの塚
遺跡の資料（図 18-2）はやや横幅があって全体にずんぐりしており，底面も平坦であり，出土
層から大正期の資料である可能性が高い。次に，「TRADE ◉ MARK 〈商標〉」の小さめの陽刻
（エンボス）が肩部，「DAINIPPON BREWERY CO LTD」のやや小さめの陽刻が胴下部にあり，
底面の陽刻（エンボス）が星印，あるいは星印と脇の数字やアルファベットで構成される戦前か
ら戦後にかけての資料（図 18-4）が江古田遺跡，汐留遺跡，汐留 III 遺跡，南広間地遺跡，上ノ
町・広町遺跡，東町二番遺跡，池子桟敷戸遺跡，ヤキバの塚遺跡から出土している。

　次に，「キリンビール」についてはコルク栓「なで肩」で胴部の中心に「YOKOHAMA」，その
周囲に「JAPAN BREWERY COMPANY LIMITED」の陽刻（エンボス）がある明治期の小型の資
料（図 18-5）が汐留 III 遺跡および東町二番遺跡から出土している。次いで，「なで肩」でキッ
クがあり，「登録 〈商標〉 商標　キリンビール」（右から左へ）の陽刻（エンボス）が胴下部にあ
る明治末～大正期頃と思われる資料（図 18-6）が汐留 III 遺跡から出土している。これに対し，
陽刻（エンボス）が肩部（あるいは肩部と胴下部：いずれも右から左へ）にある大正期から戦中
頃にかけての資料（図 18-7・8）が江古田遺跡，汐留 III 遺跡，南広間地遺跡，ヤキバの塚遺跡
から出土し，肩部に「キリンビール」（左から右へ），胴下部に「㊣ 633 cc」の陽刻（エンボス）
がある昭和 31 年（1956）の「㊣マーク」制定以降の資料（図 18-9）が東町二番遺跡から出土し
ている。その他の資料では，王冠栓「いかり肩」の「カブトビール」（図 19-2）が汐留 I・III 遺

第 2 節　ガラス瓶の種類とその特徴　35

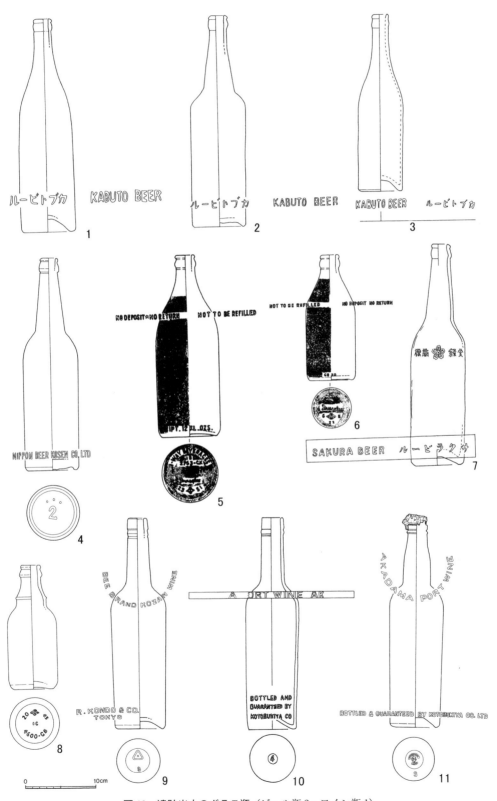

図 19　遺跡出土のガラス瓶（ビール瓶 2・ワイン瓶 1）

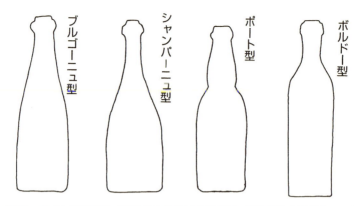

図20 ワイン瓶の形態（西近畿文化財調査研究所・稲美町教育委員会 1998）

跡，王冠栓「なで肩」でキックのある「カブトビール」（図 19-1・3）が汐留Ⅰ・Ⅲ遺跡および葉山 No.2 遺跡，「いかり肩」の日本麦酒鉱泉の「ユニオンビール」（図 19-4）が江古田遺跡および郵政省飯倉分館構内遺跡，王冠栓「いかり肩」の帝国麦酒の「サクラビール」（図 19-7）が汐留Ⅰ・Ⅱ遺跡からそれぞれ出土している。また，戦後進駐軍によってもたらされた「なで肩」幅広で底面にダグラス社の陽刻（エンボス）があるワンウェイのビール瓶（図 19-5・6）が大橋遺跡およびヤキバの塚遺跡，スタイニー瓶で同じく底面にダグラス社の陽刻（エンボス）がある輸入ビール瓶（図 19-8）が南広間地遺跡から出土している。

(2) ワイン瓶（図 19-9～11, 図 21）

ワインはかつて西洋では樽や甕などから杯や水差しに移されて飲まれていた。しかし，17世紀になってガラス瓶とコルク栓が使用されるようになり，ガラス瓶が長期間熟成するのに最適な容器として認知されるようになった。それに伴って，瓶の形態もタマネギ型からねかせて積み上げる円筒形へと変化した。現在のワイン瓶の形態は，円筒形で肩の張った「ボルドー型」，なで肩の「ブルゴーニュ型」，なで肩で幅広の「シャンパーニュ型」，ビール瓶の形態に近い「ポート型」が代表的なものである（図 20）。

わが国では，それまで海外から持ち込まれていたがワインが国内で醸造されるようになったのは明治になってからである。山田宥教・詫間憲久が甲府でワイン・ブランデーの醸造をはじめたのが明治3年（1870），開拓使札幌官園が開設されたのが明治8年（1875），岡山の播州葡萄園が開設されたのが明治12年（1879）のことである。その後，次々とワインが発売された。明治15年（1882）には浅草の神谷伝兵衛が「蜂印香竄葡萄酒」，明治18年（1885）には降矢徳義が山梨県の甲州園葡萄酒醸造場で「凱旋門印葡萄酒」，明治22年（1889）には甲斐産商店が開業して生ブドウ酒「大黒天印甲斐産葡萄酒」，明治31年（1898）には川上善兵衛が「菊水葡萄酒」，「菊水ブランデー」，明治37年（1904）には川崎善次郎が「軍配印葡萄酒」，「天目山印葡萄酒」，明治40年（1907）には明治32年（1889）に開業した鳥井商店（寿屋）が「赤玉ポートワイン」，明治41年（1908）には大黒天印甲斐産葡萄会社が「大黒甘味ブドウ酒」を発売した。大正期のワインは「赤玉ポートワイン」と「蜂印香竄葡萄酒」が勢力を二分していたが，その他に「菊水印

第 2 節　ガラス瓶の種類とその特徴　　37

図 21　遺跡出土のガラス瓶（ワイン瓶 2）

純粋葡萄酒」,「牛久赤白葡萄酒」,「マルキ葡萄酒」,「地球握印滋養興奮葡萄酒」,「ハート十字規那鉄葡萄酒」,「ミツワ規那鉄葡萄酒」,「赤門葡萄酒」,「人参規那鉄葡萄酒」,「王冠印国産葡萄酒」,「地球印葡萄酒」,「大黒天印甲斐産葡萄酒」などがあった。昭和10年（1935）には大黒葡萄酒が設立され，戦後になると昭和36年（1961）に山楽酒造から「メルシャン」，昭和40年（1965）に勝沼洋酒から「マンズワイン」，昭和42年（1967）に北海道池田町の「十勝ワイン」が売り出されている。その後，昭和45年（1970）にはワインの輸入が自由化され，この頃から庶民の間でワインの消費が大幅に伸び，昭和48年（1973）は「ワイン元年」と称された。

　近現代遺跡出土のワイン瓶は，明治8年（1875）に開設された岡山の播州葡萄園の跡地が発掘され，地下室状遺構からワイン瓶が木箱に入ったまま回収され注目を浴びた（西近畿文化財調査研究所・稲美町教育委員会 1998）。今回，分析対象とした遺跡では幕末から明治前期頃までの遺跡からワイン瓶がまとまって出土している。このうち，外国人の避暑地であった宮ヶ瀬遺跡群北原（No. 9）遺跡，東京築地の外国人居留地であった明石町遺跡，外国人技師が居住していた汐留遺跡からジン瓶などと一緒に出土しているが，漁村であるヤキバの塚遺跡でも明治中期頃までの層位から出土するガラス瓶はワイン瓶が主体である。出土したワイン瓶はコルク栓で胴部横断面円形，キックがあり色調は暗緑色系，茶色系，淡緑色系の不透明ないし半透明のガラス瓶である。大きさは高さ25 cm程度の資料と高さ30 cm程度の資料がある。肩部の形態は「いかり肩」（ボルドー型）の資料（図19-9～11，図21-1～3・9・12～15）と「なで肩」（ブルゴーニュ型）の資料（図21-4～8・16～18）に区分でき，「なで肩」で横幅があり，キックの深い「シャンパーニュ型」の資料（図21-19・20），「いかり肩」で首部がやや太い「ポート型」の資料（図21-10・11）も存在する。口部の形態は多様であり，キックも深いものから浅いものまで存在する。これらの資料の中にビール瓶の可能性があるものも存在するが，形態のみから識別することは難しい。また，未開封の状態でコルク栓が残存している資料が汐留II遺跡から出土している（図21-21・22）。初期のワイン瓶は輸入品であり，ワイン瓶には底面に陽刻（エンボス）が入ったものがあるが（汐留I遺跡「WOOD PORTOBELLO」,「RICH・COOPER & C・PORTOBELLO」など），発掘資料で商品名や製造メーカー名が判明する資料は少ない。これに対し，国産で肩部と胴下部に陽刻（エンボス）のあるワイン瓶として，明治15年（1882）発売の「蜂印香竄葡萄酒」（図19-9）が江古田遺跡，明治40年（1907）発売の寿屋の「赤玉ポートワイン」（図19-10・11）が汐留遺跡IIおよび江古田遺跡から出土している。

（3）清酒瓶（図22-1～9）

　清酒の容器は現在では1升（1.8 l）瓶と4合（720 ml）瓶が主流であるが，かつて清酒は「通い徳利」を用いた量り売りが基本であった。清酒の容器に輸入洋酒の空き瓶が利用されるようになったのが明治5年（1872）頃であり，明治11年（1878）には瓶詰め清酒が初めて売り出されている。その後，明治28年（1895）に「桜正宗」が小瓶詰め（1合5勺入り），明治34年（1901）に「白鶴」が初めて1升瓶詰めを発売している。明治36年（1903）頃には，1升，4合，2合，1合など瓶詰め清酒が多彩になり清酒にガラス瓶の使用が一般化するようになった。また，

第2節　ガラス瓶の種類とその特徴　　39

図22　遺跡出土のガラス瓶（清酒瓶・洋酒瓶）

40　　第4章　ガラス瓶の種類と出土資料

駅売りのコップ付瓶詰清酒が販売されたのは明治43年（1910）である。初期の1升瓶は徳利を真似た胴の張った瓶（かぶら型）であったが，その後現在の形に変化した。1升瓶は機械製瓶機によって生産するようになるまで，すべて人工吹きであったので量産はできなかったが，大正13年（1924）には自動製瓶機による1升瓶の大量生産が始まった。清酒瓶の栓は当初，木栓やガラスねじ栓であったが大正末から昭和初期にかけて機械栓が流行し，その後替栓（コルクからポリエチレンへ変化）となった。また，昭和39年（1964）にカップ酒「ワンカップ大関」（1合）が登場したが，カップ酒は容器と食器を兼ねる画期的な発明とされている。

　近現代遺跡出土の清酒瓶は，まずコルク栓で「なで肩」，胴部横断面円形でキックがあり色調は淡緑色透明である清酒1合瓶（図22-4・8）が大橋遺跡，汐留Ⅰ・Ⅱ・Ⅲ遺跡，上ノ町・広町遺跡から出土している。また，大正末から昭和初期の機械栓の1升・4合・2合瓶でキックがある資料（図22-1～3）が百人町遺跡，汐留遺跡，汐留Ⅰ・Ⅱ遺跡，上ノ町・広町遺跡，東町二番遺跡，ヤキバの塚遺跡から出土している。デザインの凝った清酒瓶では縦ラインのある「白鶴」の清酒瓶が汐留Ⅰ・Ⅱ遺跡から出土しているが，そのうち汐留Ⅱ遺跡からは瓢箪形の1合瓶（図22-9）が出土している。また，東洋醸造（のちの旭化成）の滋養強壮酒「源氏保命酒」が南広間地遺跡から出土している。戦後の徳利形1合瓶は昭和30年代の「糀善正宗」（図22-5）や「菊誉」（図22-6）などがヤキバの塚遺跡，1980年代のカップ酒「多満自慢」（図22-7）が南広間地遺跡から出土している。清酒瓶の色調は機械栓やデザインの凝った資料が緑色系透明あるいは青色系透明，戦後の徳利形やワンカップが無色透明である。

（4）洋酒瓶（図22-10～23）

　ジンやウイスキーなどの洋酒は幕末から明治にかけて盛んに海外から持ち込まれた。明治4年（1871）にカルノー商会がウィスキーを輸入し，横浜のレッツがブランデー，コードリエがラム酒を輸入した。これに対し，国産洋酒は明治10年（1877）に大阪の小西儀助がウイスキーの製造を始めたとされている。また，明治24年（1891）には東京の神谷伝兵衛がブランデーを主体としたカクテル「電気ブラン」を発売している。その後，寿屋洋酒店（のちのサントリー）は明治44年（1911）に「ヘルメスウィスキー」，大正8年（1919）に「トリスウイスキー」，昭和4年（1929）に「サントリー白札」，昭和12年（1937）に「サントリー角瓶」を発売している。昭和15年（1940）に大日本果汁（のちのニッカウヰスキー）が「ニッカウイスキー」，「ニッカブランデー」を発売している。戦後になると寿屋（のちのサントリー）が昭和25年（1950）に「サントリーウイスキーオールド」，昭和35年（1960）に「サントリーローヤル」，昭和39年（1964）に「サントリーウイスキーレッド」を発売している。これに対し，ニッカウヰスキーは昭和30年（1955）に「ゴールドニッカ」，昭和31年（1956）に「ブラックニッカ」，昭和39年（1964）に「ハイニッカ」，昭和40年（1965）に「新ブラックニッカ」（1000円ウィスキー）を発売している。その他の醸造メーカーでは，昭和20年（1945）に東洋醸造（のちの旭化成）が「45ウイスキー」を発売し，昭和21年（1946）に大黒葡萄酒（のちのメルシャン）が「オーシャンウイスキー」を発売している。またウイスキーのポケットビン（「トリスウイスキーポケッ

ト」）が初登場したのは昭和 25 年（1950）である。わが国でウイスキーが庶民に浸透していったのは昭和 30 年代以降のことであり，サントリーのトリスバーの存在，わが国独特のボトルキープシステムや「水割り」の考案が大きな役割を果たした。

　近現代遺跡出土の洋酒瓶は，東京築地の外国人居留地であった明石町遺跡，新橋停車場であった汐留遺跡，外国人保養地であった宮ヶ瀬遺跡群北原（No. 9）遺跡などから幕末から明治初期にかけて海外から持ち込まれた洋酒瓶が多数出土している。このうち，ジン瓶（図 22-12〜14・18〜20）は胴部横断面方形で首の短い独特の形状を呈しており，色調は濃緑色不透明である。これらは明石町遺跡，汐留 I・II・III 遺跡，上ノ町・広町遺跡，宮ヶ瀬遺跡群北原（No. 9）遺跡から出土しているが，上ノ町・広町遺跡からは「MELCHERSwz SCHIEDAM」の陽刻（エンボス）のある 19 世紀前半のオランダのジン瓶（図 22-14）が出土している。リキュール瓶は，横断面円形でやや首の長い形状で底面に「FRANZ JOSEF' BITTERQUELLE」の陽刻（エンボス）がある資料（図 22-21）が汐留遺跡から出土している。他にも洋酒瓶が汐留 I〜III 遺跡から出土している（図 22-15・16・22・23）。これに対し，戦後の国産ウイスキー瓶は昭和 25 年（1950）発売の寿屋（のちのサントリー）の「トリスウイスキーポケット」（図 22-10）が大橋遺跡，南広間地遺跡から出土している。また，大黒葡萄酒の角瓶（図 22-17）がヤキバの塚遺跡，ポケット瓶（図 22-11）が大橋遺跡から出土している。

2. 清涼飲料瓶

(1) サイダー瓶（図 23，図 24-1〜9・12）

　清涼飲料は慶應元年（1865）に長崎の藤瀬半兵衛がイギリス人からラムネの製造法を学び，売り出したとされている。明治になると明治元年（1868）にはノース・レー商会が横浜に開業し，レモネード，ラムネ，シャンペンなどの製造販売を開始し，東京でも清国人アリンが築地入船でラムネの製造を開始し，明治 2 年（1869）には鈴木乙松が築地小田原町でラムネ業を開業した。その後，明治 12 年（1879）に築地でチャリヘースがラムネやサイダーなどの製造を開始している。このように，炭酸飲料は明治初期に横浜や東京の築地で製造販売されたが，この頃は外国人向けの商品であった。

　その後，明治 15 年（1882）頃になるとラムネが日本人の間にも流行し，炭酸飲料が一般化するようになった。明治 17 年（1884）に六甲の平野に湧く天然炭酸水である「平野水」が発売され，明治 21 年（1888）に明治屋が「三ツ矢平野水」として売り出している。この頃は明治 19 年（1886）のコレラ大流行時に炭酸飲料を飲んでいればコレラにかからないという毎日新聞の記事によって炭酸飲料が流行した時期である。「サイダー」という名称は「シードル（りんご酒）」からきたもので日露戦争の頃に一般化したとされている。初期のサイダー瓶は細長い，底の尖った「ハミルトン・ボトル」あるいは「きゅうり瓶」と呼ばれた特異な形状であった。これは 1814 年にウィリアム・ハミルトンが特許を取ったもので，高い内圧に耐え，コルク栓が乾燥収縮して炭酸が抜けないように常に液に浸かった状態にするために寝かせて保存する必要から考案されたも

のである。明治21年（1888）頃になると「きゅうり瓶」がすたれ，サイダー瓶やラムネ瓶の時代となった。この頃の商品としては，明治22年（1889）に「ウィルキンソン炭酸水」，明治32年（1899）に「金線サイダー」，明治36年（1903）に明治屋が神戸・布引きの滝の下流に出る炭酸水を使った「布引炭酸」，横浜の山本染之助の「軍艦印サイダー」，明治38年（1905）に帝国鉱泉会社の「三ツ矢印平野シャンペンサイダー」がそれぞれ発売されている。また，明治37年（1904）には「金線サイダー」に王冠栓が用いられるようになり，この後，王冠栓のものをサイダー，ガラス玉栓のものをラムネとして区別されるようになった。両者の中身は基本的に同じであったが，サイダーの瓶詰には大きな設備が必要であったため，零細業者はラムネをつくっていた。こうして，サイダーは高級な飲み物，ラムネは駄菓子や夜店で売られる大衆的な飲み物になった。

　その後，明治42年（1909）に大日本麦酒が「リボンシトロン」，大正11年（1922）に日本麦酒鉱泉が「三ツ矢サイダー」，昭和3年（1928）に麒麟麦酒が「キリンレモン」，昭和4年（1929）に麒麟麦酒が「キリンタンサン」を発売している。戦後になると，昭和27年（1952）に朝日麦酒が「全糖三ツ矢サイダー」，日本麦酒が「全糖リボンシトロン」，麒麟麦酒が「全糖キリンレモン」を発売し，昭和31年（1956）に麒麟麦酒が「キリンサイダー」，昭和32年（1957）に「カナダドライ」や「宝サイダー」が発売されている。その後，炭酸入り果実飲料が発売されるようになり，昭和33年（1958）には東京飲料（のちの東京コカコーラボトリング）が「ファンタ（オレンジ・グレープ）」，昭和37年（1962）には明治乳業が「スカット」，昭和39年（1964）には日本セブンアップ飲料が「チェリオ（オレンジ・グレープ）」，昭和40年（1965）にはペプシボトラー8社が「ミリンダ（オレンジ・グレープ）」を発売している。また，昭和46年（1971）に日本コカ・コーラが「スプライト」，昭和48年（1973）にカルピスが「カルピスソーダ」を発売している。

　近現代遺跡出土のサイダー瓶としては，古手の「きゅうり瓶」が汐留I・III遺跡，明石町遺跡，宮ヶ瀬遺跡群北原（No. 9）遺跡から出土しており（図24-5・6・12），陽刻（エンボス）から輸入品が多いと思われる。これに対し，胴部が円筒形のサイダー瓶は「なで肩」で胴部横断面円形，キックがなく，色調は濃緑色透明，淡緑色透明，無色透明である。出土資料としては，明治末から昭和初期頃の底面にのみ「〈商標〉三ツ矢」が陽刻されている「三ツ矢サイダー」が江古田遺跡，汐留遺跡，汐留II遺跡，東町二番遺跡から出土している（図23-1・2）。このうち，汐留遺跡の資料はコルク栓（図23-1），汐留II遺跡の資料は明治37年（1904）以降の王冠栓の資料（図23-2）である。大正末から昭和初期の資料は胴下部に「登録〈商標〉商標　日本麦酒鉱泉株式会社（右から左へ）」，底面に数字やアルファベットが陽刻されている資料が江古田遺跡，汐留II遺跡，葉山No. 2遺跡から出土している（図23-4）。また，戦後の資料で肩部に「〈商標〉」，胴下部に「ASAHI BREWERIES. LTD.」と陽刻されている資料（図23-3）がヤキバの塚遺跡，昭和31年（1956）の「㊣マーク」制定以降の肩部に「三ツ矢サイダー」，胴下部に「㊣340 ml」と陽刻されている資料（図23-5）が南葛野遺跡から出土している。

第 2 節　ガラス瓶の種類とその特徴　43

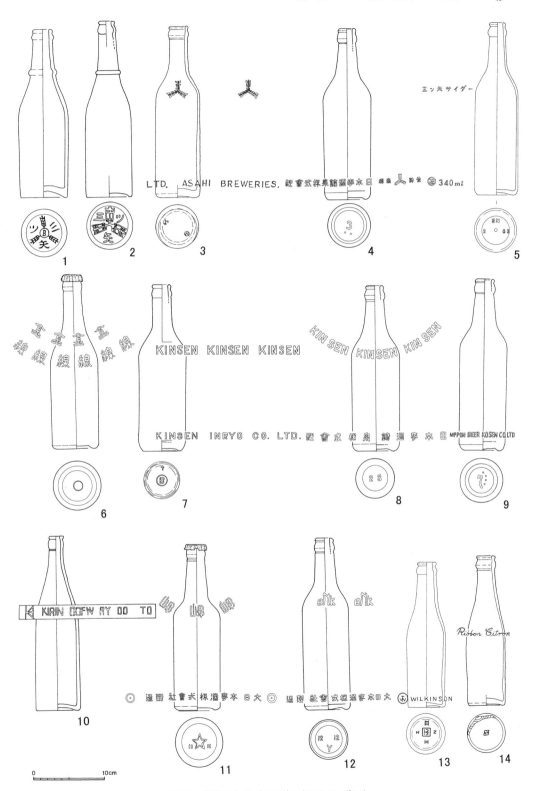

図 23　遺跡出土のガラス瓶（サイダー瓶 1）

44 第4章 ガラス瓶の種類と出土資料

次に，「金線サイダー」は江古田遺跡，大橋遺跡，汐留遺跡，汐留III遺跡，東町二番遺跡，池子桟敷戸遺跡，ヤキバの塚遺跡から出土している（図23-6～8）。大正期から昭和初期のもので肩部に漢字の「金線」の陽刻がある資料（図23-6），肩部に「KINSEN」，胴下部に「KINSEN IN-RYO CO. LTD.」の陽刻のある資料（図23-7），肩部に「KINSEN」，胴下部に「日本麦酒鉱泉株式会社（右から左へ）」の陽刻のある資料（図23-8），肩部に「KINSEN」，「金線飲料株式会社製造（右から左へ）」と陽刻されている資料がある。また，「大日本麦酒株式会社」のサイダー瓶は江古田遺跡，大橋遺跡，汐留遺跡，汐留I・III遺跡，池子桟敷戸遺跡から出土している（図23-11・12）。大日本麦酒が明治39年（1906）に成立して以降，昭和24年（1949）に集中排除法によって再分割されるまでの資料であるが，商標には「DNB」と「BNK」の二種類があり，陽刻（エンボス）の位置や書式にバラエティがあるのが特徴である。この他に，「ウィルキンソンサイダー」（図23-13）が大橋遺跡，池子桟敷戸遺跡，「布引鉱泉サイダー」（図24-2・3）が江古田遺跡，汐留I遺跡，東町二番遺跡，「別府鉱泉サイダー」（図24-1）が江古田遺跡，「三ツ葉サイダー」（図24-4）が汐留II遺跡，門司の「帝国ブルワリー」のサイダー瓶が汐留II遺跡，「日本麦酒鉱泉」のサイダー瓶が江古田遺跡，麒麟麦酒のサイダー瓶（図23-10）が汐留II遺跡，「リボン・シトロン」（図23-14）がヤキバの塚遺跡から出土している。その他にサイダー瓶と考えられるパーム飲料合資会社（東京滝田商会）の「パーム」（図24-9）が江古田遺跡および汐留III遺跡，東京大倉の葡萄液入り炭酸飲料「ボルド」（図24-8）が江古田遺跡および汐留II遺跡，東京日本橋区の大日本ボルド商行の資料（図24-7）が江古田遺跡から出土している。

（2）ラムネ瓶（図24-10・11・13）

「ラムネ」という名称は「レモネード」からきたもので，炭酸飲料水にレモン等の味をつけたためにこのように呼ばれたといわれている。わが国では明治4年（1871）に中国人の蓮昌泰が東京・築地でラムネの製造を開始し，明治8年（1875）に後藤紋次郎が横浜でラムネの製造を開始した。その後，明治12年（1879）に東京・築地のチャリヘースがラムネとサイダー等の製造を開始し，明治13年（1880）に東京・浅草の鈴木音松が洋水舎が設立し，明治14年（1881）には横浜の守屋正造が「懐中ラムネ」を売り出している。このように，明治15年（1882）頃にはラムネは急速に普及した。また，1872年にイギリスのハイラム・コッドによってガラス玉で内側から栓をするラムネ瓶が発明され（「コッド・ボトル」），ガラス玉栓がその後のラムネ瓶の原型となった。わが国では明治20年（1887）に徳永硝子工場が国産玉ラムネ瓶（「玉ラムネ」）を製造し，山為硝子が発売したとされている。明治37年（1904）にサイダーに王冠栓が用いられるようになると，王冠栓のものをサイダー，ガラス玉栓のものをラムネとして区別されるようになり，ラムネは庶民の飲み物として定着していった。遺跡から出土するラムネ瓶はほとんどが壊されて中のガラス玉が取り出されているが，ラムネ玉を使用したビー玉遊びが始まったのは明治30年（1897）頃とされている。なお，昭和47年（1972）頃にはラムネの飲み口のポリエチレン加工が始まっている。

近現代遺跡出土のラムネ瓶は汐留II遺跡，上ノ町・広町遺跡，東町二番遺跡，葉山No.2遺跡，

第 2 節　ガラス瓶の種類とその特徴　　45

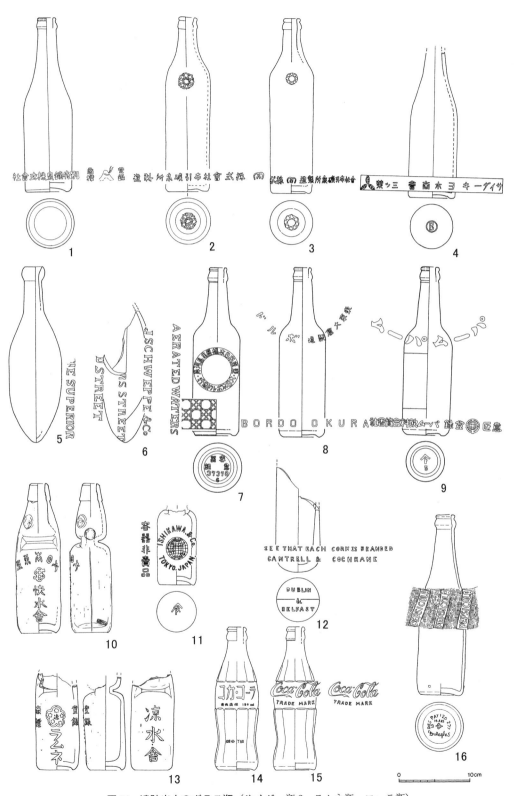

図24　遺跡出土のガラス瓶（サイダー瓶2・ラムネ瓶・コーラ瓶）

ヤキバの塚遺跡から出土しているが，その独特の形態は基本的に変わっておらず，色調は濃緑色半透明か薄緑色半透明である。製造メーカーが判明するラムネ瓶として，東京の「快水舎」のラムネ瓶（図24-10）および「涼水舎」のラムネ瓶（図24-13）が汐留II遺跡，東京の「ISHIKA-WΛ」のラムネ瓶（図24-11）が東町二番遺跡から出土している。なお，汐留II遺跡出土の「快水舎」の資料および上ノ町・広町遺跡の資料のみ完形で残りの資料は割られて内部のラムネ玉が取り出されている。

(3) コーラ瓶（図24-14～16）

コカ・コーラは1886年，アメリカのアトランタで薬剤師ペン・バートンが作った原液から生まれたとされている。当初はグラス売りだったが1890年に瓶入りコカ・コーラが発売された。コカ・コーラ瓶は1900年までは薬瓶のような形（「ハッチンソン瓶」）であったが，1900年からは王冠栓のサイダー瓶に近い形状となり，1916年にアレキサンダー・サミュエルソンがホッブルスカートにヒントを得てデザインした特徴的な「ホッブル瓶」となった。コカ・コーラはわが国でも大正8年（1919）に明治屋によって輸入され販売された。戦後，コカ・コーラは進駐軍用によってわが国に持ち込まれたが，本格的に流行したのは昭和32年（1957）に東京飲料によって一般販売されてからである。なお，日本でコカ・コーラ瓶が製造されるようになったのは昭和34年（1959）である。これに対し，ペプシコーラは昭和32年（1957）に日本飲料によって発売された。その後，昭和39年（1964）にコカ・コーラのホームサイズ（500 ml），ペプシコーラのファミリーサイズ（500 ml）が発売されている。また，昭和40年（1965）には東京コカ・コーラが缶入りコーラ（250 ml）を発売し，昭和49年（1974）にはコカ・コーラの1 l瓶が登場している。

近現代遺跡出土のコーラ瓶としては，コカ・コーラとペプシコーラの瓶が報告されている。このうち，コカ・コーラ瓶は独特のホッブル瓶で色調は淡緑色透明であり，南広間地遺跡および南葛野遺跡から出土している。南広間地遺跡の資料のうち胴部中央に「Coca-Cola TRADE MARK」とあるもの（図24-15）は1950年代の国産第一世代，胴部中央に「コカ・コーラ　登録商標 180 ml」とあるもの（図24-14）は1970年代後半から80年代とされている。ヤキバの塚遺跡出土のペプシコーラ瓶（図24-16）の色調は無色半透明で肩部に文様とともに縦方向（下から上へ）に「PEPSICOLA」の陽刻（エンボス）があり，底面にはダグラス社の陽刻（エンボス）のある輸入品である。

(4) ジュース（果実飲料）瓶（図25-1～6）

わが国では，明治6年（1873）に岸田吟香が東京・銀座で「檸檬水」，明治7年（1874）に大阪で橋本清三郎によって「みかん水」が製造・販売された。「檸檬水」や「みかん水（蜜柑水）」は人工的に風味をつけたものである。明治9年（1876）にはラムネや蜜柑水などの清涼飲料水がブームになっている。その後，明治13年（1880）に中川幸吉が東京・銀座で「りんご水」，「レモン水」，「みかん水」，「いちご水」を発売し，明治27年（1894）に名古屋の伊藤末吉が「蜜柑水」，和歌山の名古屋伝八が「蜜柑水」，明治30年（1897）に名古屋の岩瀬惣太郎が「みかん水」

の製造を開始した。明治 42 年（1909）には東京にみかん水業者が約 200 軒あったという。

　昭和になると大手のメーカーがジュースを発売するようになり，昭和 4 年（1929）には森永製菓が「森永果実飲料」，昭和 8 年（1933）にはカゴメが初めての「トマトジュース」，昭和 11 年（1936）には明治製菓が「アップルジュース」，昭和 13 年（1938）には明治製菓が「グレープジュース」を発売している。現在のようなジュース（果汁飲料）は戦後，昭和 24 年（1949）に進駐軍向けに輸入され，昭和 26 年（1951）に一般に発売された果汁 10% の「バヤリースオレンジ」（ACL 瓶）が最初である。昭和 27 年（1952）には明治製菓の「オレンジジュース」，日本麦酒の「リボンジュース」，宝酒造の「ポンジュース」が次々と発売され，ジュースがブームとなっている。その後，昭和 29 年（1954）には麒麟麦酒が「キリンオレンジジュース」，昭和 31 年（1956）には日本麦酒が「リボングレープジュース」，昭和 32 年（1957）には日本麦酒が「リボンパインジュース」，昭和 33 年（1958）には麒麟麦酒が「キリンレモン」を発売し，武田薬品が果汁飲料「プラッシー」を米販店ルートで発売している。また，昭和 39 年（1964）には日本セブンアップ飲料が「チェリオ（オレンジ・グレープ）」，昭和 41 年（1966）には森永東京ルートセールスが「サンキストオレンジジュース」，「サンキストグレープフルーツジュース」，昭和 45 年（1970）には愛媛青果連が「ポンジュース」（100% 果汁）を発売している。なお，缶ジュースが出回るようになったのは昭和 30 年（1955）頃からである。

　近現代遺跡出土のジュース瓶は，細身で王冠栓「なで肩」，胴下部がくびれており，色調は無色透明の戦後のものがほとんどである。底面の陽刻（エンボス）から昭和 36 年（1961）製瓶と思われる麒麟麦酒の「キリン・ジュース」（図 25-1），昭和 37 年（1962）発売で底面の陽刻（エンボス）から昭和 35 年（1960）製瓶と思われる「Arose」（図 25-2），1960 年代前半の明治乳業の炭酸入り果実飲料「スカット」（図 25-3），「Special Drinks」の陽刻のある「商標無エンボス瓶」（栗原 2005）（図 25-4）がヤキバの塚遺跡，昭和 27 年（1952）発売の宝酒造の「ポンジュース」（図 25-5）が南広間地遺跡から出土している。さらに新しい資料として 1980 年代末〜90 年代初頭とされているカルピスの「濃縮還元 100% オレンジジュース」（図 25-6）が南広間地遺跡から出土している。

(5) 乳性飲料瓶（図 25-7〜16）

　乳性飲料には濃縮乳性飲料とそのまま飲用する乳性飲料がある。乳性飲料で最も著名なものは濃縮乳性飲料の「カルピス」である。大正 5 年（1916）に三島海雲が乳酸菌飲料の工業化に成功，醍醐味合資会社を設立して「醍醐味」を発売し，大正 8 年（1919）に「カルピス」と改称した。「カルピス」は牛乳を脱脂し，乳酸菌を加えて発酵・熟成させたものである。発売当初の「カルピス」瓶はウイスキー瓶状で王冠栓，400 ml 入りであったが，大正 9 年（1920）には 180 ml 入りの小瓶（ねじり瓶），大正 11 年（1922）にビール瓶状の徳用瓶（580 ml），大正 14 年（1925）に新徳用瓶（630 ml），大正 15 年（1926）に中瓶（330 ml）が発売された。これに対し，大正 12 年（1923）に森永製菓が濃縮乳性飲料「コーラス」，大正 14 年（1925）に東京製乳研究所が「ラクミン」を発売し，乳性飲料がブームになっている。戦後になると，昭和 22 年（1947）に「カ

48　第4章　ガラス瓶の種類と出土資料

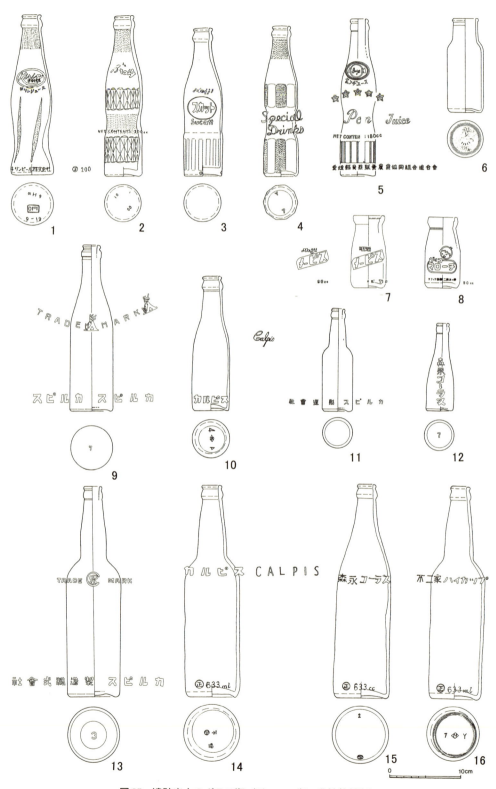

図25　遺跡出土のガラス瓶（ジュース瓶・乳性飲料瓶）

ルピス」の大瓶（630 ml：昭和32年（1957）から633 ml）・中瓶（350 ml）が発売され，昭和35年（1960）にはカルピス食品工業が果汁入り乳性飲料である「オレンジカルピス」（550 ml 瓶入）を発売している。

　近現代遺跡出土の乳性飲料瓶は，まず濃縮乳性飲料瓶としてビール瓶状の形態で「いかり肩」と「なで肩」，色調は茶色半透明の資料がある。具体的には「カルピス」の「いかり肩」の新徳用瓶（図25-13）が江古田遺跡，「いかり肩」で昭和32年（1957）以降の大瓶（図25-14）が南広間地遺跡およびヤキバの塚遺跡，「なで肩」の中瓶（図25-9）が江古田遺跡，「なで肩」の小瓶（図25-10）がヤキバの塚遺跡，「いかり肩」の小瓶（図25-11）が江古田遺跡から出土している。他に「森永コーラス」の「なで肩」の大瓶（図25-15）がヤキバの塚遺跡，「なで肩」の小瓶（図25-12）が江古田遺跡，「不二家ハイカップ」の「いかり肩」の大瓶（図25-16）がヤキバの塚遺跡から出土している。このうち，江古田遺跡の「カルピス」の新徳用瓶（図25-9）は大正14年（1925）～昭和15年（1940）発売の資料であり，江古田遺跡の小瓶（図25-11）は昭和3年（1928）発売の資料である。また，南広間地遺跡およびヤキバの塚遺跡の「カルピス」の大瓶（図25-14），ヤキバの塚遺跡の「森永コーラス」の大瓶（図25-15），ヤキバの塚遺跡の「不二家ハイカップ」の大瓶（図25-16）には胴下部に「㊣ 633 ml」と陽刻されている昭和31年（1956）の「㊣マーク制定」以降の資料である。これに対し，直接飲用する乳性飲料の瓶は牛乳瓶よりも小型（90 ml）で「なで肩」の広口瓶である。色調は無色透明である。明治乳業の「メーピス」（図25-7）が南葛野遺跡，グリコの「マローチ」（図25-8）が南広間地遺跡から出土している。このうち「メーピス」は昭和36年（1961）以降の資料である。

　(6) コーヒーシロップ瓶（図26-10・11）

　胴部横断面方形の細口瓶である東京・銀座のカフェーパウリスタの「ブラジルコーヒー」の大小の瓶（図26-10・11）が汐留 III 遺跡から出土している。「ブラジルコーヒー」はコーヒーシロップ瓶で原液を水で薄めて飲んだという（福田2004b）。明治42年（1909）創業のカフェーパウリスタは銀座8丁目に現存するが，関東大震災（1923）で焼けて昭和45年（1970）に現在地に再建されている。

　(7) ニッキ水瓶（図26-1～9）

　駄菓子屋などで売られていた清涼飲料にはイチゴ水，ミカン水，レモン水，ニッキ水などがあり，ニッキ水は薄手の小型瓶に入れられて販売されていた。

　近現代遺跡出土のニッキ水瓶はヤキバの塚遺跡でまとまって出土しているが，形態は様々である。瓶形（胴部横断面が円形・楕円形・六角形など）（図26-5・7～9），瓢箪形（図26-1～4），ラムネ形（図26-6）があり，色調は無色透明である。このうち，瓶形で胴部横断面が楕円形の資料（図26-8）には「爆弾三勇士」（1932）の文字と絵柄，横断面六角形の資料（図26-9）には「ナンブ，ミヤザキ，ツルタ，キタムラ，キヨカワ」というロサンゼルスオリンピック（1932）の金メダリストの名前や馬術・陸上・水泳の絵柄の陽刻（エンボス）がある。これらの資料は，出土層位や陽刻（エンボス）の内容から大正末期から戦中頃にかけての資料と推定される。

50　第4章　ガラス瓶の種類と出土資料

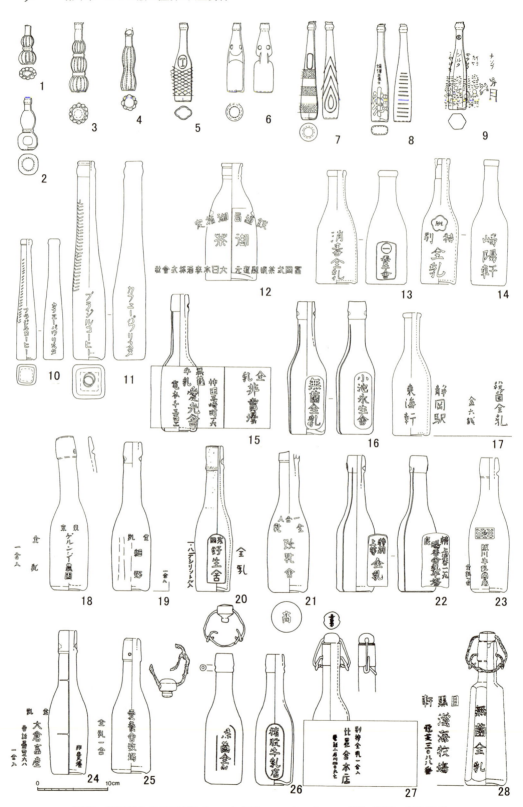

図26　遺跡出土のガラス瓶（ニッキ水瓶・コーヒーシロップ瓶・茶瓶・牛乳瓶1）

第 2 節　ガラス瓶の種類とその特徴　　51

(8) 茶瓶（図 26-12）

　ガラス製の茶瓶は鉄道の駅で売られていたものであり，「ガラス製汽車土瓶」とも呼ばれる。従来の不透明な陶器製の汽車土瓶では不衛生であるため，大正 11 年（1922）に登場した。その後，昭和 5・6 年（1930・31）頃になるとガラス容器では気分がよくないということで陶器製のものが復活し，ガラス製の茶瓶は短命に終わった（大川 1999）。

　近現代遺跡出土の茶瓶は，鉄道の駅舎のあった汐留 III 遺跡で「なで肩」で胴部に「鉄道局御指定　御茶　富岡式茶瓶製造元　大日本麦酒株式会社（右から左へ）」の陽刻（エンボス）のある資料（図 26-12）が出土している。

(9) 薬用清涼飲料水瓶

　昭和 40 年（1965）に発売された大塚製薬の炭酸入り滋養強壮ドリンク「オロナミン C」が契機となって薬用清涼飲料水がブームとなった。分析対象とした近現代遺跡から薬用清涼飲料水瓶は出土してしない。

3. 乳 製 品 瓶

(1) 牛乳瓶（図 26-13〜28，図 27）

　牛乳は明治以前にも享保 13 年（1728）に徳川吉宗が安房国に乳牛 3 頭を飼いはじめたという記録があるが，幕末になると慶應 2 年（1868）に前田留吉が横浜に牛乳搾取所を作ったとされている。しかし，当初はあくまで外国人を相手にしたものであり，一般民衆が牛乳を飲むようになったのは明治以降のことである。明治中期頃から戦後にかけて，関東地方には数多くの牧場（牛乳搾取所）が存在し，昭和 8 年（1933）には東京に 180 ヵ所の牧場があったという（豊島区郷土資料館 1990）。

　初期の牛乳売りは量り売りであり，桶やブリキ罐に入れられた牛乳を柄杓などでビール瓶の空瓶などに移した。明治 18 年（1885）の『牛乳営業取締規則』によって鉛や銅が牛乳容器に使用できなくなり，明治 22 年（1889）頃から衛生的なガラスの牛乳瓶が使用されるようになった。そして，明治 33 年（1900）には『飲食物其ノ他ノ物品取締ニ関スル法律・規則』により，牛乳ガラス瓶が義務づけられた。初期の牛乳瓶には蓋がなく，口に紙を巻いて販売されていた。その後機械栓が使用され，大正末には王冠栓に変わっていった。その後，昭和 2 年（1927）には『牛乳営業取締規則（新庁令）』により無色透明のガラス瓶で王冠栓が義務づけられたが，紙栓に掛紙（フード）を被せて輪ゴムでとめると王冠形になるとして紙栓が認められた。また，戦時中には資材不足から色ガラスの混ざったカレットから透明なガラス瓶を作れなかったため，牛乳瓶は次第に青味がかった色調になり黒い牛乳瓶も登場した。戦後になると，現在の広口の牛乳瓶が製造され，昭和 26 年（1951）の計量法によって内容量が表示されるようになり，昭和 31 年（1956）には胴下部に「㊣」の陽刻のあるいわゆる「丸正びん」が登場し，『通産省令 39 号』により牛乳瓶の胴は丸，180 ml となった。また，昭和 32 年（1957）には牛乳瓶にフィルム・フードが用いられるようになった。同年にはガラス瓶入り 180 ml のコーヒー牛乳が関西地方で売り

52　第4章　ガラス瓶の種類と出土資料

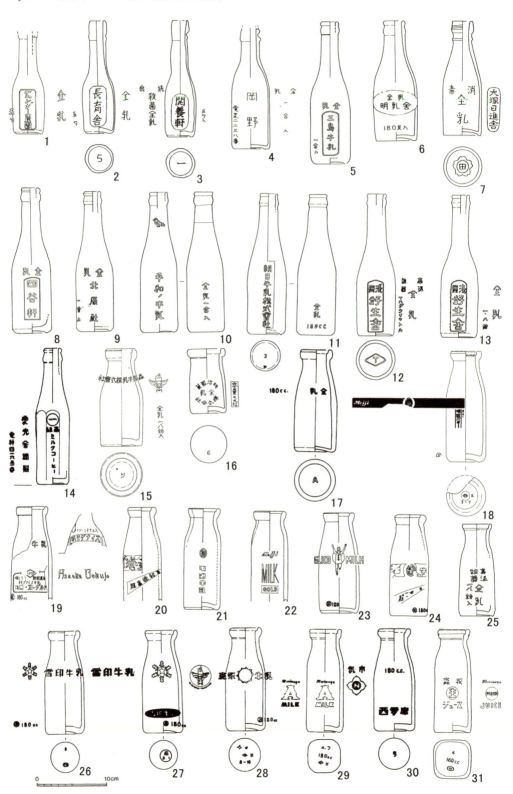

図27　遺跡出土のガラス瓶（牛乳瓶2）

第2節　ガラス瓶の種類とその特徴　53

出されている。さらに，昭和39年（1964）には屋根型の11牛乳紙容器が登場し，昭和40年代になると紙パックが普及して牛乳瓶から紙パックの時代になっていった。なお，昭和45年（1970）に牛乳瓶の容量が180mlから200mlに転換している。

　近現代遺跡出土の牛乳瓶には，コルク栓で首が長く「なで肩」で胴部横断面円形の資料（図26-13・14・17），機械栓で首が長く「なで肩」で胴部横断面円形あるいは八角形の資料（図26-15・16・18～28，図27-1～4），王冠栓やスクリュー栓で「なで肩」，胴部横断面円形あるいは六角形の資料（図27-5～14），紙栓の広口瓶で「なで肩」，胴部横断面円形あるいは方形の資料（図27-15～31）がある。色調はほとんどが無色透明であるが，一部に淡緑色透明のものが含まれる。

　このうち，コルク栓で首が長く「なで肩」で胴部横断面円形の1合瓶として，汐留I遺跡から「静岡駅　東海軒」（図26-17），「崎陽軒」（図26-14），「養牛舎」（南葛飾郡大島町：図26-13）の陽刻（エンボス）のある資料が出土している。機械栓で首が長く「なで肩」で胴部横断面円形の資料は1合入りか5勺入りで，江古田遺跡から「愛養舎」（豊多摩郡野方村：図26-25），「改乳舎」（豊多摩郡淀橋町あるいは荏原郡世田ヶ谷村：図26-21），百人町遺跡から「阪川牛乳商店」（豊多摩郡代々幡町：図26-23），「ゲルンジー農園」（豊多摩郡淀橋町：図26-18），汐留遺跡から「長育舎」（図27-2），「開養軒」（図27-3），「岡野」（図27-4），汐留II遺跡から「愛光舎」（「神田三崎町」の陽刻：図26-15），「北星舎」（北豊島郡西巣鴨町：図26-27），汐留III遺跡から「小池永生舎」（図26-16），「暘谷舎」（「上渋谷」の陽刻：図26-22），「大倉畜産」（南葛飾郡寺島村：図26-24），上ノ町・広町遺跡から「猪股牛乳店」（図26-26），東町二番遺跡から「浅岡好生舎」（図26-20）の陽刻（エンボス）のある資料が出土している。また，機械栓で首が長く「なで肩」で胴部横断面八角形の資料は，大橋遺跡から「目黒軒浅海牧場」（荏原郡目黒村：図26-28）の陽刻（エンボス）のある資料が出土している。これに対し，王冠栓で「なで肩」，胴部横断面円形の資料はすべて1合入りで汐留遺跡から「明乳舎」（図27-6），汐留III遺跡から「平和ノ牛乳」（荏原郡戸越町：図27-10），「朝日牛乳」（荏原区戸越：図27-11），「三島牛乳」（赤坂区田町：図27-5），江古田遺跡から「四谷軒」（豊多摩郡代々幡町：図27-8），東町二番遺跡から「浅岡好生舎」（図27-12・13），「北辰社」（豊島区高田町：図27-9）の陽刻（エンボス）のある資料が出土している。スクリュー栓で「なで肩」で胴部横断面円形の資料は1合入りで汐留遺跡から「大塚日進舎」（図27-7）の陽刻（エンボス）の資料がある。また，王冠栓で首が長く「なで肩」で胴部横断面八角形の1合入りの「愛光舎」（神田三崎町：図27-14）の「高級　ミルクコーヒー」の陽刻（エンボス）のある資料は大橋遺跡から出土している。

　これに対し，紙栓の広口瓶はすべて無色透明で，江古田遺跡，大橋遺跡，郵政省飯倉分館構内遺跡，汐留遺跡，汐留II遺跡，南広間地遺跡，南葛野遺跡，東町二番遺跡，池子桟敷戸遺跡，ヤキバの塚遺跡から出土している。このうち，180ml瓶は大橋遺跡から胴部横断面円形の「雪印牛乳」（図27-26・27），「森永牛乳」（図27-28），胴部横断面方形の「森永牛乳」（図27-29），胴部横断面円形の「西多摩」（図27-30），南葛野遺跡から胴部横断面円形の「明治牛乳」（図

54 第4章　ガラス瓶の種類と出土資料

27-18)，東町遺跡から胴部横断面円形の「明治牛乳」（図27-20～22・24），「グリコ」（図27-23），
「浅岡牛乳」（図27-19），池子桟敷戸遺跡からやや幅広で背が低く，胴部横断面円形の「森永牛
乳」（図27-15），90 ml瓶は汐留遺跡から「明治製菓」（図27-16）が出土している。また，牛乳
とともに売られていた胴部横断面方形の「森永生ジュース」（図27-31）がヤキバの塚遺跡から
出土している。

4. 調　味　料　瓶

(1) 醤油瓶（図28-24～27）

醤油は清酒と同様にかつては樽詰であったり，量り売りされたりしていた。ガラスの醤油瓶は
明治33年（1900）に野田みやげとして販売されたビール瓶入りのものが最初とされている。そ
の後，大正7年（1918）に野田醤油（のちのキッコーマン）が1升瓶の醤油を販売している。当
初は機械栓であったが大正12年（1923）に王冠栓となった。そして，大正14年（1925）に2ℓ
の醤油瓶が登場している。戦後になると野田醤油（のちのキッコーマン）が昭和33年（1958）
に卓上醤油瓶（150 ml），昭和36年（1961）に「なで肩」の新卓上醤油瓶（150 ml）を発売した。
その後，昭和40年（1965）にポリ容器（500 ml「マンパック」），昭和44年（1969）にはポリ容
器（1ℓ「マンパック」）が登場した。

近現代遺跡出土の醤油瓶には，1升瓶，5合瓶，小型瓶があり，形態は「なで肩」で胴部横断
面円形，コルクの替栓の資料とスクリュー栓の資料（小型瓶）がある。色調は淡緑色透明あるい
は深青色半透明（小型瓶）である。このうち，1升瓶は南広間地遺跡から出土した胴下部に
「TRADE《商標》MARK NODASHOYU Co. Ltd.」の陽刻（エンボス）のある資料（図28-27），5
合瓶はヤキバの塚遺跡から出土した首部に「ヤマサショウユ」，胴下部に「㊥ 900 ml」，底面に
ヤマサの商標の陽刻（エンボス）のある資料（図28-24），小型瓶は汐留III遺跡から出土したコ
ルク替栓で胴下部に「キノエネ醤油」の陽刻（エンボス）のある資料（図28-25），東町二番遺
跡から出土したスクリュー栓で胴下部に「キッコーマン」の陽刻（エンボス）のある資料（図
28-26）である。

(2) ソース瓶（図28-3～5・15～19）

ソース（ウスターソース）はイギリスが起源とされているが，西洋伝来の調味料というよりも
わが国独特の調味料であり，トンカツなどの洋食に使用されている。明治時代のソースには明治
18年（1885）にヤマサ醤油が作った「ミカドソース」をはじめ，明治27年（1894）の「三ツ矢
ソース」，明治29年（1896）の「錨印ソース」，明治30年（1897）の「矢車ソース」，明治31年
（1898）の「白玉ソース」などがあり，明治38年（1905）には「ブルドッグソース」，明治41年
（1908）にカゴメが「ウスターソース」を発売した。その後，戦後の昭和23年（1948）にはソー
スが流行し，昭和25年（1950）にブルドック食品株式会社が「とんかつソース」を発売してい
る。また，長い間ソースの容器はガラス瓶であったが，昭和44年（1969）にはブルドックソー
スが塩化ビニール容器の「ブルパック」（300 ml）を発売し，現在でも使用されている。

第 2 節 ガラス瓶の種類とその特徴

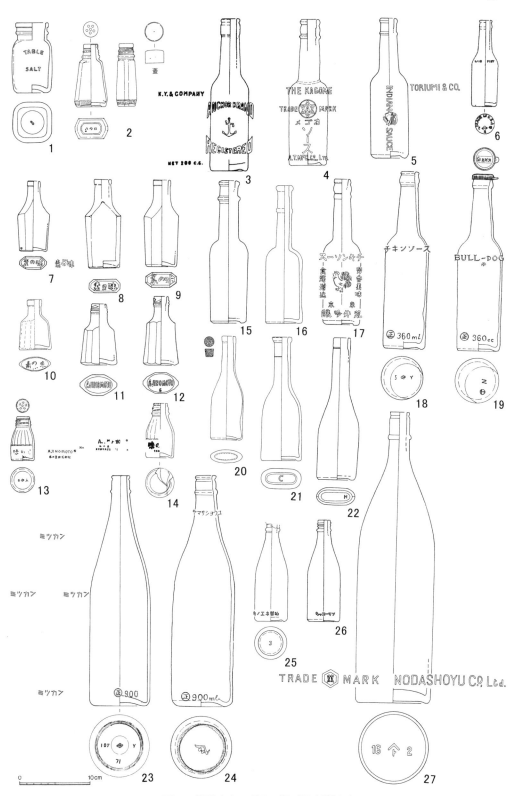

図 28 遺跡出土のガラス瓶（調味料瓶 1）

56   第4章　ガラス瓶の種類と出土資料

近現代遺跡出土のソース瓶には，2合瓶と1合（200 ml）瓶があるが，戦後の資料は2合瓶である。王冠栓あるいはコルク栓で「いかり肩」，胴部横断面円形で色調は淡緑色透明が主体である。戦前から戦中頃の資料として，江古田遺跡から荒井長治郎商店（のちのチキンソース株式会社）の「チキンソース」（図 28-17），「TORIUMI」の「インディアンソース」（図 28-5），大橋遺跡から山城屋の「錨印ソース」（図 28-3），東町二番遺跡から「カゴメソース」（図 28-4）が出土している。戦後の資料としてはヤキバの塚遺跡から「チキンソース」（図 28-18）および「ブルドックソース」（図 28-19）が出土している。このうち，「ブルドックソース」にはプラスチック製のカルピスの蓋が転用されている。その他にも陽刻（エンボス）は存在しないが，形状からソース瓶と考えられる資料（図 28-15・16）が江古田遺跡，汐留I・III遺跡，南広間地遺跡，葉山No. 2遺跡，ヤキバの塚遺跡から出土している。

(3) 酢瓶（図 28-23）

酢も醤油と同様にかつては量り売りされていた。酢の醸造メーカー大手である中埜商店（のちのミツカン）は明治45年（1912）に初めて瓶詰め酢（1升瓶使用）を販売し，大正3年（1914）に酒樽や酒瓶に代わる容器として5合瓶入（900 ml），昭和元年（1925）には11瓶詰入を売り出した。その後，合成酢や粗悪な酢が市場にまん延するようになり，ミツカンでは昭和27年（1952）に量り売りをすべて瓶に切り替えている。そして，昭和50年（1975）にはミツカンが現在も使用されている家庭用酢のオリジナル瓶を開発している。

近現代遺跡出土の酢瓶は，ミツカンの5合瓶（図 28-23）が南葛野遺跡から出土している。「なで肩」，胴部横断面円形で色調は濃青色透明である。胴部に「ミツカン」の陽刻（エンボス）が4ヶ所，胴下部に「㊞ 900」の陽刻（エンボス）がある。底面にナーリングが認められ，底面の陽刻（エンボス）から昭和46年（1971）製造の瓶であると推定される。

(4) ケチャップ瓶（図 29-1〜5）

トマトソースやトマトケチャップは洋食の必需品である。愛知トマトソース（のちのカゴメ）の蟹江一太郎は西洋料理店からケチャップをわけてもらって研究を重ね，ケチャップの商品化に成功し，明治41年（1908）に国内で初めてケチャップを販売した。当初はトマトケチャップよりもトマトソースが圧倒的に売れていたが，昭和5年（1930）頃にその立場は逆転した。その後，昭和11年（1936）には森永製菓が森永食品工業を設立し，トマトケチャップの製造に着手している。ケチャップの容器は当初ビール瓶などが使用されていたが，その後細口瓶となり，昭和11年（1936）にケチャップ瓶用にアルミ王冠が使用された。しかし，細口で中身が出にくかったため昭和32年（1957）にカゴメがネジ蓋の広口瓶を発売している。その後，昭和42年（1967）にはカゴメからポリ・チューブ入りのケチャップ（300 g）が売り出され，昭和45年（1970）頃から一般に広まった。

近現代遺跡出土のケチャップ瓶は，やや細口で「なで肩」，胴部横断面八角形ないし楕円形で色調が無色透明のケチャップ瓶（図 29-3〜5）が江古田遺跡および汐留II遺跡から出土している。また，昭和32年（1957）以降の広口でスクリュー栓，「なで肩」で肩部に襞があり，胴部横断面

円形で色調は無色透明の森永のケチャップ瓶（図29-1）が東町二番遺跡，カゴメのケチャップ瓶（図29-2）が池子桟敷戸遺跡から出土している。

(5) マヨネーズ瓶（図29-6）

マヨネーズも現代の食卓に欠かせないものであるが，大正8年（1919）創業の食品工業（のちのキューピー）がマヨネーズの製造販売をはじめたのが大正14年（1925）である。かつてはすべて瓶詰めであったが，昭和20年代後半にポリエチレン容器が開発されるとそちらが主流になった。その後，昭和43年（1968）には味の素もマヨネーズを発売している。なお，キューピーは昭和33年（1958）にわが国で初めてのドレッシング「フレンチドレッシング」を発売しており，昭和42年（1967）にミツカンもドレッシング「フレンチ」を発売している。

近現代遺跡出土のマヨネーズ瓶は，広口でスクリュー栓，「なで肩」で胴部横断面円形，底面に「東京中野　食品工業株式会社（右から左へ）」の陽刻（エンボス）があり，色調が無色透明の資料（図29-6）が江古田遺跡から出土している。

(6) 化学調味料瓶（図28-7〜14）

わが国の化学調味料は明治41年（1908）に鈴木三郎助が抽出に成功し，明治42年（1909）に発売された「味の素」に代表される。瓶入りの「味の素」には当初，大瓶（17匁入），中瓶（8匁入），小瓶（3匁5分入）があった。大正8年（1921）に振り出し式食卓容器が発売され，昭和2年（1927）に6g入の10銭瓶を発売しているが，昭和3年（1928）にグラム制の採用によって15gの小瓶に統一された。その後，「味の素」の特許が昭和4年（1929）に切れると多くの類似品が発売されたが，昭和26年（1951）に匙の必要ない「ふりかけ式」食卓瓶（30g）が発売された。また，昭和36年（1961）に武田薬品が総合調味料「いの一番」を発売している。

近現代遺跡出土の化学調味料瓶は，コルク栓で「なで肩」，胴部横断面横長八角形で底面に「味の素（右から左へ）」の陽刻（エンボス），色調が無色透明である昭和3年（1928）以前の資料が汐留遺跡（小瓶），江古田遺跡（中瓶：図28-9，小瓶：図28-7），百人町遺跡（中瓶：図28-8）から出土している。また，昭和2年（1927）発売の6g入10銭瓶はコルク栓で胴部横断面横長十角形，底面に「味の素（右から左へ）」の陽刻（エンボス），色調が無色透明である資料（図28-10）が池子桟敷戸遺跡から出土している。昭和3年（1928）のグラム制採用から昭和26年（1951）までの小瓶でスクリュー栓，胴部横断面横長12角形で底面に「AJINOMOTO」の陽刻（エンボス）のある資料（図28-11・12）は江古田遺跡，大橋遺跡，汐留III遺跡，南広間地遺跡，池子桟敷戸遺跡から出土している。さらに，昭和26年（1951）以降のスクリュー栓，胴部横断面円形で肩部に襞のある「ふりかけ式」の30g入瓶（図28-14）が南葛野遺跡およびヤキバの塚遺跡から出土し，同形で昭和28年（1953）〜32年（1957）発売の15g入瓶（図28-13）がヤキバの塚遺跡から出土している。

(7) その他の調味料瓶（図28-1・2・6・20〜22，図29-31）

その他の調味料瓶として，食塩瓶，コショウ瓶，タバスコ瓶，カレー粉瓶，シロップ瓶が出土している。このうち，食塩瓶（図28-1）は「いかり肩」で胴部横断面方形の広口瓶，色調は淡

58　第4章　ガラス瓶の種類と出土資料

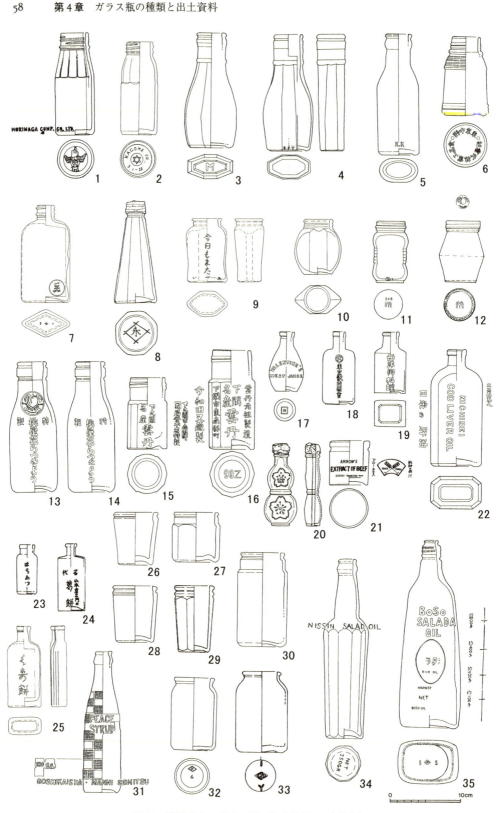

図29　遺跡出土のガラス瓶（調味料瓶2・食品瓶）

緑ないし青色透明で胴部に「TABLE SALT」の陽刻（エンボス）がある資料で，南広間地遺跡および東町二番遺跡から出土している。コショウ瓶（図 28-2）はスクリュー栓で「なで肩」，胴部横断面横長八角形で底面に「ハウス」の陽刻（エンボス）があり，色調は無色透明のハウスのコショウ瓶が南葛野遺跡から出土している。タバスコ瓶（図 28-6）は王冠栓で「なで肩」，胴部横断面円形で色調は茶色半透明のアメリカ製のタバスコ瓶が大橋遺跡から出土している。また，コルク栓で首が長く，「なで肩」で胴部横断面楕円形，色調は淡緑色透明や淡青色透明のカレー粉瓶と思われる資料（図 28-20〜22）が南広間地遺跡，池子桟敷戸遺跡，葉山 No. 2 遺跡から出土している。さらに，王冠栓で「なで肩」，胴部横断面円形のサイダー瓶形で，胴部に「PEACE SYRUP」の陽刻（エンボス）のあるシロップ瓶（図 29-31）が汐留 III 遺跡から出土している。

5. 食　品　瓶（図 29-7〜30，32〜35）

　食品瓶に入れられて販売される食品は，雲丹，らっきょう，佃煮，海苔，ふりかけなど様々である。ガラス瓶が使用された食品として，明治 8 年（1875）には東京・日本橋の山形屋がガラス瓶入りの海苔を発売したのが早い記録である。その後，大正 13 年（1924）に日清製油が国産初のサラダ油を発売し，丸美屋食品のふりかけ「是はうまい」が昭和 2 年（1927）に発売されている。「是はうまい」の中身はいしもちを粉末にして，昆布の粉末と一緒に醤油で煮込んで乾燥させ，海苔と胡麻を混ぜたものであり，値段は 35 銭であったという（小菅 1997）。戦後になると，桃屋が昭和 25 年（1950）に「江戸むらさき」，昭和 38 年（1963）に「江戸むらさき／特級」，昭和 48 年（1973）に「ごはんですよ！」を発売している。その後，昭和 43 年（1968）には大塚食品工業が初のレトルト食品「ボンカレー」を発売した。

　近現代遺跡出土の食品瓶は，形状が円筒形の広口瓶が一般的で王冠栓や手で開け閉めができるネジ栓（スクリューキャップ）である。色調は淡緑色透明あるいは無色透明である。このうち，らっきょう瓶や雲丹瓶のように特徴的な形状を呈している資料以外はその形態から中身が何であったか知ることは難しい。王冠栓で口部がやや大きく「なで肩」，胴部横断面円形のらっきょう瓶が江古田遺跡（「桃屋の花らっきょう」）（図 29-13・14），汐留 II 遺跡，ヤキバの塚遺跡から出土している。また，胴部横断面 12 角形の広口瓶である雲丹瓶（図 29-15・16）が江古田遺跡（「下関名産雲丹」），南広間地遺跡，東町二番遺跡（「名産」）から出土している。ふりかけではスクリュー栓で「いかり肩」，胴部横断面菱形の丸美屋食品のふりかけ「是はうまい」（図 29-7）が池子桟敷戸遺跡，スクリュー栓で下部に向かって広がる胴部横断面八角形の「永谷園のふりかけ」（図 29-8）がヤキバの塚遺跡，王冠栓で「なで肩」，胴部横断面六角形で胴中央が張り出す「お茶漬乃華」（図 29-10）が池子桟敷戸およびヤキバの塚遺跡が出土している。佃煮瓶ではスクリュー栓で胴部横断面楕円形の昭和 30 年代の桃屋の「江戸むらさき」（図 29-11）およびスクリュー栓で胴中央が張る円筒形の昭和 40 年代の桃屋の「江戸むらさき〈特級〉」（図 29-12）がヤキバの塚遺跡から出土している。また，王冠栓で「いかり肩」，胴部横断面六角形で「今日もまた」の陽刻（エンボス）のある食品瓶（図 29-9）が池子桟敷戸遺跡から出土している。菓子類

の瓶としては，コルク栓で「いかり肩」，胴部横断面長方形で無色透明の葛餅の蜜入れ瓶（図29-24・25）が大橋遺跡および池子桟敷戸遺跡から出土し，小型でスクリュー栓，無色透明あるいは淡緑色半透明で様々な意匠の金平糖瓶（図29-20）が汐留III遺跡，東町二番遺跡，ヤキバの塚遺跡から出土している。また，コルク栓で「いかり肩」，胴部横断面円形で無色透明の「はちみつ」瓶（図29-23）が上ノ町・広町遺跡から出土している。

　次に，調味料や栄養補助食品である肉汁瓶や肝油瓶が江古田遺跡から出土している。コルク栓で「なで肩」，胴部横断面円形で胴部に「VALENTINE'S MEAT JUICE」の陽刻（エンボス）のあるアメリカの肉汁瓶（図29-17），コルク栓で「いかり肩」，胴部横断面円形で胴部に「東京獣肉商会」の陽刻（エンボス）のある肉汁瓶（図29-18），王冠栓で円筒形，胴部に「ARROW'S EX-TRACT OF BEEF」の陽刻（エンボス）のある鈴木洋食店の肉汁瓶（図29-21）がある。かつて肉汁は結核に効くといわれており，結核療養所であった江古田遺跡から肉汁瓶が多く出土していることは頷ける。コルク栓で「いかり肩」，胴部横断面方形で胴部に「西洋御料理」の陽刻（エンボス）のある肉汁瓶（図29-19）も調理用ではなく直接飲用されたものであると思われる。また，江古田遺跡からはコルク栓で「いかり肩」，胴部横断面横長八角形で胴部に「NICHIBEI COD LIVER OIL 日米の肝油」の陽刻（エンボス）がある肝油瓶（図29-22）も出土している。食用油脂瓶では，王冠栓で「いかり肩」，胴部横断面10角形で肩部に「NISSIN SALADA OIL」の陽刻（エンボス）がある無色透明の日清製油のサラダ油瓶（図29-34），スクリュー栓で「いかり肩」，胴部横断面が長方形で胴部に「BOSO SALADA OIL」の印刷がある昭和22年（1947）設立のボーソー油脂の無色透明サラダ油瓶（図29-35）がヤキバの塚遺跡から出土している。

　この他に，口部が広がった円筒形（図29-26・28・29）や円筒形（図29-27）で色調が淡緑色透明ないし半透明で佃煮などを入れたと思われる食品瓶が江古田遺跡，大橋遺跡，南広間地遺跡，東町二番遺跡，池子桟敷戸遺跡から出土している。また，中身は不明であるがやや大型で円筒形の広口瓶で色調は淡緑色透明，緑色透明，無色透明の食品瓶（図29-30・32・33）が江古田遺跡，大橋遺跡，汐留I～III遺跡，南広間地遺跡，東町二番遺跡，葉山No.2遺跡から出土している。

6. 薬　　　瓶

　近代になって製造されたガラス瓶にはわが国への西洋医学の導入に伴って製造された薬瓶も多く，澤定次郎が東京本所松井町に工場を設けて薬瓶の製造を始めたのが明治2年（1869）である。また，明治初期のガラス瓶を使用した売薬として著名なものとして岸田吟香が明治4年（1871）に発売したヘボン直伝による目薬「精綺水」があげられる。この頃薬瓶の国産化がはじまるものの，その生産量はわずかであり，多くは空瓶を使用していた状況であった。

　製薬会社には近世以来の老舗の製薬会社もあるが，近代になって多くの製薬会社が創業した。主な製薬会社の創業年は，明治5年（1872）の資生堂薬局（のちの資生堂），明治11年（1878）の塩野義製薬（のちのシオノギ製薬），明治18年（1885）の桃谷順天館，明治21年（1888）の山崎帝国堂，明治26年（1893）の森下南陽堂（のちの森下仁丹），明治32年（1899）の三共商

店（のちの三共製薬），大正3年（1914）の泰昌製薬，昭和4年（1929）のわかもと（のちのわかもと製薬）などである。主な商品（売薬）の発売時期としては，明治期では「太田胃酸」が発売されたのが明治12年（1879），桃谷順天館がにきびとり「美顔水」を発売したのが明治19年（1886），資生堂薬局（のちの資生堂）が「脚気丸」を発売したのが明治26年（1893），丹平商会の脳病・神経病薬「健脳丸」が発売されたのが明治27年（1894），歯痛薬「今治水」が発売されたのが明治31年（1898），胃腸薬「征露丸（のちの正露丸）」が発売されたのが明治35年（1902），「仁丹」が発売されたのが明治38年（1905）などである。目薬では田口参天堂が「大学目薬」を発売したのが明治30年（1897），「ロート目薬」が発売されたのが明治42年（1909）である。大正期になると，大正2年（1913）に「救心」，大正6年（1917）には消化薬「ワカ末」，整腸薬「ビオフェルミン」，大正7年（1918）に頭痛薬「ノーシン」が発売されている。昭和期になると，昭和元年（1926）には三共製薬から「オリザニン」（ビタミンB），理研から「ビタミンA」が発売され，ビタミンがブームになった。また，昭和5年（1930）には大日本麦酒が整腸剤「エビオス」を発売している。戦後になると，昭和25年（1950）に武田薬品が総合ビタミン剤「パンビタン」，昭和29年（1954）にチオール型ビタミンB1錠「アリナミン」を発売している。その後，昭和35年（1960）に中外製薬が「グロンサン内服液」，昭和37年（1962）に大正製薬が栄養保健剤「リポビタンD」を発売し，栄養保健剤がブームとなり，昭和40年（1965）には大塚製薬が炭酸入り滋養強壮ドリンク「オロナミンC」を発売し，薬用清涼飲料水がブームになった。また，入浴剤では明治38年（1905）に資生堂が国産はじめての入浴剤「花の露」を発売している。津村順天堂（のちのツムラ）が芳香浴剤「バスクリン」を発売したのは昭和5年（1930）である。

　近現代遺跡出土の薬瓶については，医療用薬瓶，薬品瓶，一般用薬瓶，目薬瓶，軟膏瓶，殺虫剤瓶，栄養保健剤瓶，アンプルに区分して詳細を述べる。

(1) 医療用薬瓶（図30，図31-1〜33）
　病院や医院で処方される薬の容器である。基本的に無色透明でコルク栓ないしスクリュー栓，「いかり肩」で胴部横断面が楕円形ないし円形，胴部に目盛り線の陽刻（エンボス）がある。胴部に病院や医院名の陽刻（エンボス）がある資料が多い。

　このうち，病院や医院名などの陽刻（エンボス）がある資料（図30）は，すべてコルク栓で「いかり肩」ないし「なで肩」，胴部横断面が楕円形あるいは円形，大きさは高さが7cmから19cmまで様々である。結核療養所であった江古田遺跡から胴部横断面楕円形の「日本赤十字社東京支部」（図30-22），胴部横断面円形の「東京　モスリン亀戸工場医務係」（図30-32），「東京市電気局診療所」（図30-33），「東京市療養所」（図30-34），目盛り線がなく「いかり肩」で胴部横断面円形の「東京市療養所」（図30-35），同じく目盛り線がなく「なで肩」で胴部横断面円形の「東京市療養所」（図30-36・37）の医療用薬瓶が出土している。また，百人町遺跡からは胴部横断面楕円形の「上谷医院」（図30-3），「小松医院」（図30-9），「野口病院」（図30-17）の医療用

62　第4章　ガラス瓶の種類と出土資料

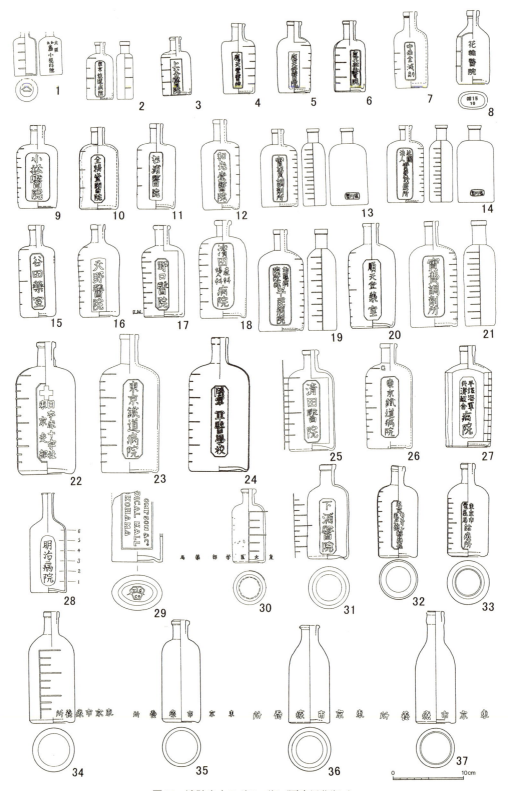

図30　遺跡出土のガラス瓶（医療用薬瓶1）

第2節　ガラス瓶の種類とその特徴　63

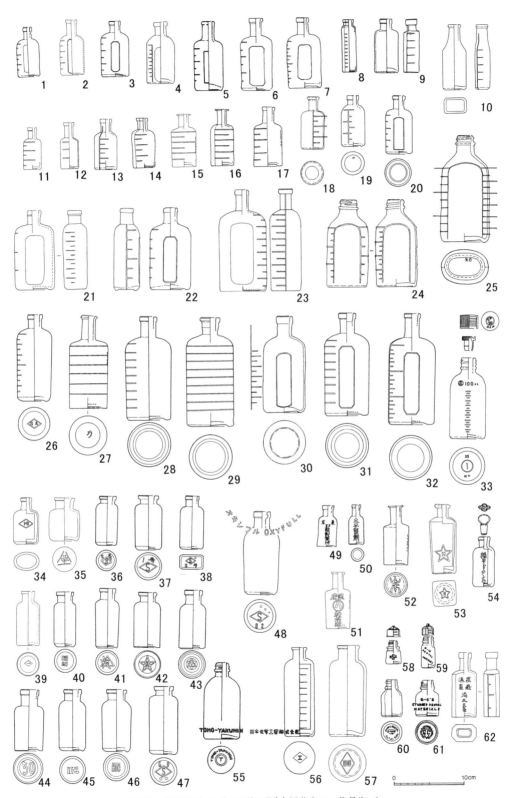

図31　遺跡出土のガラス瓶（医療用薬瓶2・薬品瓶1）

薬瓶が出土している。大橋遺跡からは横断面楕円形の「陸軍軍医学校」（図30-24）の医療用薬瓶が出土している。汐留遺跡からは胴部横断面円形の「明治病院」（図30-28）の医療用薬瓶が出土している。汐留 I 遺跡からは胴部横断面楕円形の「中西全滅剤」（図30-7），「和光堂医院」（図30-12），「浜田産科婦人科病院」（図30-18），「東京　鉄道病院」（図 30-23・26），「□OMPSON & Cᵒ□□DICAL HALL □□KOHAMA」（図30-29）の医療用薬瓶が出土している。汐留 II 遺跡からは横断面楕円形の「社団法人　實費調剤所」（図30-14），「加藤病院改称　平民病院」（図30-19），「東京　鉄道病院」，胴部横断面円形の「大阪私立　島小児病院」（図30-1）の医療用薬瓶が出土している。汐留 III 遺跡からは胴部横断面楕円形の「東京　鉄道病院」，「谷田薬室」（図30-15）の医療用薬瓶が出土している。さらに，南広間地遺跡からは胴部横断面楕円形の「花輪医院」（図30-8），「天野医院」（図30-16），「牛久保□医院」の医療用薬瓶，東町二番遺跡からは胴部横断面楕円形の「応天堂医院」（図30-4〜6），「全精堂医院」（図30-10），「杉浦医院」（図30-11），「順天堂薬室」（図30-20），胴部横断面八角形の「平塚海軍共済組合病院」（図30-27）の医療用薬瓶，葉山町 No.2 遺跡からは横断面楕円形の「清田医院」（図30-25），横断面円形で金茶色半透明の「東大医学部薬局」（図30-30）の医療用薬瓶，ヤキバの塚遺跡から横断面円形の地元の「下浦医院」（図30-31）の医療用薬瓶が出土している。

　これに対し，胴部に病院や医院名の陽刻（エンボス）がなく目盛り線のみの資料（図31-1〜33）には高さ 6 cm から 15 cm まで様々な大きさがあり，コルク栓とスクリュー栓，胴部横断面が楕円形，円形，長方形の資料がある。また，ラベルを貼る区画が区切られている資料と区切られていない資料があり，区切られている資料にも線で区切られている場合とその部分が面的に盛り上がっている場合がある。目盛りの長さや間隔，区切り方も様々である。

　(2) 薬品瓶（図31-34〜62，図32-1〜13・19）

　近現代遺跡から出土した薬品瓶には，細口瓶とやや広口の瓶があり，大きさも高さ 20 cm 前後の大型資料，15 cm 前後の中型資料，10 cm 前後の小型の資料がある。すべて「いかり肩」であり，胴部横断面は円形を主体に方形や横長八角形の資料がある。ほとんどがコルク栓ないし共栓であるが，スクリュー栓の資料もある。色調は淡緑色半透明・緑色半透明・コバルト色半透明・茶色半透明・無色透明など様々である。このうち，江古田遺跡，大橋遺跡，南広間地遺跡から出土した「オキシフル」（図31-48，図32-13）や東町二番遺跡から出土した「稀ヨードチンキ」（図31-54）のように内容物が陽刻されているものは稀であるが，底面や胴部に陽刻された商標から「三共製薬」（✧），「大日本製薬」（Ⓟ），「帝国製薬」（Ⓢ），「秦昌製薬」（◈），「星製薬」（☆），「日本化学工業」（◇），東邦薬品（◎）などの製造メーカー名が判明する。このうち，「三共製薬」の薬品瓶（図31-36〜38・47・48，図32-1・10）は江古田遺跡で大量に出土しており，汐留 II 遺跡，大橋遺跡，南広間地遺跡，上ノ町・広町遺跡，葉山町 No.2 遺跡，ヤキバの塚遺跡でも出土している。また，「大日本製薬」の薬品瓶（図32-6）は江古田遺跡，汐留 III 遺跡，「帝国製薬」の薬品瓶（図32-2・3）は江古田遺跡，汐留 I〜III 遺跡，ヤキバの塚遺跡，「秦昌製薬」の薬品瓶（図31-57）は葉山町 No.2 遺跡，「星製薬」の薬品瓶（図31-53）は葉山町 No.2 遺跡，

第2節　ガラス瓶の種類とその特徴　65

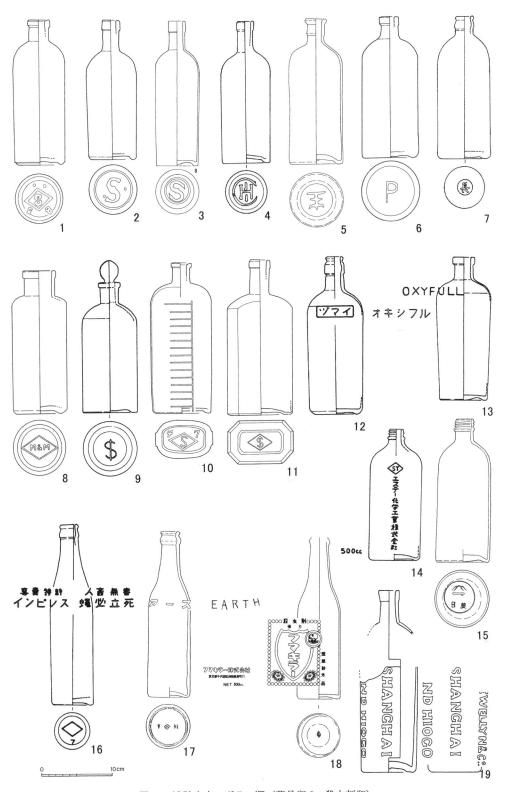

図32　遺跡出土のガラス瓶（薬品瓶2・殺虫剤瓶）

「日本化学工業」の薬品瓶（図31-56）は東町二番遺跡，「東邦薬品」の薬品瓶（図31-55）は大橋遺跡，東京・銀座の薬種卸「松沢」の薬品瓶（図31-51）は汐留III遺跡よりそれぞれ出土している。その他に東町二番遺跡から小型でスクリュー栓，胴部横断面円形で無色透明の歯科用のセメント瓶や薬品瓶（図31-58～61），汐留I遺跡からはコルク栓で「いかり肩」，胴部横断面円形で淡青色半透明，胴部に「□EWELLYN & C ₀ SHANGHAI □ND HIOCO」の陽刻（エンボス）のある宝飾品関係の薬品瓶と思われる資料（図32-19）やコルク栓で「いかり肩」，胴部横断面横長八角形で胴部に「武蔵温泉湯之素」の陽刻（エンボス）のあるコバルト色の入浴剤瓶（図31-62）が出土している。

（3）一般用薬瓶（図33・34）

近現代遺跡から出土した薬瓶には，薬局で販売されていた一般用薬瓶（売薬瓶）も多い。これを種類別にみると頭痛薬や胃腸薬よりも皮膚病やたむし水の薬瓶が目立つことが特徴である。一般用薬瓶は様々な形態を呈しているが，栓の形態はコルク栓からスクリュー栓へと変化している。これらの資料には商品名や製薬会社名の陽刻（エンボス）がある資料とない資料がある。ここでは，商品名や製薬会社名の陽刻（エンボス）のある資料について図版の掲載順に紹介する。

コルク栓で「いかり肩」，胴部横断面方形・長方形・横長八角形でコバルト色半透明の資生堂の胃腸薬・清涼剤「神薬」（図33-1～4）が汐留遺跡，汐留I遺跡，南広間地遺跡，ヤキバの塚遺跡，コルク栓で「いかり肩」，胴部横断面円形で無色透明の「東京　千代の水　服部□」（図33-5）が東町二番遺跡，コルク栓で「いかり肩」，胴部横断面円形でコバルト色半透明の桃谷順天館のにきびの薬「美顔水」（図33-6・7）が汐留I・II遺跡および池子桟敷戸遺跡，コルク栓で「いかり肩」，胴部横断面円形ないし楕円形で無色透明ないし淡青色透明の丹平商会の脳病・神経病薬「健脳丸」（図33-8～10）が汐留I・II遺跡および東町二番遺跡，コルク栓で「いかり肩」，胴部横断面方形で淡青色透明の脳丸帝国堂の脳病・神経病の「脳丸」（図33-11）が東町二番遺跡，コルク栓で「いかり肩」，胴部横断面方形の丹平商会の眼病薬「直治水」（図33-12）が汐留III遺跡，コルク栓で「いかり肩」，胴部横断面円形で無色透明ないし淡茶色透明の尾澤のたむし薬「全治水」（図33-13）が百人町遺跡，汐留I～III遺跡，ヤキバの塚遺跡，コルク栓で首部が長く「いかり肩」，胴部横断面円形で無色透明の歯痛薬「今治水」（図33-14）が汐留III遺跡および東町二番遺跡，コルク栓で「いかり肩」，胴部横断面円形の原三益堂の毒下し「沃度液」（図33-15）が汐留I遺跡，コルク栓で「いかり肩」，胴部横断面楕円形でコバルト色の腹痛・頭痛薬「安川コロダイン」（図33-16・17）が汐留I遺跡および池子桟敷戸遺跡，コルク栓で「いかり肩」，胴部横断面楕円形で玉置薬局の「複方コロダイン」（図33-18）が汐留I遺跡，コルク栓で「いかり肩」，胴部横断面円形で淡青色半透明の「たむし水」（図33-19）が汐留II遺跡，コルク栓で「いかり肩」，胴部横断面が長方形ないし横長八角形でコバルト色半透明ないし無色透明の玉置薬局の「たむし水」（図33-20・21）が汐留II遺跡，コルク栓で「いかり肩」，胴部横断面楕円形の津村敬天堂の胃腸カタル薬「ヘルプ」（図33-22）が百人町遺跡，コルク栓で「いかり肩」，胴部横断面円形で茶色半透明の星製薬の「セプチン」（図33-23）が江古田遺跡および，汐留II

第2節 ガラス瓶の種類とその特徴 67

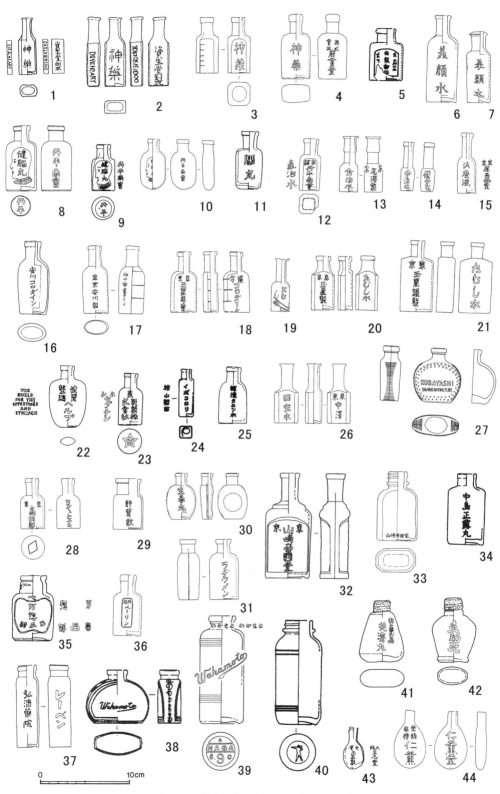

図33 遺跡出土のガラス瓶（一般用薬瓶1）

68 第4章 ガラス瓶の種類と出土資料

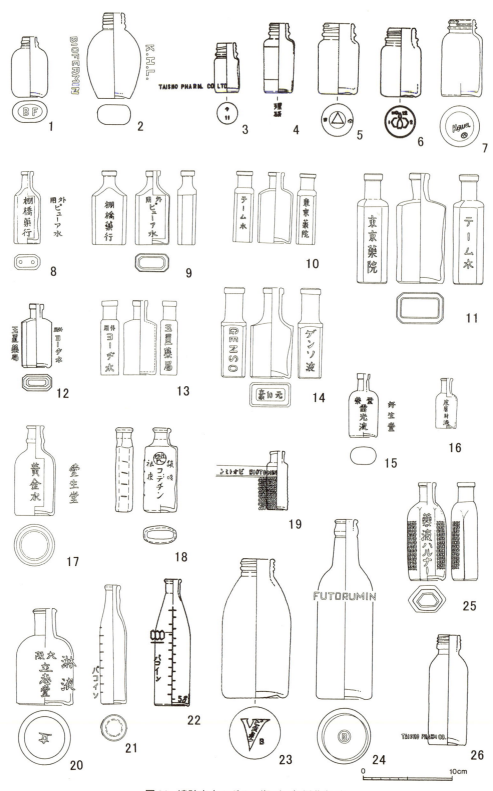

図34 遺跡出土のガラス瓶（一般用薬瓶2）

遺跡，コルク栓で「いかり肩」，胴部横断面方形で青色半透明の横山製薬の「イボコロリ」（図33-24）が大橋遺跡，コルク栓で「いかり肩」，胴部横断面円形で茶色半透明の「報徳タムシ水」（図33-25）が東町二番遺跡，コルク栓で「いかり肩」，胴部横断面横長八角形で無色透明の中澤の「田虫水」（図33-26）が汐留Ⅰ・Ⅱ遺跡，コルク栓で「いかり肩」，胴部横断面楕円形で無色透明の小林製薬の「タムシチンキ」（図33-27）が葉山No.2遺跡，コルク栓で「いかり肩」，胴部横断面円形で無色透明の高田の「ヨヂュムエキ」（図33-28）が汐留Ⅰ遺跡，コルク栓で「いかり肩」，胴部横断面円形で無色透明の「静胃散」（図33-29）が汐留Ⅱ遺跡，コルク栓で「いかり肩」，胴部横断面楕円形で無色透明の「生春丸」（図33-30）が汐留Ⅱ遺跡，コルク栓で「いかり肩」，胴部横断面楕円形で無色透明の擦剤「ラヂウメン」（図33-31）が汐留Ⅰ遺跡，コルク栓で「いかり肩」，胴部横断面楕円形で無色透明の山崎帝国堂の薬瓶（図33-32）が汐留Ⅱ・Ⅲ遺跡，スクリュー栓で「いかり肩」，胴部横断面横長八角形で茶色半透明の山崎帝国堂の薬瓶（図33-33）が池子桟敷戸遺跡，コルク栓で「いかり肩」，胴部横断面円形で緑色半透明の胃腸薬「中島正露丸」（図33-34）が大橋遺跡，コルク栓で「いかり肩」，胴部横断面円形で淡青色半透明の利尿剤「西瓜糖」（図33-35）が東町二番遺跡，コルク栓で「いかり肩」，胴部横断面楕円形で茶色半透明の「ベーリン」（図33-36）が汐留Ⅰ遺跡，コルク栓で「いかり肩」，胴部横断面円形で茶色半透明の弘済薬院の脳病・神経衰弱薬の「レーベン」（図33-37）が汐留Ⅰ遺跡，コルク栓で背が低く，口部が小さく茶色半透明，胴部に「Wakamoto」の陽刻（エンボス）がある，わかもと薬品の整腸剤「わかもと」（図33-38）が大橋遺跡，東町二番遺跡，ヤキバの塚遺跡，コルク栓で円筒形，茶色半透明ないしは無色透明，首部に「わかもと」，胴部に「Wakamoto」の陽刻（エンボス）がある整腸剤「わかもと」（図33-39）が大橋遺跡，汐留Ⅱ遺跡，南広間地遺跡，黒川遺跡群No.29遺跡，同形でスクリュー栓，底面に商標の陽刻（エンボス）のある整腸剤「わかもと」（図33-40）が大橋遺跡，スクリュー栓で「なで肩」，胴部横断面楕円形で扁平の「共済丸」（図33-41）が江古田遺跡，スクリュー栓で「いかり肩」，胴部横断面楕円形の宝丹本舗の咳止め薬「立効丸」（図33-42）が江古田遺跡，コルク栓で扁平，胴部横断面楕円形でコバルト色半透明の大阪立志堂の「ホロム散」（図33-43）が汐留Ⅱ遺跡，コルク栓で扁平，胴部横断面楕円形で無色透明の仁薫堂の「仁薫」（図33-44）が汐留Ⅰ遺跡から出土している。

　また，スクリュー栓で「なで肩」，胴部横断面楕円形で茶色半透明のビオフェルミン製薬の整腸剤「ビオフェルミン」（図34-1・2）が江古田遺跡，大橋遺跡，南広間地遺跡，スクリュー栓で円筒形の大正製薬の薬瓶（図34-3）が大橋遺跡，スクリュー栓で「いかり肩」，胴部横断面円形で茶色半透明の理研の薬瓶（図34-4）が大橋遺跡，無色透明の武田製薬の薬瓶（図34-5）が大橋遺跡，無色透明の中外製薬の薬瓶（図34-6）が大橋遺跡，スクリュー栓で「いかり肩」，胴部横断面円形で無色透明，底面に「Kowa」の陽刻（エンボス）のある興和の薬瓶（図34-7）がヤキバの塚遺跡，コルク栓で「いかり肩」，胴部横断面横長八角形でコバルト色半透明ないし淡青色半透明の棚橋薬行の「ピューア水」（図34-8・9）が池子桟敷戸遺跡および葉山町No.2遺跡，コルク栓で「いかり肩」，胴部横断面横長八角形で無色透明の東京薬院の皮膚病薬「テーム水」

70　第4章　ガラス瓶の種類と出土資料

（図34-10・11）が汐留Ⅰ・Ⅱ遺跡および葉山町 No. 2 遺跡，コルク栓で「いかり肩」，胴部横断面
長方形ないし横長八角形で無色透明の玉置薬局の皮膚病薬「ヨージ水」（図34-12・13）が江古
田遺跡，百人町遺跡，汐留Ⅰ・Ⅱ遺跡，コルク栓で「いかり肩」，胴部横断面長方形の松本薬店の
美白薬「元素液」（図34-14）が汐留Ⅱ・Ⅲ遺跡，コルク栓で「いかり肩」，胴部横断面楕円形で
茶色半透明の好生堂の「雷光液」（図34-15）が南広間地遺跡，コルク栓で「いかり肩」，胴部横
断面円形で無色透明の「皮膚新液」（図34-16）が汐留Ⅱ遺跡，コルク栓で「いかり肩」，胴部横
断面円形でコバルト色半透明の愛生堂の「黄金水」（図34-17）が池子桟敷戸遺跡，胴部横断面
長方形で無色透明の咳止め薬「コデチン」（図34-18）が汐留Ⅱ遺跡およびヤキバの塚遺跡，コ
ルク栓で「いかり肩」，胴部横断面円形で茶色半透明の駒場製薬所の鼻病薬「ビオトミン」（図
34-19）が上ノ町・広町遺跡，コルク栓で「いかり肩」，胴部横断面円形で淡緑色半透明の大阪立
志堂の「淋液」（図34-20）が汐留Ⅱ遺跡，コルク栓で「なで肩」，胴部横断面円形で緑色透明な
いし淡緑色透明の咳止めシロップ「パコイン」（図34-21・22）が大橋遺跡および葉山町 No. 2 遺
跡，スクリュー栓で「なで肩」，胴部横断面円形で緑色半透明，底面に「V」の中に「ビタミン」
の陽刻（エンボス）がある薬瓶（図34-23）が大橋遺跡，王冠栓で「いかり肩」，胴部横断面円
形の「FUTORUMIN」（図34-24）が江古田遺跡，コルク栓で「いかり肩」，胴部横断面六角形で
緑色半透明の「薬液ハルナー」（図34-25）が汐留Ⅱ遺跡から出土している。また，スクリュー
栓で「いかり肩」，胴部横断面円形で濃茶色半透明の大正製薬の栄養保健剤「リポビタンD」（図
34-26）が南葛野遺跡および東町二番遺跡から出土している。

　この他に，コルク栓で「わかもと」に似た瓶で緑色半透明，胴部に「ZENZKOREN」の陽刻
（エンボス）のある薬瓶が大橋遺跡，コルク栓で「いかり肩」，胴部横断面円形で無色透明の「山
崎　毛生液」の薬瓶が汐留Ⅱ遺跡，コルク栓で「いかり肩」，胴部断面横長八角形でコバルト色
半透明の東京済越堂の「たむし水」が南広間地遺跡から出土している。さらに，陽刻（エンボ
ス）はないがコルク栓で無色透明ないし緑色半透明，胴部は扁平という独特の形状を呈している
小型の携帯用「丸薬瓶」が百人町遺跡，汐留Ⅰ・Ⅲ遺跡，南広間地遺跡，東町二番遺跡から出土
している。

（4）目薬瓶（図35-1〜27）

　近現代遺跡からは目薬瓶も多く出土する。目薬瓶は当初，点眼器（スポイト）を用いて点眼し
ていたものが，昭和になって目薬瓶とゴム製のスポイトが一体化した目薬が登場する。近現代遺
跡から出土した資料はすべて小型瓶であり，コルク栓で「いかり肩」，胴部横断面が円形や楕円
形のタイプ，コルク栓で胴部横断面が横長八角形で胴部縦方向に太い溝のあるタイプ，胴部横断
面が楕円形ないし横長八角形で上部に穴があいており，そこにゴム製のスポイトが装着されるタ
イプがある。

　初期の目薬瓶は瓶形で，明治4年（1871）発売の「精綺水」（図35-1・2）が百人町遺跡およ
び汐留Ⅱ遺跡，「東京　生盛薬館の点眼水」（図35-3）がヤキバの塚遺跡から出土している。ま
た，コバルト色で胴部が扁平の「應用目薬」（図35-4）が池子桟敷戸遺跡から出土している。胴

第 2 節 ガラス瓶の種類とその特徴　71

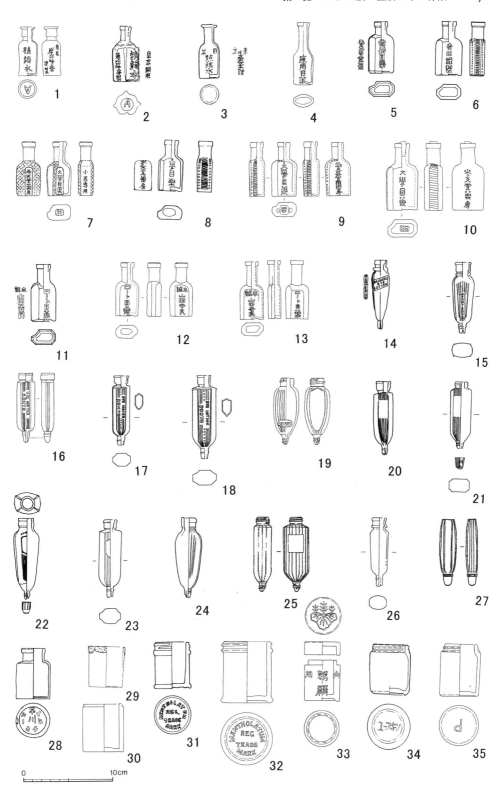

図 35　遺跡出土のガラス瓶（目薬瓶・軟膏瓶）

72 第4章 ガラス瓶の種類と出土資料

部に縦方向の太い溝があるタイプの目薬瓶は，参天堂薬局の「大学目薬」（図35-7～10）が百人町遺跡，汐留遺跡，汐留I・II遺跡，池子桟敷戸遺跡，「ロート目薬」（図35-11～13）が江古田遺跡，百人町遺跡，汐留I・II遺跡，「雲切目薬」（図35-5）が江古田遺跡，「應用目薬」が池子桟敷戸遺跡，「吉田謹製」（図35-6）が江古田遺跡，「大木の目薬　神霊水」が東町二番遺跡から出土している。これに対し，昭和以降のスポイト一体型目薬瓶は参天堂薬局の「大学目薬」（図35-14・15）が南広間地遺跡，黒川遺跡群No.29遺跡，東町二番遺跡，「ロート目薬」（図35-16～18）が大橋遺跡，汐留III遺跡，郵政省飯倉分館構内遺跡，南広間地遺跡，「SEISEI」（図35-19）が池子桟敷戸遺跡から出土しているが，その他にも様々な形態の資料（図35-20～27）がある。なお，縦方向に溝があるタイプやゴム製のスポイトが装着されるタイプには縦ラインが多くみられるが，これには滑り止めの効果があったと考えられる。また，目薬瓶は古手の資料や胴部に縦方向の溝がある資料は無色透明を主体にコバルト色半透明，淡緑色透明，金茶色半透明などがあるのに対し，目薬瓶とゴム製のスポイトが一体化した資料には無色透明はなく，コバルト色半透明，淡コバルト色半透明，青色半透明，緑色半透明，淡緑色半透明，淡黄色半透明，淡茶色半透明など様々な色調の資料があることも特徴である。

　(5) 軟膏瓶（図35-28～35）

　近現代遺跡から出土した軟膏瓶は，形態のみから化粧クリーム瓶や糊瓶と区別することが難しいため，確実に軟膏瓶と決定できるのは商品名や製造メーカー名の陽刻（エンボス）がある資料のみである。スクリュー栓で円筒形，白色不透明の「メンソレータム」（図35-31・32）が黒川遺跡群No.29遺跡，上ノ町・広町遺跡，葉山町No.2遺跡，円筒形で白色不透明，ガラス蓋付で「内用　薬精」の陽刻（エンボス）がある資料（図35-33）が池子桟敷戸，コルク栓で「いかり肩」，胴部横断面円形で淡青色透明の湿布剤瓶「早川イヒチオール」（図35-28）が東町二番遺跡，スクリュー瓶で円筒形，茶色半透明で底面に「ユースキン」の陽刻のある昭和30年（1955）創業のユースキン株式会社の軟膏瓶（肌クリーム瓶）（図35-34）がヤキバの塚遺跡から出土している。この他に，円筒形で茶色系やコバルト色系の半透明や不透明の瓶（図35-29・30・35）も軟膏瓶である可能性が高い。

　(6) 殺虫剤瓶（図32-14～18）

　殺虫剤瓶や農薬瓶は細身のサイダー瓶状の形態の資料と胴部が円筒形の資料に区分できる。前者は王冠栓，後者はスクリュー栓であり，茶色系のガラス瓶が主体である。近現代遺跡から出土した資料は，大橋遺跡から王冠栓で「いかり肩」，胴部横断面円形で茶色半透明の殺虫剤「インピレス」（図32-16），王冠栓で「いかり肩」，胴部横断面円形で緑色半透明の今津製薬の殺虫剤（図32-12），スクリュー栓で「いかり肩」，胴部横断面円形で無色透明のエステー化学工業の殺虫剤瓶（図32-14）が出土している。この他に南広間地遺跡から「いかり肩」，胴部横断面円形で淡緑色半透明の殺虫剤「フマキラー」の瓶，南葛野遺跡から王冠栓で「なで肩」，胴部横断面円形で茶色半透明の殺虫剤「フマキラー」の瓶（図32-18），ヤキバの塚遺跡から王冠栓で「いかり肩」，胴部横断面円形で茶色半透明の「アース」の殺虫剤瓶（図32-17），スクリュー栓で

「いかり肩」，胴部横断面円形で茶色半透明の日本農薬の殺虫剤瓶（図 32-15）が出土している。

（7）アンプル

アンプルは日露戦争が始まった明治 37 年（1904）に中野常次郎が理化学ガラスを創製し，大量に製造されるようになった。戦後になると，昭和 29 年（1954）に日本電気硝子がダンナーマシンでアンプル管の生産を始めている。近現代遺跡出土資料では，南広間地遺跡，黒川遺跡群 No. 29 遺跡，ヤキバの塚遺跡からアンプルが出土している。

7. 化 粧 瓶

わが国では近代になり，紅，白粉，髪油，鉄漿（お歯黒）を用いた伝統的な化粧に代わって，西洋流の化粧が導入された。しかし，その変化は急激ではなく，紅皿や猪口，油壺，鉄漿壺，鉄漿坏がガラス瓶の用いられる化粧水，化粧クリーム，香水へと変化したのは明治 30 年代以降のことである。化粧法も明治期頃までは白粉で白塗りする化粧が中心で大正期になると化粧水，化粧クリームに水白粉，粉白粉を使う薄めの化粧となっていった。

主な化粧品会社の創業は，明治 5 年（1872）に資生堂薬局（のちの資生堂）および井筒屋香油店，明治 11 年（1878）に平尾賛平商店（のちのレート化粧品），明治 15 年（1882）に天野源七商店（のちのヘチマコロン），明治 18 年（1885）に桃谷順天館，明治 26 年（1893）に高橋東洋堂（のちのアイデアル），明治 36 年（1903）に中山太陽堂（のちのクラブコスメチックス），明治 37 年（1904）に伊東胡蝶園（のちのパピリオ），明治 41 年（1908）に加美乃素本舗，明治 43 年（1910）に井田京栄堂（のちのメヌマ），大正 3 年（1914）にケンシ（のちのケンシ精香）が創業している。このうち，資生堂が「オイデルミン」，「花たちばな」，「柳糸香」など化粧品の製造販売を開始したのが明治 30 年（1897）である。昭和になると新たに多くの化粧品会社が創業しており，昭和元年（1926）には中村三興堂（のちのヒメ椿本舗），昭和 2 年（1927）にポーラ化成工業（のちのポーラ），久保政吉商店（のちのウテナ），金鶴香水（のちのマンダム），昭和 4 年（1929）には若葉ポマード本舗（のちのシボレー），昭和 5 年（1930）に大東化学工業所（のちのテルミー化粧品），昭和 9 年（1934）に青木栄堂（のちの栄すみれ本舗），昭和 10 年（1935）にシャンソン化粧品本舗，ピカソ美化学研究所が創業している。また，昭和 11 年（1936）には鐘淵紡績（のちのカネボウ）がカネボウ化粧品を製造開始している。戦後になると，昭和 21 年（1946）に寿化学工業（のちのジュジュ化粧品），昭和 28 年（1953）にオッペン化粧品が創業している。また，昭和 24 年（1949）にはアメリカの化粧品メーカー，マックスファクターが日本に進出し，昭和 38 年（1963）には化粧品の輸入が自由化された。

次に，主な化粧品の発売年について検討してみたい。まず，女性用化粧品は，化粧水や乳液と化粧クリームに大別できる。このうち，化粧水は江戸時代にも美肌料や白粉下として使用されるものが販売されており，文化 7 年（1824）には「江戸の水」がガラス瓶に詰めて販売された。化粧水は明治 11 年（1878）に平尾賛平商店（のちのレート化粧品）が白粉下化粧水「小町水」を発売し，明治 25 年（1892）には化粧水が流行している。その後，明治 35 年（1902）に桃谷順天

館が化粧用「美顔水」，明治39年（1906）に平尾賛平商店が「レート乳白化粧水」を発売している。大正3年（1914）には桃谷順天館が「白色美顔水」，大正4年（1915）には平尾賛平商店（のちのレート化粧品）が「レートフード」，天野源七商店（のちのヘチマコロン）が「化粧水ヘチマコロン」，大正5年（1916）には矢野芳香園が「美乳」を発売している。昭和になると薄化粧が一般化し，基礎化粧品が重要な位置を占め，化粧品が大衆化していった。昭和7年（1932）に資生堂の「ドルックス」，昭和11年（1936）に桃谷順天館の「明色アストリンゼン」，昭和12年（1937）にポーラの「ネオリクィッド」などが次々に発売された。戦後になると，昭和24年（1949）にアメリカの化粧品メーカー，マックスファクターが日本に進出し，昭和26年（1951）にピカソ美化学研究所が自然化粧品の先駆けとなる「葉緑素アストリンゼン」，昭和27年（1952）には資生堂が復活した「ドルックス」，昭和28年（1953）にはパピリオ化粧品が「パピリオ・ドオル」を発売している。化粧クリームは，明治42年（1909）に平尾賛平商店が「レートクリーム」を発売している。大正7年（1918）には資生堂が「過酸化水素クリーム」，「コールドクリーム」，大正12年（1923）に初の日やけどめクリーム「ウビオリン」を発売した。なお，白色不透明の化粧瓶の製造が盛んになったのは大正10年（1921）頃からである。その後，昭和4年（1929）に久保政吉商店（のちのウテナ）の「ウテナクリーム」（雪・月・花印），昭和9年（1934）に資生堂の初の女性ホルモン含有クリーム「ホルモリン」が発売されている。戦後になると，ウテナ化粧品が昭和32年（1957）に男性用クリーム，昭和40年（1965）に「お子さまクリーム」を発売している。また，香水についてはわが国では大正8年（1919）に資生堂から本格的な香水「梅の花」「藤の花」が発売され，大正11年（1922）に平尾賛平商店から「レート香水」，大正14年（1924）に資生堂から黒いボトルに入った香水「銀座」が発売されている。

　これに対し，男性用化粧品は，明治時代の「ひげ油」や大正時代の「アフターシェーブローション」が主体であったが，大正9年（1920）には柳屋がポマードなど男性化粧品の製造を始め，昭和30年代になって男性用化粧品が相次いで発売され，普及した。昭和34年（1959）に資生堂が男性化粧品「フォアメン」，昭和37年（1962）にはライオン油脂（のちのライオン）が男性整髪料「バイタリス」，昭和38年（1963）には資生堂が男性化粧品「MG5」，昭和45年（1970）にマンダムが「マンダム」シリーズを発売している。

　整髪料は，昭和7年（1932）に加美乃素本舗が「加美乃素」を発売し，昭和2年（1927）に大島椿製油所，昭和9年（1934）に青木栄堂（栄すみれ本舗）が創業している。男性用ポマードは大正5年（1916）に平尾賛平商店が「レートポマード」，大正7年（1918）に井田京栄堂（のちのメヌマ）が「メヌマポマード」を発売している。また，大正14年（1925）に柳屋が「柳屋ポマード」を発売している。昭和になると昭和2年（1927）に金鶴香水（のちのマンダム）が「丹頂ポマード」，昭和24年（1949）に花王が「花王ポマード」，昭和26年（1951）に大杉彩芳園が「伊豆椿ポマード」を発売している。

　歯磨き粉瓶は，明治21年（1888）に資生堂が日本で初めての練り歯磨「福原衛生歯磨石鹸」を発売し，小林富次郎商店（のちのライオン）が明治29年（1896）に「獅子印ライオン歯磨」，

明治43年（1910）に「萬歳歯磨」を発売している。昭和7年（1932）には大阪の寿毛加が「ス
モカ歯磨」を発売し，喫煙者用として人気を集めた。瓶入り歯磨き粉では昭和3年（1928）に
「ライオン水歯磨」平丸小瓶，昭和15年（1940）に「ライオン歯磨」潤製大瓶入が発売され，昭
和16年（1941）には瓶入り「花王歯磨」が発売されている。

　近現代遺跡出土資料については，化粧水瓶，椿油瓶，整髪料瓶，化粧クリーム瓶，ポマード瓶，
白粉瓶，香水瓶，マニキュア瓶，歯磨き粉瓶に区分して詳細を述べる。

(1) 化粧水瓶（図36，図37-1～3）

　近現代遺跡出土の化粧水瓶は，形態等から美白化粧瓶・乳液瓶などと区別できないため，これ
らを一括して化粧水瓶として扱うこととする。各遺跡から化粧水瓶は多く出土しているが，陽刻
（エンボス）が存在しない資料については製造メーカーや商品名は基本的に不明である。ここで
は，陽刻（エンボス）が存在する資料について図版の掲載順に紹介する。

　コルク栓で「いかり肩」，胴部横断面楕円形で無色透明，胴側面に「レイトフード LAITFOOD
（縦書き）」の陽刻（エンボス）のある大正4年（1915）発売の平尾賛平商店の美白化粧瓶「レー
トフード」（図36-1・2）が江古田遺跡，汐留遺跡I～III遺跡，ヤキバの塚遺跡，コルク栓で
「いかり肩」，胴部横断面方形で無色透明，底面に「桃と蜻蛉」の陽刻（エンボス）のある大正3
年（1914）発売の桃谷順天館の「白色美顔水」と思われる化粧水瓶（図36-3）が汐留III遺跡お
よびヤキバの塚遺跡，コルク栓で「いかり肩」，胴部横断面長方形で底面に「桃と蜻蛉」の陽刻
のある桃谷順天館の「白色美顔水」と思われる化粧水瓶（図36-4）が百人町遺跡，汐留I・II遺
跡，東町二番遺跡，コルク栓で「いかり肩」，胴部断面長方形（胴部が張る）で無色透明，胴部
および底面に「蜻蛉」の陽刻（エンボス）のある化粧水瓶（図36-5）がヤキバの塚遺跡，コル
ク栓で「いかり肩」，胴部横断面長方形で無色透明，胴側面に「BLANC DE LAIT」および
「HIRAO & CIE.」の陽刻（エンボス）のある明治39年（1906）発売の平尾賛平商店の「レート
乳白化粧水」と思われる化粧水瓶（図36-7）がヤキバの塚遺跡，コルク栓で「いかり肩」，胴部
横断面方形で肩の張った無色透明の堀越商会（二八堂）の白色剤「ホーカー液」（図36-8・9）
が汐留I・II遺跡，コルク栓で「いかり肩」，胴部横断面長方形で無色透明の堀越商会の白色剤
「ホーカー液」（図36-10）が汐留I遺跡，スクリュー栓で「いかり肩」，胴部横断面楕円形で無
色透明，底面に「IZUTSU」の陽刻（エンボス）のある「井筒屋香油店」の化粧水瓶（図36-11）
が大橋遺跡，スクリュー栓で「なで肩」，胴部横断面楕円形で無色透明，底面に「カネボウ（右
から左へ）」の陽刻（エンボス）のある化粧水瓶（図36-12）が大橋遺跡，スクリュー栓で「い
かり肩」，胴部横断面楕円形で青色半透明，胴下部に「YUBI」の陽刻（エンボス）のある化粧瓶
（図36-13）が大橋遺跡，スクリュー栓で「いかり肩」，胴部横断面長方形で白色半透明，底面に
「KBK」の陽刻（エンボス）のある化粧水瓶（図36-14）が南広間地遺跡，コルク栓で「いかり
肩」，胴部横断面長方形で無色透明，胴側面に「美乳」の陽刻（エンボス）のある大正5年
（1916）発売の矢野芳香園の「美乳」（図36-15）が汐留遺跡および汐留I遺跡，コルク栓で「い

76 第4章 ガラス瓶の種類と出土資料

図36 遺跡出土のガラス瓶（化粧水瓶1）

かり肩」，胴部横断面楕円形で無色透明，胴部に「発売元　土屋國次郎」の陽刻（エンボス）の
あるキメチンキの化粧水瓶（図36-16）が汐留遺跡，コルク栓で「いかり肩」，胴部横断面円形
で底面に「柳屋」の商標（源氏香図文）の陽刻（エンボス）のある化粧水瓶（図36-17）がヤキ
バの塚遺跡，スクリュー栓で「いかり肩」，胴部横断面円形で胴下部に「IDEAL」の陽刻（エン
ボス）のあるアイデアル化粧品の化粧水瓶（図36-18）が東町二番遺跡，スクリュー栓で「いか
り肩」の資生堂の商品サンプル（図36-23）が南葛野遺跡，コルク栓で「いかり肩」，胴部横断
面円形で無色透明，底面に「玉乃肌」の陽刻のある化粧水瓶（図36-24）が汐留II遺跡，コルク
栓で「いかり肩」，胴部横断面六角形で無色透明の「RIYO-KWAN」の陽刻（エンボス）のある
化粧水瓶（図36-26）が汐留遺跡，スクリュー栓で「いかり肩」，胴部横断面楕円形で無色透明，
底面に資生堂の商標（花椿）のある昭和26年（1951）発売の資生堂「ドルックス」の化粧水瓶
（図36-29）が南広間地遺跡および南葛野遺跡，胴部横断面楕円形で「なで肩」，青緑色半透明で
縦ラインが入り，胴部ならびに底面に「ユキワリミン」の陽刻（エンボス）のある化粧水瓶（図
36-31）が汐留遺跡から出土している。次に，スクリュー栓で「いかり肩」，胴部横断面六角形で
白色不透明，底面に「KAMINOMOTO」の陽刻（エンボス）のある昭和30年（1955）～35年
（1960）発売の加味乃素本舗の化粧水瓶（図37-1）が南葛野遺跡，コルク栓で「いかり肩」，胴
部横断面長方形で緑色半透明，胴側面に「ヘチマコロン」の陽刻（エンボス）のある大正4年
（1915）発売の「化粧水ヘチマコロン」（図37-2・3）が汐留II・III遺跡，上ノ町・広町遺跡から
出土している。また，陽刻（エンボス）はないが同様の形態の資料は江古田遺跡からも出土して
いる。

　この他に，スクリュー栓で肩がなく，胴部横断面楕円形で底面に「LAMOUR」の陽刻（エン
ボス）のある化粧水瓶が大橋遺跡，スクリュー栓で「いかり肩」，胴部横断面長方形で胴下部に
「Vigrry」の陽刻（エンボス）のある化粧水瓶が黒川遺跡群No. 29遺跡から出土している。また，
大分県炭竈遺跡（大分県教育委員会2000）の出土資料で，底面に「桃と蜻蛉」の陽刻（エンボ
ス）のある桃谷順天館の「美顔水」（図36-6）および共栓で「いかり肩」，背が低く胴部断面円
形で無色透明，底面に「桃と蜻蛉」の陽刻（エンボス）のある資料（図36-25）を参考資料とし
て図示した。

（2）椿油瓶（図37-4～13）

　近現代遺跡出土の椿油瓶はすべて無色透明であり，特徴的な形態を呈している。まず，スクリ
ュー栓で「いかり肩」，胴部横断面方形で，底面に「ふじ椿」の陽刻（エンボス）のある資料
（図37-5），ほぼ同形で胴部および底面に美星堂（明城ポマード本舗）の「明城」の陽刻（エン
ボス）のある資料（図37-4）が南広間地遺跡から出土している。次に，スクリュー栓で「いか
り肩」，胴部横断面横長八角形で胴下部に椿の意匠，底面に昭和9年（1934）創業の青木栄堂
（のちの栄すみれ本舗）の「栄すみれ」の陽刻（エンボス）がある資料（図37-6）が南広間地遺
跡から出土している。これに近い形態の資料（図37-7～9）の中に胴部に「森　椿油」（南広間
地遺跡）や「伊豆諸島椿油工業協同組合」（ヤキバの塚遺跡）の陽刻（エンボス）がある資料が

78 第4章 ガラス瓶の種類と出土資料

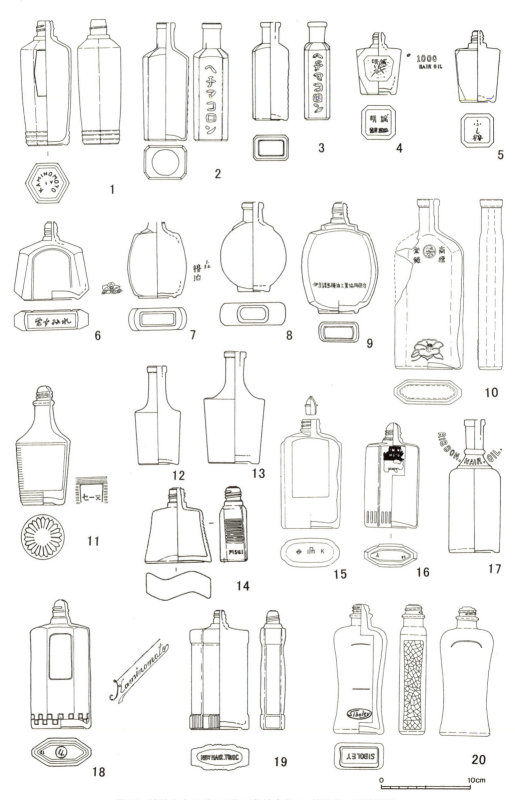

図 37 遺跡出土のガラス瓶（化粧水瓶2・椿油瓶・整髪料瓶）

ある。また，コルク栓で「いかり肩」，胴部横断面横長八角形で胴部上部に「商標〈商標〉登録」，胴下部に椿の意匠がある資料（図37-10）が池子桟敷戸遺跡から出土している。これに対し，コルク栓で首が長く「いかり肩」，胴部横断面円形の独特の形状をなす資料（図37-12・13）があり，江古田遺跡，汐留II・III遺跡，南広間地遺跡，ヤキバの塚遺跡から出土している。同形でスクリュー栓，胴部に横縞の模様があり，胴部に「セーヌ」の陽刻（エンボス）がある資料（図37-11）がヤキバの塚遺跡から出土している。

（3）整髪料瓶（図37-14〜20）

近現代遺跡出土の男性用整髪料瓶（ヘヤートニック瓶）や養毛剤瓶は，スクリュー栓で「いかり肩」，胴部横断面長方形で無色透明，側面および底面に「SIBOLEY」の陽刻（エンボス）のある昭和4年（1929）創業のシボレーポマードの整髪料瓶（図37-20）が大橋遺跡および葉山No.2遺跡から出土している。また，大橋遺跡からスクリュー栓で「いかり肩」，無色透明で胴側面に「PISUI」の陽刻（エンボス）のある変形整髪料瓶（図37-14），南広間地遺跡からスクリュー栓で「いかり肩」，胴部横断面長方形で底面に「NEW HAIR TONIC」の陽刻（エンボス）のある整髪料瓶（図37-19），上ノ町・広町遺跡からコルク栓，「いかり肩」で胴部横断面円形，肩部に「RIBBON HAIR OIL」の陽刻（エンボス）のある整髪料瓶（図37-17），南葛野遺跡からスクリュー栓で「いかり肩」，胴部横断面横長八角形で茶色半透明，胴部にラベルが残存している「加味乃素本舗」の整髪料瓶（図37-16），池子桟敷戸遺跡からスクリュー栓（振り出し口付）で「いかり肩」，胴部横断面楕円形で金茶色半透明，底面に「柳屋」の商標（源氏香図文）のある「柳屋」の整髪料瓶（図37-15），ヤキバの塚遺跡からスクリュー栓で「いかり肩」，胴部横断面横長八角形で金茶色半透明，胴部に「Kaminomoto」の陽刻（エンボス）のある加味乃素本舗の整髪料瓶（図37-18）が出土している。

（4）化粧クリーム瓶（図38）

化粧クリーム瓶には様々な種類があるが，基本的にスクリュー栓で円筒形，色調が白色不透明であることが特徴である。形態は背が低く円筒形の資料，背が低く口部に向かってやや広がる円筒形の資料，背が高く肩の張る円筒形の資料に大まかに区分できる。また，胴部に面取りのあるものなど凝ったデザインのものも多い。また，ポマード瓶と比べると曲線的なデザインである。ここでは製造メーカーや商品名の陽刻（エンボス）のある資料について図版の掲載順に紹介する。

スクリュー栓で背の低い円筒形，白色不透明で胴部に楕円形と列柱状のデザインがあり，底面に「レートLAIT」（桃谷順天館）の陽刻（エンボス）のある明治42年（1909）発売の「レートクリーム」（図38-1・2）が汐留I・II遺跡，陽刻（エンボス）はないが同様のデザインの化粧クリーム瓶（図38-3・4）が百人町遺跡，汐留遺跡，汐留I・III遺跡，南広間地遺跡，黒川遺跡群No.29遺跡，上ノ町・広町遺跡，東町二番遺跡，ヤキバの塚遺跡，スクリュー栓で背が低く口部に向かってやや広がる円筒形，白色不透明で底面に柳屋の商標（源氏香図文）の陽刻（エンボス）のある柳屋の化粧クリーム瓶（図38-5〜7）が大橋遺跡，汐留III遺跡，南広間地遺跡，黒川遺跡群No.29遺跡，ヤキバの塚遺跡，スクリュー栓で背が高く肩の張った円筒形で白色不透

80　第4章　ガラス瓶の種類と出土資料

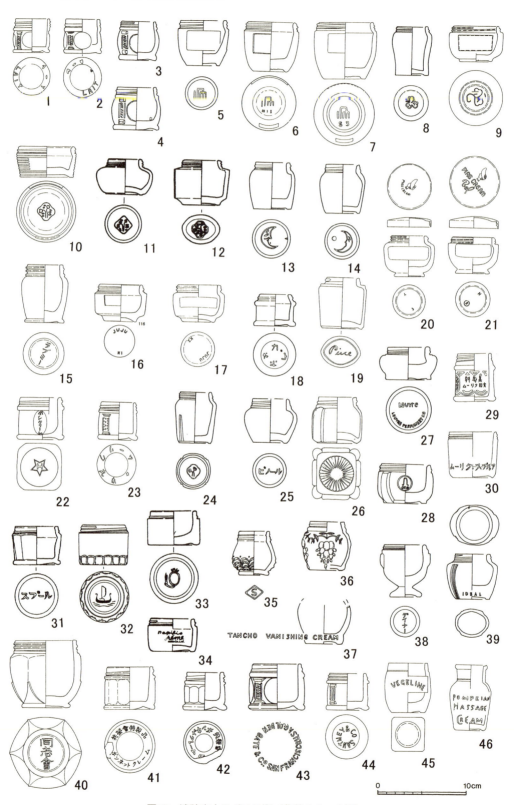

図38　遺跡出土のガラス瓶（化粧クリーム瓶）

明，底面にウテナの商標の陽刻（エンボス）がある久保政吉商店の「ウテナクリーム」（図38-8）が郵政省飯倉分館構内遺跡，南広間地遺跡，池子桟敷戸遺跡，ヤキバの塚遺跡，スクリュー栓で背が低く肩の張った円筒形，白色不透明で底面にウテナの商標の陽刻（エンボス）がある「ウテナクリーム」（図38-9）が葉山 No. 2 遺跡，白色不透明で底面に資生堂の商標（花椿）の陽刻（エンボス）のある資生堂の資料（図38-10〜12）が大橋遺跡および汐留 III 遺跡，やや背が高く肩の張る円筒形でスクリュー栓，色調が白色不透明，濃茶色不透明，淡緑色半透明で底面に花王の商標（月）の陽刻（エンボス）がある花王の資料（図38-13・14）が南広間地遺跡，背が高く肩の張った円筒形でスクリュー栓，白色不透明で底面に「ラブミー」の陽刻（エンボス）のある資料（図38-15）が池子桟敷戸遺跡，スクリュー栓で背が低く口部に向かってやや広がる円筒形，白色不透明で底面に「JUJU」の陽刻のあるジュジュ化粧品の資料（図38-16・17）が汐留 III 遺跡および池子桟敷戸遺跡，スクリュー栓で円筒形，白色不透明で底面に「カネボウ」の陽刻（エンボス）のあるカネボウの資料（図38-18）が郵政省飯倉分館構内遺跡，スクリュー栓で胴部断面楕円形，茶色不透明で底面に「Pirce」の陽刻（エンボス）のある資料（図38-19）が汐留 I 遺跡，背が低く口部に向かってやや広がる円筒形でスクリュー栓，白色不透明で商標と「PIAS CREAM」の陽刻（エンボス）のある蓋を伴うピアス化粧品の資料（図38-20・21）が池子桟敷戸遺跡，胴部横断面方形で白色不透明，胴部に「ホシクリーム」の陽刻（エンボス）のある資料（図38-22）が汐留 II 遺跡，円筒形でスクリュー栓，白色不透明で列柱状のデザインがあり底面に「赤丸クリーム」の陽刻（エンボス）のある資料（図38-23）が汐留 II 遺跡，肩が張った円筒形でスクリュー栓，白色不透明で底面に「ピノール」の陽刻（エンボス）のある資料（図38-25）が南広間地遺跡，背の低い円筒形（肩が張る）でスクリュー栓，白色不透明で底面に「LOUVRE PERFUMERY CO」の陽刻（エンボス）のあるルーブル化粧品の資料（図38-27）が南広間地遺跡，背の低い円筒形でスクリュー栓，白色不透明で胴部に「Ω ome」の陽刻（エンボス）のある資料（図38-28）が南広間地遺跡，円筒形でスクリュー栓，白色不透明で胴部に「美身科実用クリーム（右から左へ）」の陽刻（エンボス）のある資料（図38-29）が汐留 II 遺跡，円筒形でスクリュー栓，白色不透明で胴下部に「アルプスクリーム」の陽刻（エンボス）のある資料（図38-30）が汐留 II 遺跡，背の低い円筒形でスクリュー栓，胴部に面取りがあり茶色不透明，底面に「スプール」の陽刻（エンボス）のある資料（図38-31）が大橋遺跡，背の低い円筒形でスクリュー栓，ピンク色不透明の「パビリオ化粧品」の資料（図38-34）が大橋遺跡，白色不透明で胴下部に「TANCHO VANISHING CREAM」の陽刻（エンボス）のある昭和 9 年（1934）発売の金鶴香水の「丹頂クリーム」（図38-37）が南広間地遺跡，坏形でスクリュー栓，濃茶色不透明で底面に「ダイナー」の陽刻（エンボス）のある資料（図38-38）が南広間地遺跡，やや背が高く肩の張る胴部断面楕円形でスクリュー栓，白色不透明で胴下部に「IDEAL」の陽刻（エンボス）のあるアイデアル化粧品の資料（図38-39）が南広間地遺跡，やや背の高い肩の張った円筒形でスクリュー栓，胴部に面取りがあり白色不透明で底面に「同志會」の陽刻（エンボス）のある資料が（図38-40）が池子桟敷戸遺跡，円筒形でスクリュー栓，白色不透明で胴部に面取

り，底面に「共栄會特製品　ボンネットクリーム」の陽刻（エンボス）のある資料（図38-41・42）が南広間地遺跡および池子桟敷戸遺跡，スクリュー栓で背の低い円筒形，白色不透明で胴部に楕円形と列柱状のデザインがあり，底面に「SANFRANCISCO. U. S. A. GOLDEN GATE & CO.」の陽刻（エンボス）のある資料（図38-43）が百人町遺跡，円筒形でスクリュー栓，白色不透明で列柱状のデザインがあり底面に「SANTNEY & CO」の陽刻（エンボス）のある資料（図38-44）が汐留II遺跡，やや胴の張った円筒形で白色不透明で胴部に「VEGELINE」（保湿剤）の陽刻（エンボス）のある資料（図38-45）が汐留III遺跡，背が高く肩の張る円筒形でコルク栓，無色透明で胴部に「POMPEIAN MASSAGE CREAM」の陽刻（エンボス）のあるアメリカ・ポンペイアン社の資料（図38-46）が汐留II遺跡から出土している。

（5）ポマード瓶（図39-1〜18）

全体の形状や文様が化粧クリーム瓶と比べ直線的なデザインである点がポマード瓶の特徴である。ここでは製造メーカーや商品名の陽刻（エンボス）のある資料を中心に取り上げる。

まず，大正7年（1918）発売の井田京営堂の「メヌマポマード」（図39-1〜7）が百人町遺跡，大橋遺跡，汐留III遺跡，南広間地遺跡，黒川遺跡群No.29遺跡，上ノ町・広町遺跡，東町二番遺跡から出土している。背の低い円筒形でスクリュー栓，白色不透明で底面に「メヌマ　ポマード（右から左へ）」あるいは「メヌマ」の陽刻（エンボス）があるという点は共通しているが，デザインはかなり異なっている。このうち，胴部に列柱状のデザインがある資料（図39-1〜3）は汐留III遺跡，南広間地遺跡，上ノ町・広町遺跡，東町二番遺跡から出土している。陽刻（エンボス）はないが同様のデザインの資料が汐留I・II遺跡でも出土している。柳屋のポマード瓶は背の高い円筒形でスクリュー栓，淡緑色透明で底面に「柳屋製」の陽刻のある大正期の資料（図39-18）がヤキバの塚遺跡，背の低い円筒形でスクリュー栓，濃茶半透明で底面に柳屋の商標（源氏香図文）の陽刻のある資料（図39-8）が大橋遺跡から出土している。また，円筒形でスクリュー栓，白色不透明で胴部に縦ラインがあり，底面に「ケンシ」の陽刻（エンボス）のある大正3年（1914）創業のケンシ（のちのケンシ精香）の資料（図39-11），背の低い円筒形でスクリュー栓，無色透明で胴部に「MATERIA」の陽刻（エンボス）のある資料（図39-13）が大橋遺跡から出土し，スクリュー栓で白色半透明，底面に「ヒメ椿ポマード」の陽刻（エンボス）のある大正15年（1926）創業の中村三興堂（のちのヒメ椿本舗）の資料（図39-10），スクリュー栓で無色透明，底面に「IZUTSU」の陽刻（エンボス）のある井筒屋商店の資料（図39-15），スクリュー栓で白色半透明，底面に「Vegetable MEDICA pomade」の陽刻（エンボス）のある資料（図39-12）が南広間地遺跡，スクリュー栓で白色不透明，胴部に縦ラインと菱形模様，「Trio」の陽刻（エンボス）のある資料（図39-9）が汐留III遺跡から出土している。

（6）白粉瓶（図39-25〜27）

白粉瓶と考えられる資料として，南広間地遺跡から円筒形でスクリュー栓，白色不透明で底面に「MADE IN JAPAN TAIYO・CO」の陽刻のある明治36年（1903）創業の「中山太陽堂」の資料（図39-25），低い円筒形で合わせ蓋，底面に「MITOSE KAIMEN OSHIROI」（ミトセ海綿白

第 2 節　ガラス瓶の種類とその特徴　83

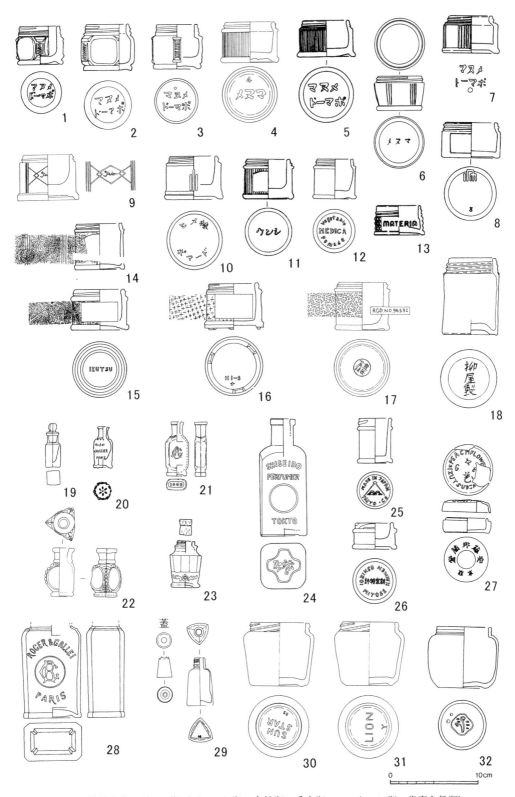

図39　遺跡出土のガラス瓶（ポマード瓶・白粉瓶・香水瓶・マニキュア瓶・歯磨き粉瓶）

粉）の陽刻のある資料（図 39-26）が出土している。また，東町二番遺跡から出土した薄い円筒形で白色不透明，合わせ蓋に「PEACH FLOWE□ IZUTSUDŌ A□ もゝの花」，底面に「安藤井筒堂（右から左へ）」の陽刻のある資料は安藤井筒堂の「桃の花」（図 39-27）である。

(7) 香水瓶（図 39-19～24・28）

確実に香水瓶と判断できるガラス瓶は少ないが，その中でも比較的多く出土しているのが汐留遺跡である。汐留遺跡から胴部横断面円形で「いかり肩」，コルク栓で無色透明，胴部に「VICTOR VAISSIER PARIS」の陽刻（エンボス）のある小型資料（図 39-20），汐留 I 遺跡から共栓ないしコルク栓で「いかり肩」，胴部横断面三角形のデザインの凝った資料（図 39-22），無色透明で胴部に「ROGER & GALLET」の陽刻（エンボス）のある大小の香水瓶（図 39-21・28），汐留 III 遺跡から共栓で胴部横断面方形の小型資料（図 39-19），胴部横断面円形で胴部に「ED PINA□ PARIS」の陽刻（エンボス）のある資料が出土している。また，江古田遺跡からはコルク栓で「いかり肩」，胴部横断面方形で胴部に「SHISEIDO PERFUMER TOKYO」，底面に資生堂の商標（花椿）のある資生堂の香水瓶（図 39-24），東町二番遺跡からはコルク栓で「いかり肩」，胴部横断面八角形のデザインの凝った資料（図 39-23）が出土している。

(8) マニキュア瓶（図 39-29）

確実にマニキュア瓶と考えられる資料は，南葛野遺跡から出土したスクリュー栓で「いかり肩」，胴部横断面三角形で無色透明，蓋も残存している戦後の資料（図 39-29）のみである。

(9) 歯磨き粉瓶（図 39-30～32）

背がやや低く肩の張る円筒形の広口瓶でスクリュー栓という独特の形状を呈している。色調は濃緑色半透明，濃紫色半透明，茶色半透明，黄色半透明など様々であり，底面に製造メーカーの陽刻（エンボス）がある。底面に「SUN STAR」の陽刻（エンボス）のあるサンスターの資料（図 39-30）が池子桟敷戸遺跡，ヤキバの塚遺跡，底面に「LION」の陽刻（エンボス）がある昭和 15 年（1940）発売のライオンの資料（図 39-31）が大橋遺跡，南広間地遺跡，池子桟敷戸遺跡，ヤキバの塚遺跡，底面に資生堂の商標（花椿）の陽刻（エンボス）にある資生堂の資料（図 39-32）が南広間地遺跡から出土している。

8. 文 具 瓶

(1) インク瓶（図 40）

インクは当初は輸入品に頼っていたが，明治 31 年（1898）に丸善から国産インキ「丸善最上インキ」が発売された。その後の商品には，大正 5 年（1916）発売の丸善の「アテナインキ」，大正 15 年（1926）発売のパイロットの「パイロットインキ」，篠崎インキの「ライトインキ」などがある。戦後になると，昭和 26 年（1951）にパイロットインキが胴部断面方形のインク瓶を発売し，昭和 34 年（1959）には丸善が「アテナエースインキ」を発売している。なお，公文書にインク使用が認められたのが明治 41 年（1908）のことである。

近現代遺跡から出土したインク瓶は，基本的にコルク栓で円筒形ないし方形，背が低い安定し

第2節 ガラス瓶の種類とその特徴　85

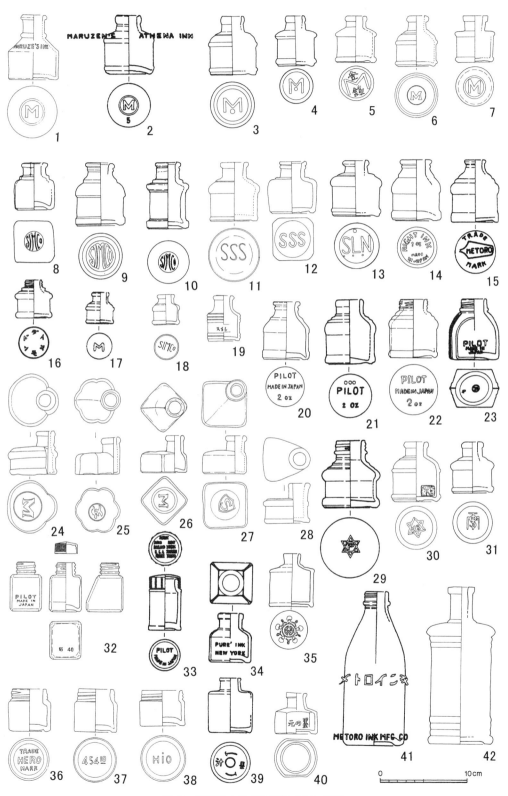

図40　遺跡出土のガラス瓶（インク瓶）

た形態であり，口部がやや大きめであることが特徴である。色調は無色透明を中心に緑色半透明，淡緑色半透明，淡青色半透明である。複数の遺跡から出土した資料として，まず丸善の資料がある（図40-1～7・24・26）。このうち，やや首が長く，肩部に「MARUZEN'S INK」，底面に円で囲まれた「M」の陽刻（エンボス）のある資料（図40-1）が汐留I遺跡，肩部に「MARUZEN ATHENA INK」，底面に円で囲まれた小さな「M」の陽刻（エンボス）のある無色透明の「丸善」の「アテナインキ」（図40-2）が大橋遺跡から出土している。また，底面の「M」の上下に「登録」の陽刻（エンボス）のある淡緑半透明の資料（図40-5）が汐留II遺跡から出土している。最も出土例が多いのが底面に大きめの「M」の陽刻（エンボス）のある無色透明の資料（図40-3・4）で江古田遺跡，百人町遺跡，汐留遺跡I～III遺跡，郵政省飯倉分館構内遺跡，上ノ町・広町遺跡，東町二番遺跡，ヤキバの塚遺跡から出土している。さらに，底面に円で囲まれた小さな「M」の陽刻（エンボス）のある無色透明ないし緑色半透明の資料（図40-6）は大橋遺跡および汐留I遺跡から出土している。また，胴部が円筒形で底面に円で囲まれた「M」の陽刻（エンボス）のある無色透明の資料（図40-7）が汐留III遺跡から出土している。

　次に，「ライトインキ」（図40-14）は底面に「RIGHT INK」の陽刻（エンボス）のある無色透明あるいは淡緑色半透明の資料が大橋遺跡，郵政省飯倉分館構内遺跡，南広間地遺跡，東町二番遺跡，ヤキバの塚遺跡から出土している。「パイロットインキ」は底面に「PILOT 2OZ」の陽刻（エンボス）のある淡緑色半透明の資料（図40-20～22）が江古田遺跡，大橋遺跡，郵政省飯倉分館構内遺跡，東町二番遺跡から出土し，昭和13年（1938）以降の底面に星の中に「P」の陽刻（エンボス）のある淡緑色半透明の資料（図40-29）が大橋遺跡から出土している。また，スクリュー栓で「なで肩」の資料（図40-23）や昭和10年代の円筒形の資料（図40-33）も大橋遺跡から出土している。さらに，戦後の昭和26年（1951）以降の胴部横断面方形の資料（図40-32）が大橋遺跡，黒川遺跡群No.29遺跡，池子桟敷戸遺跡から出土している。底面に「SIMCO」の陽刻（エンボス）のある篠崎インキの資料のうち，円筒形の資料（図40-9）が江古田遺跡，大橋遺跡，郵政省飯倉分館構内遺跡，池子桟敷戸遺跡，背の高い円筒形の資料（図40-10）が大橋遺跡，東町二番遺跡，胴部横断面方形の資料（図40-8）が東町二番遺跡から出土している。底面に「SSS」の陽刻（エンボス）のあるサイエス株式会社の資料のうち，円筒形の資料（図40-11）が汐留I遺跡，胴部横断面方形の資料（図40-12）が百人町遺跡，汐留II遺跡，ヤキバの塚遺跡，円筒形で「なで肩」の資料が池子桟敷戸遺跡から出土している。

　これに対し，1遺跡のみから出土した資料として，底面に「S. L. N.」の陽刻（エンボス）のある資料（図40-13）が江古田遺跡から出土している。無色透明で胴部に「スミレ」の陽刻（エンボス）のある資料（図40-19）が汐留II遺跡から出土している。緑色半透明で底面にペンマークの内部に「METRO」の陽刻（エンボス）のあるメトロインキの資料（図40-15），緑色半透明あるいは淡緑色半透明で底面に「ダイヤモンド」の陽刻（エンボス）のあるダイヤモンドインクの資料（図40-16），無色透明で胴部に「PURE INK NEW YORK」の陽刻（エンボス）のある資料（図40-34）が大橋遺跡から出土している。

これ以外の形態のインク瓶として，首部が中心から偏っているイグルー型インク瓶がある。陽刻（エンボス）のある資料では，底面に円の中に「M」の陽刻（エンボス）がある丸善の胴部円形の資料（図40-24）が汐留Ⅰ遺跡，胴部横断面方形の資料（図40-26）が汐留Ⅱ遺跡から出土し，胴部横断面花びら形で底面に円の中に「文」の陽刻（エンボス）がある資料（図40-25）や胴部横断面方形で底面に「S」の陽刻（エンボス）がある資料（図40-27）が汐留Ⅰ遺跡から出土している。同形で陽刻（エンボス）のない資料も胴部円形の資料が百人町遺跡，汐留Ⅰ・Ⅱ遺跡，ヤキバの塚遺跡，胴部方形の資料が汐留Ⅰ遺跡，胴部三角形の資料が汐留Ⅰ・Ⅱ遺跡から出土している。また，背の低い円筒形でスクリュー瓶，無色透明の資料のうち，底面に「TRADE MARK HERO」の陽刻（エンボス）のある資料（図40-36）が汐留Ⅰ・Ⅱ遺跡，底面に「45410」の陽刻のある資料（図40-37）が汐留Ⅰ〜Ⅲ遺跡，スクリュー栓で底面に「HiO」の陽刻のある資料（図40-38）が汐留Ⅰ遺跡，同形で陽刻（エンボス）のない資料が汐留Ⅰ・Ⅲ遺跡からまとまって出土している。さらに，スクリュー栓で「なで肩」，円筒形で緑色半透明の「メトロインキ」の大型資料（図40-41）が大橋遺跡，コルク栓で「いかり肩」，円筒形で無色透明の大型資料（図40-42）が汐留遺跡，スクリュー瓶で「いかり肩」，胴部横断面長方形で無色透明の「日本タイプライター（NTC)」の資料が大橋遺跡から出土している。

また，墨汁瓶では，コルク栓で「いかり肩」，胴部横断面円形で淡緑色半透明，底面に「墨汁（右から左へ）」の陽刻（エンボス）がある資料（図40-39）が大橋遺跡，コルク栓で「いかり肩」，胴部横断面円形で濃緑色半透明，胴部に「墨の元（右から左へ）」の陽刻（エンボス）のある資料（図40-40）が汐留Ⅱ遺跡から出土している。

(2) 糊瓶（図41-1〜13）

近現代遺跡から出土した糊瓶には，やや背が高く，「なで肩」で胴部横断面円形，合わせ蓋で胴部に縦ラインが入る特徴的な資料（図41-1〜3），やや背の低い円筒形で合わせ蓋あるいはスクリュー栓の資料（図41-4〜12）に区分できる。このうち，「なで肩」で胴部横断面円形，合わせ蓋で淡緑色半透明，胴部に縦ラインが入り，内容量（壱號貳百匁入，四號五拾匁入，五號三十匁入）の陽刻（エンボス）がある資料（図41-1〜3）は江古田遺跡，汐留Ⅲ遺跡，東町二番遺跡から出土している。ヤマト糊工業の「ヤマト糊」では，合わせ蓋あるいはスクリュー栓で円筒形，淡緑色半透明ないし緑色半透明で胴部に「登録商標　國益ヤマト糊　木内製（右から左へ）」，底面に「ヤマト」の陽刻（エンボス）のある資料（図41-4・5）が百人町遺跡，汐留Ⅰ・Ⅱ遺跡，東町二番遺跡，底面にのみ「ヤマト」の陽刻がある資料（図41-7）が汐留Ⅱ遺跡および東町二番遺跡，底面にのみ「ヤマト糊（右から左へ）」の陽刻（エンボス）のある資料（図41-8）が大橋遺跡から出土している。この他にもやや背の低い円筒形で色調が淡緑色や緑色の糊瓶と思われる資料（図41-10〜12）も各遺跡から出土している。また，背の高い円筒形で底に向かって若干広がり，無色透明，大正12年（1923）に合成に成功した「セメダイン」瓶（図41-13）が大橋遺跡から出土している。

9. 日 常 生 活 瓶

(1) 染料瓶 (図41-14～36・39～42)

染料瓶には繊維染料瓶だけでなく，白髪染めなどの染料瓶も含む。なお，「桂屋」が創業した
のが明治23年 (1890)，「君が代」が創業したのが明治38年 (1905) である。

近現代遺跡から出土した染料瓶は，コルク栓ないしスクリュー栓で「いかり肩」，胴部横断面
円形あるいは方形で，色調は無色透明を主体に淡緑色透明，淡青色透明などである。このうち，
出土数が多いのが「みや古染」と「君が代」である。このうち，桂屋 (のちの桂屋ファイングッ
ズ) の繊維染料瓶「みや古染」(図41-14～20) はコルク栓ないしスクリュー栓で胴部横断面円
形，胴部に「みや古染」，底面に商標 (⦿) の陽刻 (エンボス) がある。このうち，コルク栓で
胴部に「みや古染」，底面に商標の陽刻 (エンボス) のある資料 (図41-14・15) が百人町遺跡，
汐留III遺跡，上ノ町・広町遺跡，東町二番遺跡，葉山町No.2遺跡，ヤキバの塚遺跡，コルク
栓で底面にのみ商標の陽刻 (エンボス) のある資料 (図41-16) がヤキバの塚遺跡，コルク栓で
胴部に「みや古染」の陽刻 (エンボス) があるが底面に陽刻 (エンボス) のない資料 (図41-
17) が大橋遺跡，南広間地遺跡，上ノ町・広町遺跡から出土している。また，筒形でスクリュー
栓，胴部にのみ「みや古染」(縦書き) の陽刻 (エンボス) のある資料 (図41-18) が南広間地
遺跡，東町二番遺跡，ヤキバの塚遺跡，「みや古染」(横書き) の陽刻 (エンボス) のある資料
(図41-19) が大橋遺跡および南広間地遺跡から出土している。また，筒形でスクリュー栓，底
面のみに「みや古染 (右から左へ)」の陽刻 (エンボス) のある資料 (図41-20) がヤキバの塚
遺跡から出土している。白髪染めの「君が代」(図41-31～36) はコルク栓ないしスクリュー栓
で「いかり肩」ないし「なで肩」，胴部横断面方形ないし横長八角形，無色透明ないし淡青色透
明，胴部に「君が代」の陽刻 (エンボス) がある。このうち，コルク栓で「いかり肩」，胴部横
断面方形で胴部に「君が代」の陽刻 (エンボス) がある資料 (図41-31・32) が百人町遺跡，南
広間地遺跡，東町二番遺跡，コルク栓で「いかり肩」，胴部横断面八角形で胴部に「君が代」の
陽刻 (エンボス) がある資料 (図41-33) が南広間地遺跡，コルク栓で「なで肩」，胴部横断面
方形で胴部に「君が代」の陽刻 (エンボス) がある資料 (図41-34・35) が南広間地遺跡，ヤキ
バの塚遺跡，スクリュー栓で「なで肩」，胴部横断面方形で胴部に「君が代」の陽刻 (エンボス)
がある資料 (図41-36) が大橋遺跡から出土している。

その他の染料瓶としては，コルク栓で「いかり肩」，胴部横断面長方形で胴部に「志らが赤毛
染 ナイス」の陽刻 (エンボス) がある白髪染め「ナイス」(図41-39～41) が百人町遺跡，汐
留III遺跡から出土している。また，胴部横断面が円形の資料では，「いかり肩」で胴部に「桔梗
染」の陽刻 (エンボス) のある資料 (図41-21) が東町二番遺跡，「いかり肩」で胴部に「松香
染」の陽刻 (エンボス) のある資料 (図41-22) がヤキバの塚遺跡，「なで肩」あるいは「いか
り肩」で胴部に「紅清製」の陽刻 (エンボス) のある資料 (図41-23・24) が南広間地遺跡，胴
部に「増井製」の陽刻 (エンボス) のある資料 (図41-25) が葉山町No.2遺跡およびヤキバの
塚遺跡から出土している。さらに，コルク栓で「いかり肩」，胴部横断面方形の白髪染め「黒胡

第 2 節　ガラス瓶の種類とその特徴　　89

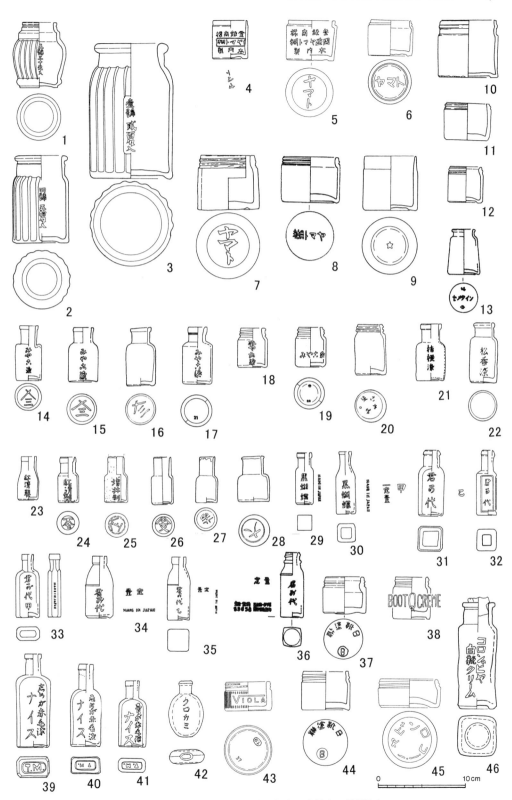

図 41　遺跡出土のガラス瓶（糊瓶・染料瓶・靴墨瓶）

90　第4章　ガラス瓶の種類と出土資料

蝶」（図41-29・30）が南広間地遺跡，コルク栓で胴部扁平，茶色半透明で胴部に「クロカミ」
の陽刻（エンボス）のある白髪染め瓶（図41-42）がヤキバの塚遺跡から出土している。

　（2）靴墨瓶（図41-37・38・43〜46）

　近現代遺跡から出土した靴墨瓶は，スクリュー栓で背の低い円筒形が主体で色調は淡緑色半透
明，緑色半透明，青緑色半透明，淡青色半透明，無色透明などである。

　このうち，複数の遺跡から出土している資料は，「日靴塗聯」と「コロンビヤ」の靴墨瓶であ
る。このうち，「日靴塗聯」の資料（図41-37・44）はスクリュー栓で円筒形，底面に「日靴塗
聯（右から左へ）」の陽刻（エンボス）があり，色調は緑色半透明，淡青色半透明，青緑色半透
明，無色透明である。大橋遺跡，郵政省飯倉分館構内遺跡，南広間地遺跡，東町二番遺跡から出
土している。「コロンビヤ」の資料（図41-45・46）はスクリュー栓で背の低い円筒形，底面に
「コロンビヤ（右から左へ）」の陽刻（エンボス）があり，色調は淡緑色透明や青緑色半透明であ
る。百人町遺跡，汐留I・III遺跡，ヤキバの塚遺跡から出土している。また，コルク栓で「いか
り肩」，胴部横断面方形で背が高く，胴部に「コロンビヤ　白靴クリーム」の陽刻（エンボス）
のある資料が汐留III遺跡から出土している。

　この他にもスクリュー栓で背の低い円筒形，胴部に縦ラインと「VIOLA」の陽刻（エンボス）
がある無色透明の品川油化研究所の資料（図41-43）が池子桟敷戸遺跡，スクリュー栓でやや背
の高い円筒形，胴部に「BOOT Q CREME」の陽刻（エンボス）がある無色透明の資料（図41-
38）が南広間地遺跡から出土している。

第3節　ガラス瓶の変遷

　ここではわが国の近現代ガラス瓶の変遷について概観したのち，近現代遺跡から出土したガラ
ス瓶の変遷状況について検討してみたい。

I. 近現代ガラス瓶の変遷

　わが国では，明治初期に東京の澤定次郎や大阪の木村新兵衛がガラス瓶の製造を始めたが，明
治中頃までは外国からの輸入品に頼っていた状況であった。しかし，明治21年（1888）に品川
硝子製造所でビール瓶，ランプの火屋，薬瓶，食器類の生産が開始され，国産のガラス瓶が徐々
に流通するようになってきた。当時，ガラス瓶の中に入れられ流通した商品にはビールやワイン
のように近代になって新たに登場し当初からガラス瓶が使用されていたものと，清酒，醤油，酢
のように従来は桶や樽などの容器に詰められて生産地から消費地に運ばれた商品がガラス瓶に詰
められて流通するようになったものがある。そのため，後者の商品に関しては，ガラス瓶へ容器
が転換する時期を知る必要がある。このうち，清酒は明治11年（1878）に瓶詰め清酒が初めて
売り出されたが，明治34年（1901）には1升瓶詰め清酒が発売され，大正13年（1924）には自
動製瓶機で1升瓶の量産が開始されている。また，野田醤油（のちのキッコーマン）が1升瓶入

第3節　ガラス瓶の変遷　91

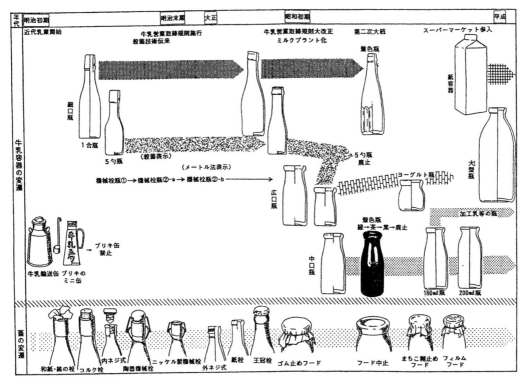

図42　牛乳容器の変遷（知久1996）

り醬油を発売したのが大正7年（1918），中埜商店（のちのミツカン）が1升瓶入り酢を発売したのが大正元年（1912）である。これに対し，牛乳は当初は容器に桶やブリキ缶などが使用され，ビール瓶の空瓶などに移して販売されていたが，明治22年（1889）頃には都市部でガラス瓶が使いはじめられ，明治34年（1901）頃には牛乳の1合瓶が地方へ普及していった。

　また，近現代のガラス瓶の変遷を知る際に基本となるのがガラス瓶の形状や細部の変化である。ガラス瓶の形状の変化が明瞭な資料として，サイダー瓶やラムネ瓶，牛乳瓶，目薬瓶などがあげられる。このうち，サイダー瓶やラムネ瓶は初期には細長く底の尖った「ハミルトンボトル」あるいは「きゅうり瓶」と呼ばれた特異な形状であったが，明治21年（1888）頃になるとこの形状はすたれ，サイダー瓶や瓶の中にガラス玉が入ったラムネ（玉ラムネ）が流行した。明治37年（1904）には「金線サイダー」に王冠栓が用いられるようになり，この後，王冠栓のものをサイダー，ガラス玉栓のものをラムネとして区別されるようになり現在に至っている。これに対し，牛乳瓶は衛生上の問題から法律によって瓶の形状が規制されたガラス瓶である。まず，明治18年（1885）の『牛乳営業取締規則』によって鉛や銅が牛乳容器に使用できなくなり，明治20年代にガラス瓶が使用されるようになった。その後，明治33年（1900）頃になると機械栓が用いられるようになったが，洗浄に不便なため大正末頃には王冠栓に変わり，昭和2年（1927）には『牛乳営業取締規則（新庁令）』により無色透明のガラス瓶の使用と王冠栓が義務づけられた。しかし，紙栓に掛紙（フード）を被せて輪ゴムでとめた王冠栓も認められ，現在の広口瓶に落ち着

いた（図42）。また，目薬瓶については初期の資料はコルク栓で「いかり肩」，胴部横断面円形の形態であり点眼器を用いて点眼していたが，その後コルク栓で胴部横断面が長方形ないし横長八角形で胴部縦方向に太い溝のある形態となり，昭和になって胴部横断面が楕円形ないし横長八角形で上部に穴があき，そこにゴム製のスポイトが装着される目薬瓶とスポイトが一体化したタイプが登場している。

さらに，ガラス瓶の栓の変化についても把握する必要がある。わが国では容器に栓をする場合，木栓を用いるのが一般的であったが，近代になってガラス瓶の栓にコルク栓が使用されるようになった。明治12年（1879）に東京の嘉納乙吉が，売り出した灘酒にコルク栓を使用したという記録があり，明治19年（1886）に東京・銀座にコルク業，奥勝重商店が開業している。これに対し，明治8年（1875）にニューヨークのシャルル・ド・キイユフェルドが発明した機械栓は，明治33年（1900）頃から大都市で牛乳瓶に使用され，大正末から昭和初期にかけては清酒瓶にも使用されている。また，明治25年（1892）にアメリカ人ウイリアム・ペインターによって発明された王冠は，わが国でも比較的早く導入され，明治33年（1900）に王冠栓付き国産ビール（「東京ビール」）が登場し，「金線サイダー」にも王冠栓が使用されている。その後，大正4年（1915）頃には，ビール瓶やサイダー瓶などの瓶のほとんどがコルク栓からブリキ製王冠に変わっている。さらに，昭和期になると化粧瓶や薬瓶などにスクリュー栓が使用されるようになる。

また，ガラス瓶の成形技法の変化についても見逃せない。明治初期のガラス瓶は吹きガラス（宙吹き）技法によるものであったが，明治39年（1906）には東洋硝子製造株式会社によって機械製瓶（デュセル式半人工式製瓶機）による製瓶が行われ，明治40年代になると半人工式の製瓶技術が導入された。大正時代になるとガラス瓶の需要増加によってガラス瓶の製造方法は半人工式から自動式へと転換した。大正5年（1916）には自動製瓶機（オーエンス機）の設置によって自動式生産が可能になり，ビール瓶や1升瓶が大量生産されるようになった。その結果，内部に気泡がなくなり，形状も一定で丈夫になるなどガラス瓶の品質が向上した。このように吹き成形であるか型成形であるかは瓶の縦方向にみられる金型の「合わせ目」の存在で判断でき，完全機械製瓶になると「合わせ目」は口部まで伸びる。また，ガラスの種類の変化に関しては，戦後になると薬瓶などに使用される硬質のガラス瓶（ホウケイ酸ガラス）が登場する。同様に，色調もガラス瓶の変遷を考える上で重要な要素である。既に述べたように，ガラス瓶は金属酸化物を少量混入させ着色することが可能であるが，大正頃までは若干緑色を帯びた色調のガラス瓶が一般的であった。初期のガラス瓶が緑色を帯びるのは天然の珪砂に少量の酸化鉄が含まれているためであり，当時はガラス瓶を完全に無色透明に仕上げることは難しかった。しかし，ガラスを無色透明にするために消色剤として酸化マンガンを少量混ぜるようになり，昭和4年（1929）になると透明ガラス瓶の自動製瓶が可能になった。また，骨灰などを使用した白色化粧クリーム瓶の製造が盛んになるのは大正10年（1921）のことである。

ガラス瓶の細部の変化に関する情報としては，昭和26年（1951）の『計量法』の公布によって，ガラス瓶の内容量の表示が義務づけられ，昭和31年（1956）にガラス瓶に内容量の正確さ

を保障する㊣（マルショウマーク）表示がなされるようになったことがあげられる。また，昭和26年（1951）に発売された「バヤリース」以降，陽刻（エンボス）ではなくガラス瓶に直接セラミックインクで商品名などが印刷されるようになったこと，1960年代になると底面に「ナーリング」と呼ばれるギザギザの加工がなされることなども年代決定の根拠となる。

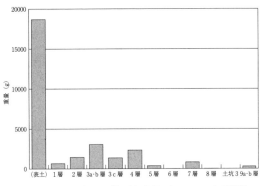

図43　ガラス瓶の層位別出土量（ヤキバの塚遺跡）

2. 発掘資料からみたガラス瓶の変遷
(1) 層位発掘による検討

考古学において遺物の変化を追うためには，対象とする時代に関係なく層位発掘によって遺物の変化や遺物組成の変化を把握する。このような考古学の基本である層位発掘が近現代という新しい時代の遺跡において実施されることは稀であり，多量で多様な遺物を包含する近現代のゴミ捨て場の

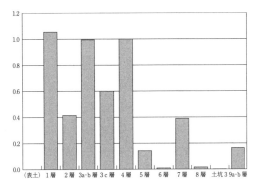

図44　補正後のガラス瓶の層位別出土量（ヤキバの塚遺跡）

層位発掘となると，わが国ではほとんど類例がない。こうした中で，筆者は神奈川県三浦市ヤキバの塚遺跡で近現代のゴミ捨て場（塚）の層位発掘を行う機会に恵まれた（三浦の塚研究会2003，渡辺2005）。

遺跡は，三浦市松輪地区八ヶ久保集落東側の台地上の畑地に位置している。塚の規模は現状で約20m，頂部と畑地との比高差は約2.5mである。発掘調査の結果，塚は明治時代から戦後にかけて形成されたものであることが明らかになり，塚の層序は表土層および1層〜9層に区分できた。各層の時期は，表土層が戦中から昭和30年頃，第1層が戦中頃，第2層が昭和前期，第3a・b層が大正末〜昭和初期，第3c層が大正後期，第4層が明治末〜大正期，第5・6層が明治30〜40年代，第7・8層が明治20〜30年代，第9a・b層が明治10年代頃と推測された。出土遺物は陶磁器やガラス製品を中心とした人工遺物と貝類・魚類を中心とした自然遺物が大量に出土した。このうち，人工遺物では碗・皿・鉢・壺・湯呑み・急須・土瓶・銚子・擂鉢・灯明皿・鉄漿壺・油壺・御神酒徳利・仏飯碗などの陶磁器，七輪・焜炉・焙烙などの土器類，酒瓶・調味料瓶・化粧瓶・薬品瓶・インク瓶・電燈笠・電球などのガラス製品，煙管・ランプ・電池・釘などの金属製品といった様々な生活用具，釣針・土錘・蛸壺などの漁具，さらに陶製地雷や海軍の皿などの戦争関連遺物が出土した。

これらの出土遺物の中で224点出土したガラス瓶の出土状況についてグラフを用いて示してみ

第4章　ガラス瓶の種類と出土資料

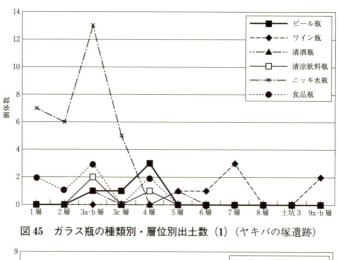

図 45　ガラス瓶の種類別・層位別出土数（1）（ヤキバの塚遺跡）

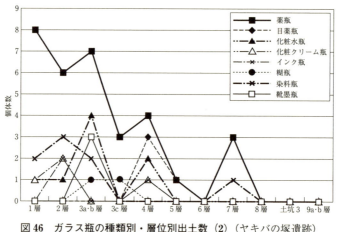

図 46　ガラス瓶の種類別・層位別出土数（2）（ヤキバの塚遺跡）

たい。まず，図43はガラス瓶の層位別出土量（重量）を示したものである（ただし，表土層については表面採集資料も含む任意サンプリング資料である）。これを見ると，ガラス瓶は最下層である9a・b層から表土層まで出土しており，4層（明治末～大正期）になるとガラス瓶が安定して出土することがわかる。次に，層厚に差があることから単位あたりの出土量を比較するため，各層の重量に断面積の逆数を掛けて補正し，4層の出土量が1になるように表示したものが図44である。このグラフをみると，若干の凹凸はあるがやはり4層からガラス瓶の出土量が多くなっていることが明らかである。このように，三浦半島の漁村部では大正頃からガラス瓶が安定して使用されるようになったことが窺われる。これをさらに種類別に検討すると（図45・46），5層以下ではワイン瓶，薬瓶，染料瓶が出土しているが，ワイン瓶の出土数が多いことが注目される。これに対し，4層以上では様々な種類のガラス瓶が出土するようになり，酒瓶ではワイン瓶に代わってビール瓶や清酒瓶が出土し，清涼飲料水瓶，ニッキ水瓶，食品瓶，目薬瓶，化粧水瓶，化粧クリーム瓶（ポマード瓶も含む），インク瓶，靴墨瓶が出土するようになる。また，ニッキ水瓶は3c層から1層にかけて多く出土し，薬瓶も全体的に増加傾向を示している。このよ

第3節　ガラス瓶の変遷

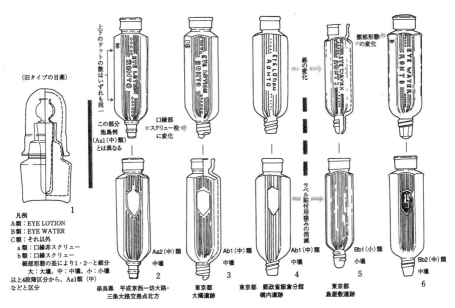

図47　目薬瓶の変遷（市村2003）

うに，ヤキバの塚遺跡では大正期から戦中頃にかけてガラス瓶の出土量や種類が増加していく様子が窺えるが，表土層出土資料になるとガラス瓶の量はさらに増加し，その種類も多様になる。本遺跡の調査結果をみる限り，大正期と昭和20年代から高度経済成長期にかけてがガラス瓶の様相が変化する画期となると推測される。

これらの資料は神奈川県内の一漁村のゴミ捨て場の資料であるが，層位発掘という考古学的手法を用いて一定の地域で消費されたガラス瓶の変遷について検討することが可能な資料であり，わが国の近現代のガラス瓶の変遷だけでなく，商品の流通や消費の問題を考えるための貴重な資料であるといえる。

(2)　遺跡出土ガラス瓶の変遷

近現代のガラス瓶は，その種類ごとに様々な特徴を検討することによってその変遷を追うことができるが，考古学的にも遺構の年代や一括遺物の廃棄年代を決定するための基準資料として重要な存在である。ここでは，その変遷について比較的論じられることの多かった清涼飲料水瓶や牛乳瓶ではなく，今まであまり注目されてこなかった目薬瓶・医療用薬瓶・染料瓶を取り上げて検討してみたい。

目薬瓶（図47）

目薬瓶については，別に点眼器（スポイト）を使用して点眼される形態からスポイト一体型の形態に変化することは既に述べた。これに対し，スポイト一体型の目薬瓶の変遷に関する市村慎太郎の論考がある（市村2003）。市村は大阪府八尾市池島・福万寺遺跡出土の近現代ガラス瓶について紹介する中で，スポイト一体型の目薬瓶（「ロート目薬」）に関して東京都内や奈良県内の遺跡からの出土資料も加え，その変遷について検討している（図47）。それによると，目薬瓶に

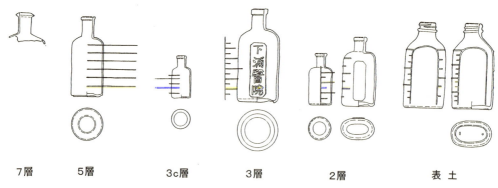

図48 医療用薬瓶の変遷（ヤキバの塚遺跡）

は中瓶と小瓶があり，胴部両面の中央部に縦ラインがみられるのが特徴となっている。また，先端部がスクリュー状になっている資料となっていない資料，片面に「EYE LOTION ROHTO」の陽刻（エンボス）のある資料と「EYE WATER ROHTO」の陽刻（エンボス）のある資料，もう片面にはラベルを貼る空間のある資料とない資料に区別できる。そして，このような細部の形態変化を検討すると，まず，先端部がスクリュー状に変化し（図47：2→3），次に陽刻（エンボス）が「EYE LOTION ROHTO」から「EYE WATER ROHTO」へ変化するとともにラベル貼付用の空間（窪み）が消失していく（図47：4→5）という変遷が想定できるという。また，最終段階の資料（図47-6）ではさらに頸部形態に変化がみられる。これらの変化は昭和6年（1931）から昭和20年（1945）の比較的短時間の型式変化として捉えることができる。

医療用薬瓶（図48）

　病院や医院の医療用薬瓶はほとんどの近現代遺跡から出土し，製造された時期によっていくつかの特徴が認められる。このことに気づいたのは，先ほど紹介したヤキバの塚遺跡の層位発掘資料を検討したことによるものである。ヤキバの塚遺跡から出土した医療用薬瓶は，コルク栓ないしスクリュー栓で「いかり肩」，胴部横断面円形ないし楕円形で色調は基本的に無色透明であるが，医療用薬瓶は7層から表土層まで出土しているため，明治後期から戦後に至る医療用薬瓶の変遷を追うことができる（図48）。

　医療用薬瓶の変遷を検討する際にまず注目されるのは栓の種類である。医療用薬瓶は一般的にコルク栓というイメージが強いが，ヤキバの塚遺跡では表土層（戦中から昭和30年頃）から戦後の資料と思われるスクリュー栓の資料が出土している。また，胴部横断面の形状も古手の資料が円形のみであるのに対し，2層（昭和前期）になると楕円形の資料が登場するようになる。次に，医療用薬瓶の特徴であるとも言える「目盛り」やラベルを貼る空間を区切る陽刻（エンボス）の存在があげられる。このうち，「目盛り」については5層（明治30～40年代）出土の資料の長さが非常に長く，3c層（大正後期）出土の資料の長さもかなり長いのに対し，3a・b層（大正末～昭和初期）や2層（昭和前期）では「目盛り」は短くなり，表土層（戦中から昭和30年頃）になるとさらに短くなることがわかる。また，ラベルを貼ったり病院や医院名を陽刻する空間は，3層（大正末～昭和初期）から出現し，2層（昭和前期）では線で区画するのではなく枠

第3節　ガラス瓶の変遷　　97

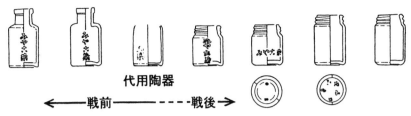

図49　「みや古染」容器の変遷（永田2005）

全体を立体的に盛り上げている資料が出現する。さらに，表土層（戦中から昭和30年頃）から出土する医療用薬瓶に硬質ガラス（ホウケイ酸ガラス）が使用されていることも重要な特徴である。

このように，医療用薬瓶に関しては栓の種類，胴部断面形態，「目盛り線」の長さ，ガラスの質などの情報を総合することにより，明治期から戦後にかけての変遷状況を把握することができることが判明した。

染料瓶（図49）

既製品が氾濫している現在とは異なり，かつては着物や洋服を自宅で作ったり，糸や布などを染料で染めることは日常生活の一部であった。その結果，近現代遺跡から染料瓶が多く出土することになる。既に紹介したように，遺跡から出土する繊維染料瓶は，コルク栓ないしスクリュー栓で「いかり肩」，胴部横断面円形で色調は無色透明を主体に淡緑色透明，淡青色透明である。

このうち，桂屋の「みや古染」はコルク栓ないしスクリュー栓で胴部横断面円形の資料である。「みや古染」のガラス瓶はいくつかに類型化できる。まず，古手の資料としてコルク栓で「いかり肩」，胴部に「みや古染」（縦書き），底面に商標の陽刻（エンボス）のある資料が百人町遺跡，汐留III遺跡，上ノ町・広町遺跡，東町二番遺跡，葉山町No.2遺跡，ヤキバの塚遺跡から出土している。また，コルク栓で「いかり肩」，胴部に「みや古染」（縦書き）の陽刻（エンボス）はあるが底面に陽刻（エンボス）のない資料が大橋遺跡，南広間地遺跡，上ノ町・広町遺跡，底面に商標の陽刻（エンボス）のみある資料がヤキバの塚遺跡から出土している。また，新手の資料としてスクリュー栓で筒形，胴部にのみ「みや古染」（縦書き）の陽刻（エンボス）のある資料が南広間地遺跡，東町二番遺跡，ヤキバの塚遺跡から出土し，「みや古染」（横書き）の陽刻（エンボス）のある資料が大橋遺跡，南広間地遺跡から出土している。さらに，スクリュー栓で筒形，底面のみに「みや古染」の陽刻（エンボス）のある資料がヤキバの塚遺跡から出土している。

「みや古染」の変遷については，南広間地遺跡の資料を用いて永田史子が変遷図を示している（図49）。それによると，「みや古染」は戦時中の代用陶器を挟んで戦前はコルク栓で陽刻（エンボス）は「縦書き」，戦後はスクリュー栓で陽刻（エンボス）は「縦書き」から「横書き」へと変化し，さらに陽刻（エンボス）は底面へ移動し，最後は消失するという変遷が想定されている（永田2005）。この変遷案に加えて今回検討した他の遺跡の資料も考慮すると，コルク栓で「みや古染」の陽刻（エンボス）が「縦書き」の資料には底面に商標の陽刻（エンボス）があるもの（口部の幅が狭い）とないもの（口部の幅が広い）が存在し，ヤキバの塚遺跡からはコルク栓で

底面にのみ商標が陽刻された資料が存在する。これらの情報を総合すると「みや古染」の染料瓶（ガラス瓶）は次のような7段階の変遷が想定できることになる。

① コルク栓・底面のみに商標

② コルク栓・胴部に「みや古染」（縦書き）・底面に商標

③ コルク栓・胴部に「みや古染」（縦書き）

④ スクリュー栓・胴部に「みや古染」（縦書き）

⑤ スクリュー栓・胴部に「みや古染」（横書き）

⑥ スクリュー栓・底面にのみ「みや古染」

⑦ スクリュー栓・陽刻なし

　次に，この変遷案の蓋然性を検討するために，層位発掘を実施したヤキバの塚遺跡の出土資料をみてみると，①のコルク栓で胴部には陽刻（エンボス）がなく底面に商標のみが陽刻された資料が3層（大正末から昭和初期），②のコルク栓で胴部に「みや古染」（縦書き），底面に商標が陽刻された資料が2層（昭和前期），⑤のスクリュー栓で胴部に「みや古染」（縦書き）が陽刻された資料が2層（昭和前期），⑥のスクリュー栓で底面にのみ「みや古染」が陽刻されたの資料が1層（戦中頃）から出土している。この出土状況は永田の年代観と必ずしも一致しないが，全体的な変遷の流れはほぼ想定通りとなっている。

　このように，従来あまり注目されてこなかった近現代のガラス瓶に関しても，その特徴を詳細に検討することによってその変遷が追えることがわかる。このことは，陶磁器などの資料とは異なり，使用期間が比較的短く，通常中身がなくなればそのまま廃棄されることの多いガラス瓶が近現代の遺構や一括遺物の年代決定の基準資料になり得るとともに，型式学的な検討が可能な考古資料として扱うことのできることを示している。

第5章　近現代遺跡とガラス瓶

第Ⅰ節　近現代遺跡出土のガラス瓶

　ここでは，遺物としてのガラス瓶の有効性を探るため，近現代遺跡から出土したガラス瓶の内容がその遺跡の性格を反映するものであるかどうかを検討する。具体的には鉄道の駅舎，病院，別荘，兵学校という近代を象徴する遺跡，また都市近郊の農村部や漁村部の遺跡から出土したガラス瓶について検討する。なお，出土数をカウントするにあたっては，各遺跡の報告書の図版に掲載されたガラス瓶のうち完形資料や全体形状が推定できる程度残存している資料を筆者自身がカウントし，データ化した。

1.　鉄道駅舎のガラス瓶：東京都港区汐留遺跡（汐留地区遺跡調査会 1996，東京都埋蔵文
　　　化財センター 1997・2000・2003，福田 2004 a・b）（図 50・51）

　本遺跡は，東京都港区に所在する，日本の近代の幕開けを飾った新橋停車場（新橋駅）の跡地にあたる。汐留地区は江戸時代には龍野藩脇坂家，仙台藩伊達家，会津藩保科家などの大名屋敷であったが，明治維新後，汐留地区は明治政府によってわが国最初の本格的な鉄道関連施設の建設が行われ，明治 5 年（1872）に新橋停車場が開業した。その後，大正 3 年（1914）には現在の東京駅が開業したことにより貨物専用駅となり，昭和 61 年（1986）に国鉄の分割民営化に伴って汐留貨物駅が処分され，その後発掘調査が実施された。

　汐留遺跡内にあった新橋駅とその関連施設の変遷は次のようにまとめられる（福田 2004a・b）。明治 5 年（1872）の開業時にあった施設には，駅舎（西洋造），駅舎（平屋），プラットホーム，客車庫，荷物庫，荷物積所，板庫，石炭庫，機関車庫，インジニール官舎，厩，外国人職工官舎，機関車修復所，機関車用転車台，貨車用転車台があり，明治 7 年（1874）までに駅長官舎，倉庫，役人官舎が加わった。その後，明治 14 年（1881）頃にはランプ部屋，鍛冶場，器械場，塗師場などが増設され，明治 13 年（1880）に焼失したインジニール官舎の跡地に建築科長外国人官舎が建てられ，器械科長外国人官舎，日本人用官舎も建築された。その後も構内には様々な施設が建設されていったが，明治 20 年代になると明治 22 年（1889）の東海道線の全面開通（新橋―神戸間）などによって車両数も増加し，明治 30 年代になると構内全体に関連施設が広がっていった。明治 44 年（1911）の構内図には発電所，電気工場，鍛冶工場，鋳物工場，木工場，施盤工場，鋳物工場，製罐工場，鍛鉄工場，塗師工場，組立工場，仕上工場，縫工場，切符印刷所，木挽小屋，セメント小屋，ランプ小屋，倉庫，機関車庫，貨物庫，貯木場，貯水池，駅長室，車掌会食所，集会所，計理課，貨物庫，倉庫課，物品検査場，鉄道調査所など様々な施設が存在して

100 **第5章　近現代遺跡とガラス瓶**

いる。大正3年（1914）に貨物専用駅（汐留駅）となり，東京駅にその役割を譲ることになったが，構内の新橋工場も大井工場にその役割を移管していった。また，大正12年（1923）の関東大震災では開業以来の駅舎が焼失している。その後，昭和9年（1934）には増加する貨物に対応するため大改築工事が実施されている。

　約10年にわたる発掘調査の結果，駅舎，プラットホーム，機関車庫，客車庫，転車台，修繕場，鍛冶場，鋳物場，器械場，外国人官舎，職員官舎など様々な遺構が検出され，近代遺物も大量に出土している。それらは車両の部品やレールをはじめ工具類，碍子，煉瓦，土管や鉄管など鉄道施設に関連する遺物，御雇い外国人の残した洋食器（皿，鉢，カップ，水差し，蓋，こし器など），陶器製のボトル，ガラス瓶（ワイン瓶，ビール瓶，ジン瓶，洋酒瓶，サイダー瓶など），クレイパイプ，職員が残した改札鋏，錠，札，工具，電信用紙，ガラス瓶（インク瓶，糊瓶，薬瓶，化粧瓶など），乗客が残した切符，汽車土瓶，ガラス瓶（ビール瓶，ワイン瓶，清酒瓶，サイダー瓶，薬瓶，化粧瓶など）などである。また，遺構内出土遺物としては，トイレの中から乗客の落し物であるパイプなどの喫茶関係の資料，指輪などの装身具，印鑑，ボタン，金属製品，下駄，がま口，扇子などが出土している（福田2004b）。

　本遺跡の発掘調査報告書は，既刊のものが4種類ある（汐留地区遺跡調査会刊行の『汐留遺跡』，東京都埋蔵文化財センター刊行の『汐留遺跡I』，『汐留遺跡II』，『汐留遺跡III』）。

　このうち，『汐留遺跡』（汐留地区遺跡調査会1996）ではガラス瓶が32点出土している。内訳は酒瓶のビール瓶が1点（「大日本ビール」），ワイン瓶が3点，清酒瓶が1点，洋酒瓶が2点，清涼飲料瓶のサイダー瓶が4点（「三ツ矢サイダー」，「金線サイダー」），乳製品瓶の牛乳瓶が6点（「長育舎」，「開養軒」，「岡野」，「大塚日進舎」，「明乳舎」，「明治製菓」），調味料瓶の化学調味料瓶が1点（「味の素」），薬瓶の医療用薬瓶が1点（「明治病院」），一般用薬瓶が2点（「神薬」，「ホロム散」），目薬瓶が2点（「大学目薬」），化粧瓶の化粧水瓶が3点（化粧水「美乳」，「ユキワリミン」），化粧クリーム瓶が2点，香水瓶が1点（「VICTOR VAISSIER PARIS」），文房具瓶のインク瓶が1点，日常生活瓶の靴墨瓶が1点である。

　『汐留遺跡I』（東京都埋蔵文化財センター1997）ではガラス瓶が284点出土している。内訳は酒瓶のビール瓶が3点（「カブトビール」，「サクラビール」），ワイン瓶が59点，清酒瓶が6点（「白鶴」），ジン瓶が7点，洋酒瓶が3点，清涼飲料瓶のサイダー瓶が4点（「布引鉱泉」），不明清涼飲料瓶が1点，乳製品瓶の牛乳瓶が6点（「東海軒」，「崎陽軒」，「養牛舎」），調味料瓶のソース瓶が2点，不明調味料瓶が2点，食品瓶の不明食品瓶が1点，薬瓶の医療用薬瓶が21点（「東京鉄道病院」，「濱田産科婦人科病院」，「和光堂医院」，「中西全滅剤，「□OMPSON & C°□ DICAL HALL □KOHAMA」），一般用薬瓶が32点（「神薬」，「健脳丸」，「レーベン」，「仁薫」，「全治水」，「美顔水」，「田虫水」，「安川コロダイン」，「複方コロダイン」，「ベーリン」，「ヨデュムエキ」，「ラヂウメン」，「沃度液」，「ヨーヂ水」，「テーム水」），薬品瓶が31点（「帝国製薬」，「武蔵温泉湯之素」），軟膏瓶が4点，目薬瓶が4点（「ロート目薬」，「大学目薬」），化粧瓶の化粧水瓶が15点（化粧水「レートフード」，「ホーカー液」，「桃谷順天館」，「美乳」），化粧クリーム

第 1 節　近現代遺跡出土のガラス瓶　　101

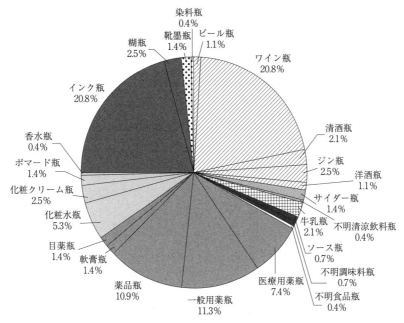

図50　汐留 I 遺跡出土ガラス瓶の組成（N = 284）

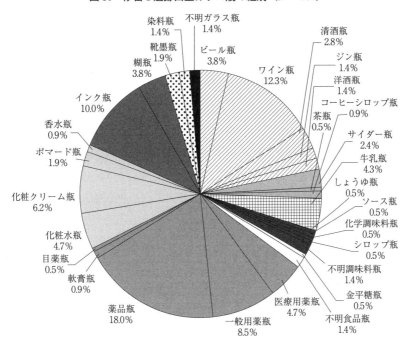

図51　汐留 III 遺跡出土ガラス瓶の組成（N = 211）

瓶が 7 点（「レートクリーム」、「Pirce」）、ポマード瓶が 4 点、香水瓶が 1 点、文房具瓶のインク瓶が 59 点（「丸善」、「サイエス」）、糊瓶が 7 点（「ヤマト糊」）、日常生活瓶の靴墨瓶が 4 点（「コロンビア」）、染料瓶が 1 点である。

『汐留遺跡 II』（東京都埋蔵文化財センター 2000）ではガラス瓶が 195 点出土している。内訳は酒

102   第5章   近現代遺跡とガラス瓶

瓶のビール瓶が1点（「サクラビール」），ワイン瓶が19点（「赤玉ポートワイン」），清酒瓶が8点（「白鶴」），ジン瓶が9点，洋酒瓶が5点，清涼飲料瓶のサイダー瓶が10点（「三ツ矢サイダー」，「金線サイダー」，「三ツ葉サイダー」，「東京大倉」，「帝国ブルワリー」，「キリンビール」），ラムネ瓶が2点（「快水舎」，「涼水舎」），乳製品瓶の牛乳瓶が6点（「愛光舎」，「北星舎」），不明調味料瓶が2点，食品瓶のらっきょう瓶が1点，不明食品瓶が2点，薬瓶の医療用薬瓶が10点（「東京鉄道病院」，「平民病院」，「實費診療所」，「實費調剤所」，「島小児科院」），一般用薬瓶が30点（「美顔水」，「健脳丸」，「生春丸」，「わかもと」，「静胃散」，「全治水」，「田虫水」，「たむし水」，「皮膚新液」，「コデチン」，「ヨーヂ水」，「テーム水」，「薬液ハルナー」，「淋液」，「元素液」，「毛生液」，「山崎帝国堂」，「ホシセプチン」），薬品瓶が18点（「帝国製薬」），軟膏瓶が3点，目薬瓶が4点（精錡水」，「ロート目薬」，「大学目薬」），化粧瓶の化粧水瓶が16点（化粧水「レートフード」，「ホーカー液」，「ヘチマコロン」，「桃谷順天館」，「玉乃肌」），化粧クリーム瓶が20点（「レートクリーム」，「美身料実用クリーム」，「赤丸クリーム」，「アルプスクリーム」，「ホシクリーム」，「POMPEIAN MASSAGE CREAM」，「SANTNEY & CO」），ポマード瓶が3点，香水瓶が1点（「ROGER & GALLEI」），文房具瓶のインク瓶が19点（「丸善」，「サイエス」，「スミレ」，「HERO」，「HiO」，「45410」），糊瓶が4点（「ヤマト糊」），日常生活瓶の靴墨瓶が1点，染料瓶が1点である。

　『汐留遺跡III』（東京都埋蔵文化財センター 2003）ではガラス瓶が211点出土している。内訳は酒瓶のビール瓶が8点（「大日本ビール」，「キリンビール」，「カブトビール」，「ANELO JAPANESE BREWERY COMPANY」），ワイン瓶が26点，清酒瓶が6点，ジン瓶が3点，洋酒瓶が3点，清涼飲料瓶のサイダー瓶が5点（「金線サイダー」，「パーム飲料」），コーヒーシロップ瓶が2点（「カフェパウリスタ」），茶瓶（ガラス製汽車土瓶）が1点，乳製品瓶の牛乳瓶が9点（「小池永生舎」，「暘谷舎」，「大倉畜産」，「細野」，「三島牛乳」，「朝日牛乳」，「平和」），調味料瓶の醤油瓶が1点（「キノエネ醤油」），ソース瓶が1点，化学調味料瓶が1点（「味の素」），シロップ瓶が1点，不明調味料瓶が3点，食品瓶の金平糖瓶が1点，不明食品瓶が3点，薬瓶の医療用薬瓶が10点（「東京鉄道病院」，「谷田薬室」），一般用薬瓶が18点（「今治水」，「全治水」，「直治水」，「元素液」，「山崎帝国堂」），薬品瓶が38点（「松沢」，「大日本製薬」，「帝国製薬」），軟膏瓶が2点，目薬瓶が1点，化粧瓶の化粧水瓶が10点（化粧水「レートフード」，「ヘチマコロン」，「桃谷順天館」），化粧クリーム瓶が13点（「柳屋」，「資生堂」，「JUJU」，「VEGELINE」），ポマード瓶が4点（「メヌマポマード」，「Trio」），香水瓶が2点，文房具瓶のインク瓶が21点（「丸善」），糊瓶が8点，日常生活瓶の靴墨瓶が4点（「コロンビア」），染料瓶が3点（「みや古染」，「ナイス」），不明ガラス瓶が3点である。

　次に，『汐留遺跡I』および『汐留遺跡III』に関してガラス瓶の組成を検討すると，若干の差異はみられるが両者とも他の遺跡と比較するとワイン瓶，薬瓶，インク瓶の割合が高いのに対し，清涼飲料瓶，調味料瓶，食品瓶，化粧瓶，日常生活瓶などの割合がやや低いことがわかる（図50・51）。このうち，ワイン瓶（この中にビール瓶が含まれている可能性がある）が多い理由に

関しては，新橋駅の開業が明治5年（1872）であり明治前期の遺物が多く含まれること，構内に
外国人官舎が存在し外国人が居住していたことが考えられる。このうち，前者については他の明
治前期の遺跡や遺構からワイン瓶やジン瓶が多く出土する点やサイダー瓶の中に「玉ラムネ」や
「王冠栓」以前の「きゅうり瓶（ハミルトンボトル）」が多く含まれる点がこれを裏付けている。
後者についてはワイン瓶，ジン瓶，洋酒瓶，サイダー瓶（きゅうり瓶）に輸入品と思われるガラ
ス瓶が多く含まれ，洋食器や輸入品の陶器製のボトル，クレイパイプなども出土していることか
ら，これらはお雇い外国人が使用したものである可能性が高いと考えられる。

　その他の出土資料について検討すると，比較的多く出土している牛乳瓶については駅構内で販
売，ないしは官舎で生活していた家族によって飲まれていたものと思われる。また，静岡の「東
海軒」や横浜の「崎陽軒」のガラス瓶が出土している点や大正末期に陶器製汽車土瓶に代わって
登場したガラス製茶瓶（汽車土瓶）が出土している点は駅舎および鉄道関連施設という遺跡の性
格を反映している。次に，薬品瓶を中心に薬瓶の割合が高い点に関しては，構内に診療所が存在
していたことがその理由であり，「東京鉄道病院」の陽刻のある医療用薬瓶が複数出土している。
さらに，インク瓶については，駅舎や事務室において行われる様々な事務処理の中で使用された
ものであると思われるが，他の遺跡の資料と異なり，口部が大きい円筒形でスクリュー栓の資料
（「HERO」，「HiO」，「45410」など）が多く出土している点が特徴的である。逆に，食品瓶や日常
生活瓶が少ないことは，これらのガラス瓶の主体が一般の家庭生活によって使用・廃棄されたも
のではないことを示している。

　このように，本遺跡から出土したガラス瓶は明治初期に開業し，わが国の近代化を支えた新橋
駅で使用されたものであり，ガラス瓶にみられる諸特徴は駅舎など鉄道関連施設が存在した遺跡
の性格を反映したものである。

2. 結核療養所のガラス瓶：東京都中野区江古田遺跡（旧国立療養所中野病院跡地遺跡調査会 1999）（図 52）

　本遺跡は，東京都中野区に所在する，大正9年（1920）に創建された結核治療専門の東京市療
養所の跡地にあたる。結核は近代を象徴する感染症であり，戦後になってストレプトマイシンに
よる化学療法が普及するまでは「死の病」であった。政府は大正3年（1914）に『肺結核療養所
ノ設置及国庫補助ニ関スル法律』を制定し，翌大正4年（1915）には内務省が東京市に対して療
養所建設を命令し，大正6年（1917）にこの地に療養所を起工した。その後，住民の反対運動，
台風や放火による被害などがあったが，大正9年（1920）に東京市療養所として開所している
（収容人数 75 名）。そして，関東大震災時には臨時収容病舎が設置され，大正15年（1926）には
第1期拡張工事，昭和7年（1932）には第2期拡張工事が竣工し，収容人員が 1170 名となって
いる。その後，昭和17年（1942）に東京市中野療養所，昭和18年（1943）に日本医療団中野療
養所，昭和22年（1947）に国立中野療養所，昭和42年（1967）に国立療養所中野病院に改称さ
れている。

第5章　近現代遺跡とガラス瓶

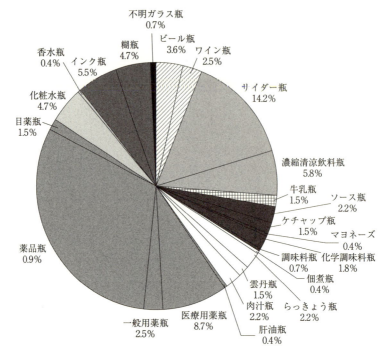

図52　江古田遺跡出土ガラス瓶の組成（N = 275）

　発掘調査区はA地区（職員宿舎建設予定地），B地区（東西貫通道路建設予定地中央部分），C地区（東西貫通道路建設予定地西側部分）に区分されている。発掘調査の結果，A地区から大型方形煉瓦基礎3基，小型方形煉瓦基礎7基，煉瓦基礎列1条，礎石列1基が検出されており，創建当時の「ち病舎」あるいは大正15年（1926）に存在した「第三舎」の基礎である可能性が高いとされている。また，B地区からは土坑1基が検出されている。近現代遺物であるガラス瓶はA地区では表土・攪乱層，B地区では1号土坑，東側斜面地の盛土層や攪乱層，C地区では試掘および表土・攪乱層から出土している。年代的には東京市療養所が開設された大正9年（1920）から戦中頃の資料が主体を占める。

　このうち，A地区からはガラス瓶が20点出土している。すべて表土または攪乱層から掘削の過程で出土したものである。内訳は清涼飲料瓶のサイダー瓶（「大日本ビール」）が2点，乳製品瓶の牛乳瓶が1点，調味料瓶のソース瓶が1点，化学調味料瓶（「味の素」）が1点，食品瓶のらっきょう瓶が1点，薬瓶の医療用薬瓶が4点（「東京市療養所」），一般用薬瓶が2点，薬品瓶が5点（「三共製薬」，「オキシフル」），化粧瓶の椿油瓶が1点，文房具瓶の糊瓶が2点である。

　B地区の遺構外からはガラス瓶が223点出土している。この地区では大量のガラス瓶が集中して廃棄されていたため，完形資料や破損の度合いの極めて低い資料，破損の度合いが高いが遺存部分に重要な情報を残している資料を優先的に回収している。また，1号近現代土坑からガラス瓶16点が出土している。遺構外出土資料の内訳は，酒瓶のビール瓶が8点（「大日本ビール」，「キリンビール」，「ユニオンビール」），ワイン瓶が7点（「蜂印香竄葡萄酒」，「赤玉ポートワイ

ン」），清涼飲料瓶のサイダー瓶が33点（「三ツ矢サイダー」，「金線サイダー」，「布引鉱泉」，「パーム飲料」，「大日本ボルド商行」），乳性飲料瓶の濃縮乳性飲料瓶が16点（「カルピス」，「森永コーラス」），乳製品瓶の牛乳瓶が3点（「愛養舎牧場」，「四谷軒」，「改乳舎」）である。また，調味料瓶のソース瓶が5点（「インディアンソース」「チキンソース」），ケチャップ瓶が3点，マヨネーズ瓶が1点（食品工業），化学調味料瓶が3点（「味の素」），他の調味料瓶が1点（「西洋御料理」），食品瓶のらっきょう瓶が3点（「桃屋の花らっきょう」），雲丹瓶が4点（「下関名産」），佃煮瓶が1点，肉汁瓶が5点（「アローエキス」，「バレンタイン」，「東京獣肉商会」），肝油瓶が1点（「日米の肝油」）である。さらに，薬瓶の医療用薬瓶が16点（「日本赤十字社」，「東京市療養所」，「東京市電気局診療所」，「東京モスリン亀戸工場医務係」），一般用薬瓶が5点（「FUTOR-UMIN」，「立効丸」，「共済丸」，「ヨーヂ水」，「ビオフェルミン」，「ホシセプチン」），薬品瓶が73点（「大日本製薬」，「三共製薬」），目薬瓶が4点（「ロート目薬」，「雲切目薬」，「吉田謹製」），化粧瓶の化粧水瓶が10点（「レートフード」，「ヘチマコロン」，椿油）である。文具瓶のインク瓶が13点（「丸善」，「パイロット」，「SIMCO」，「S. L. N」），糊瓶が8点である。これに対し，1号近現代土坑出土資料の内訳は，酒瓶のビール瓶が1点（「ユニオンビール」），調味料瓶の化学調味料瓶が1点（「味の素」），食品瓶のらっきょう瓶が1点，肉汁瓶が1点（鈴木洋酒店の「アローエキス」），薬瓶の医療用薬瓶が2点（「東京市療養所」），薬品瓶が4点（「三共製薬」），化粧瓶の椿油瓶が1点，香水瓶が1点（「資生堂」），文具瓶の糊瓶が2点，用途不明ガラス瓶が2点である。

　C地区からはガラス瓶が16点出土している。内訳は，酒瓶のビール瓶が1点（「大日本ビール」），清涼飲料瓶のサイダー瓶が4点（「金線サイダー」，「別府鉱泉」），調味料瓶のケチャップ瓶が1点，食品瓶のらっきょう瓶が1点，薬瓶の医療用薬瓶が2点（「東京市療養所」），薬品瓶が3点，化粧瓶の化粧水瓶が1点（「レートフード」），文具瓶のインク瓶が2点（「丸善」，「SIM-CO」），糊瓶が1点である。

　次に，本遺跡から出土したガラス瓶の組成に関して検討してみたい（図52）。本遺跡のガラス瓶組成の特徴は，様々な種類のガラス瓶が出土している中で結核療養所という性格から薬瓶が約4割を占めていることである。しかも，一般用薬瓶は極端に少ないのに対し，薬品瓶が圧倒的に多く，療養所の陽刻ある資料（「東京市療養所」）をはじめとする医療用薬瓶も多いのも特徴である。ただし，他の診療所の医療用薬瓶（「日本赤十字社」，「東京市電気局診療所」，「東京モスリン亀戸工場医務係」）も出土している点は興味深い。また，他の遺跡と比較するとサイダー瓶（「三ツ矢サイダー」，「金線サイダー」など），濃縮清涼飲料瓶（「カルピス」，「森永コーラス」），肉汁瓶（「アローエキス」，「バレンタイン」，「東京獣肉商会」）が多く出土している点も指摘できる。このうち，サイダーについては明治中期にコレラに効くとして爆発的に売り上げを伸ばしたが，結核に対しても同様の風評があった可能性がある。また，「カルピス」などの濃縮清涼飲料水については滋養に良いとされていた。肉汁や肝油についても当時，結核に効くとされ結核患者が盛んに飲用していたものであるが，これらのガラス瓶は他の近現代遺跡ではほとんど出土しな

106 第5章 近現代遺跡とガラス瓶

いものであり，本遺跡の性格を示唆するガラス瓶であるといえる。その他には酒瓶，調味料瓶，食品瓶，さらにはインク瓶や糊瓶などの文具瓶が一定量出土しているのに対し，化粧瓶の出土数が非常に少なく，日常生活で使用する染料瓶も出土していない点も本遺跡の特徴としてあげられる。

　このように，本遺跡から出土したガラス瓶は大正後期から戦中にかけて東京の結核療養所で使用されたものであり，ガラス瓶組成の諸特徴は結核療養所という遺跡の性格を反映したものである。

3. 海浜別荘地のガラス瓶：神奈川県葉山町 No. 2 遺跡（葉山町 No. 2 遺跡発掘調査団 1999）（図 53）

　本遺跡が所在する神奈川県葉山町は，東京から比較的近いことや気候が温暖なことから明治以降，別荘地として利用されるようになった地域である。明治 10 年（1877）頃にはイタリアの駐日公使マルチーノやドイツのベルツ博士が気候や風光の良さを認め，自ら別荘を営むとともに絶好の休養地であることを喧伝した。明治 22 年（1889）の横須賀線の開通にともなって多くの別荘が建設されるようになり，明治 27 年（1894）には葉山御用邸が竣工したことにより臨海別荘地としてのイメージが定着することとなった。葉山町における別荘建設は昭和 8・9 年（1933・34）頃にピークをむかえ，別荘の数は 400 以上にのぼっている。別荘の中には高松宮別邸，北白川宮別邸，東伏見宮邸，秩父宮別邸などの皇族の別邸の他に男爵池田徳潤，文部大臣井上毅，農務省・司法大臣金子堅太郎，総理大臣高橋是清，三井総支配人団琢磨，総理大臣山本権兵衛，総理大臣桂太郎，医学博士北里柴三郎など著名な人物の別荘があった。これらの別荘は戦後ほとんどが会社の所有となり，寮や保養所となっている。このような海浜別荘地や高原別荘地は都市から離れた風光明媚な場所に存在するが，これらの地域の生活は基本的に都市の富裕階層が都市の暮らしをそのまま持ち込んだものであり，物質資料にそれが反映されることが予想された。

　発掘調査が実施された地点には，昭和 12 年（1937）に建設した製薬会社社長の別荘が発掘調査時まで現存していた。他の別荘の多くが会社の保養所となったように，この建物も戦後も一般住宅として使用されていた。発掘調査の結果，この別荘に伴うと思われるゴミ穴（1 号ゴミ穴）からガラス瓶を中心に近代遺物がまとまって出土した。これらの出土遺物の廃棄年代については，別荘が建設された昭和 12 年（1937）以降，昭和 20 年（1945）頃までと推定される。なお，以下で述べる出土したガラス瓶の種類については発掘調査報告書の記載と若干異なることをご容赦願いたい。

　1 号ゴミ穴から出土した資料は 54 点である。内訳は酒瓶，清涼飲料瓶，調味料瓶，薬瓶などのガラス瓶が 49 点，磁器の食器が 2 点，ガラス製の玩具（石蹴り玉）が 1 点，陶製碍子が 2 点である。主体を占めるガラス瓶は，酒瓶のビール瓶が 2 点（「大日本ビール」，「カブトビール」），清涼飲料水瓶のサイダー瓶が 2 点（「三ツ矢サイダー」），ラムネ瓶が 2 点，不明清涼飲料瓶が 1 点，調味料瓶のソース瓶が 3 点，カレー粉瓶が 1 点，薬瓶の医療用薬瓶が 3 点（「東大医学部薬

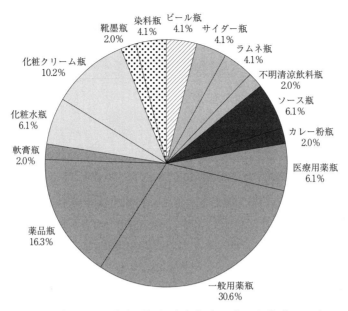

図53　葉山 No. 2 遺跡 1 号ゴミ穴出土ガラス瓶の組成（N＝49）

局」、「清田医院」）、一般用薬瓶が15点（「パコイン」、「タムシチンキ」、「ピューア水」、「テーム水」）、薬品瓶が8点（「三共製薬」、「泰昌製薬」、「星製薬」）、軟膏瓶が1点（「メンソレータム」）、化粧瓶の化粧水瓶が3点（整髪料「シボレー」）、化粧クリーム瓶が5点（「ウテナ」）、日常生活瓶の靴墨瓶が1点（「日靴塗聯」）、染料瓶が2点（「みや古染」、「増井製」）である。

　次に、本遺跡から出土した近代遺物の主体を占める1号ゴミ穴から出土したガラス瓶の組成について検討してみたい（図53）。本ゴミ穴のガラス瓶組成の特徴としては、様々な種類のガラス瓶が出土している中で薬瓶が過半数を占めていること、そしてビール瓶や清涼飲料水瓶なども一定量含まれていることがあげられる。また、薬瓶の中で一般用薬瓶がほぼ2/3を占めることも特徴としてあげられる。これら諸特徴は保養地や療養地としての海浜別荘地の性格を反映しており、東京へ近いという立地条件から週末などにこの地を訪れ、夏の期間は海水浴などでビールやサイダーを消費し、冬は温暖な気候を利用した保養や療養の場であったという海浜別荘地のイメージと一致する。さらに、興味深いのが医療用薬瓶であり、現在の東京大学医学部付属病院の薬瓶（「東大医学部薬局」）と地元の医院の薬瓶（「清田医院」）が出土している。このうち前者の医療用薬瓶は東京・本郷の東京大学医学部付属病院のものであり、居住者によって東京から運ばれてきたものと考えられる。普段は東京に居住し、時期や季節によって保養地や療養地として利用されていた海浜別荘地の特徴を反映する資料である（桜井2005）。

　このように、本遺跡から出土したガラス瓶は戦前～戦中頃の東京近郊の海浜別荘地で使用されたものであり、ガラス瓶組成の諸特徴は海浜別荘地という遺跡の性格を反映したものである。

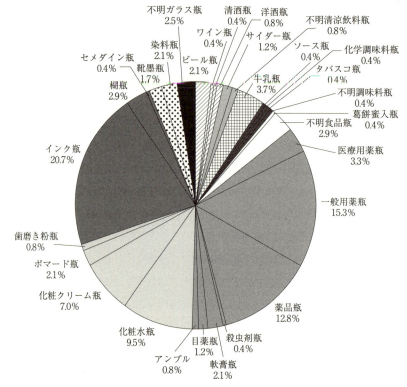

図 54　大橋遺跡出土ガラス瓶の組成（N = 242）

4．兵学校のガラス瓶：東京都目黒区大橋遺跡（目黒区大橋二丁目遺跡調査団 1984，目黒区大橋遺跡調査団 1998，小林・渡辺 2002）（図 54）

　本遺跡は東京都目黒区に所在する。江戸時代には「駒場野」と称された遺跡周辺に御鷹場がおかれ，享保 3 年（1718）に管理のための御用屋敷が設置された。その後明治以降には木戸孝允，青木周三の所有を経て，明治 24 年（1881）に陸軍の騎兵学校，輜重兵第一大隊となり，昭和 15 年（1940）に陸軍輜重兵学校が設置された。輜重兵学校とは，戦時に様々な物資の補給や輸送を行う将校や下士官を養成する兵学校である。陸軍輜重兵学校の敷地は東西南北約 400 m で面積は約 12 万 6 千 m² に及ぶが，昭和 15 年（1940）当時の建物や施設配置は，西側の台地上には北から材料廠工場，被服庫，講堂，大隊本部，医務室，将校集会所，下士官集会所など，東側の台地上には北から炊事場，学生舎，兵舎，自動車庫，厩舎，装蹄場などがあり，谷部は馬場や射撃場として利用されていた。正門（南門）は谷の入り口付近にあり，衛兵所や面会所があった。なお，建物は戦後も警察庁第三予備隊・都立駒場高校校舎として使用されたが，昭和 33 年（1958）に公務員住宅が建設されている（目黒区大橋遺跡調査団 1998）。

　発掘調査によって，建物址，地下遺構，ゴミ穴，近代桝などの近代遺構が多数検出された。このうち建物址は 17 基検出されたが，小林謙一らは建物群の切り合い関係から遺構群を 4 期に区分している（小林・渡辺 2002）。それによると，1 期は 9〜11・13 号建物で明治 24 年（1881）の木戸孝允，青木周三所有の時期の遺構群，2 期は 2・5・7・8・12・16 号建物で明治 24 年

第 I 節　近現代遺跡出土のガラス瓶　109

(1881) 以降の陸軍騎兵学校，陸軍輜重兵第一大隊の時期の遺構群，3 期は 1・3・4・6・14・15・17 建物，1983 年度検出建物（木靴工場）で陸軍輜重兵学校の時期の遺構群，4 期は戦後の公務員住宅の時期の遺構である。このうち，3 期の陸軍輜重兵学校の時期の建物址は 5 基あり，当時の建物配置図から第 1 号建物址が輜重兵学校の本部，第 6 号建物址が医務室，第 14 号建物址が将校集会所の付属家（厨房），第 15 号建物址が将校集会所，第 17 号建物址が下士官集会所にあたることが判明した。なお，第 14 号建物址については聞き取り調査の結果，将校集会所に付設する建物で独身の将校が寝泊まりしていた建物であることがわかった。地下遺構は 33 基検出されたが，構造や規模により石組の大型地下遺構，大型の地下遺構，中型で明治期と考えられる地下遺構，鉄製のワイヤーや木材を埋めた小型の地下遺構などに区分できる。また，ゴミ穴は 20 基検出されたが，その分布をみると 1 号建物（本部）や 6 号建物址（医務室）の西側に集中している。ゴミ穴の形態は様々であるが，規模は径 1〜3 m，深さ 0.4〜1 m 程度のものが主体を占める。覆土からは軍隊関係遺物やガラス製品が出土している。なお，3 号甕埋設では大正期の牛乳瓶が一括廃棄され，第 3 号ゴミ穴から敗戦に際して証拠隠滅を図って焼却された文書が出土している。

　本遺跡から出土した遺物は，3 期の陸軍輜重兵学校の時期を中心に軍隊関連遺物を主体とする。具体的には，磁器の飯碗・汁碗・湯呑み碗・皿・灰皿，印判磁器の碗・皿・蓋，ガラス製の薬瓶・化粧瓶・インク瓶・牛乳瓶・ビール瓶・サイダー瓶，陶製煙管，ホーロー製の碗，手榴弾，弾丸，砲弾，擬製弾，拍車，机上演習用のコマ，歯ブラシ，銭貨などが出土している。また，1983 年度の調査でも食器の他に認識票や乗馬証・営外居住証の焼印が出土している（目黒区大橋二丁目遺跡調査団 1984）。

　本遺跡から出土したガラス瓶は 242 点に及ぶ。内訳は，酒瓶のビール瓶が 5 点（すべて戦後の輸入ビール瓶），ワイン瓶が 1 点，清酒瓶が 1 点（1 合瓶），ウイスキー瓶が 2 点（「トリス」，「大黒葡萄酒」），清涼飲料瓶のサイダー瓶が 3 点（「金線サイダー」，「ウィルキンソンサイダー」），不明清涼飲料瓶が 2 点，乳製品瓶の牛乳瓶が 9 点（「目黒軒浅海牧場」，「愛光舎のミルクコーヒー」，「雪印牛乳」，「森永牛乳」，「西多摩」）出土している。また，調味料瓶のソース瓶が 1 点（「錨印ソース」），化学調味料瓶が 1 点（「味の素」），タバスコ瓶が 1 点（「MADE IN U. S. A.」），不明調味料瓶が 1 点，食品瓶の葛餅蜜入瓶が 1 点（「山本倉エ門の葛餅」），不明食品瓶が 7 点である。さらに，薬瓶の医療用薬瓶が 8 点（「陸軍軍医学校」），一般用薬瓶が 37 点（「わかもと」，「中島正露丸」，「パコイン」，「ビオフェルミン」，「イボコロリ」，「ゼンコーレン」，「ビタミン」，「理研」，「大正製薬」，「武田製薬」，「中外製薬」），薬品瓶が 31 点（「三共製薬」，「東邦薬品」，「オキシフル」），殺虫剤瓶が 1 点（「インピレス」，「エステー化学工業」，「イマヅ」），軟膏瓶が 5 点，目薬瓶が 3 点（「ロート目薬」），アンプルが 2 点，化粧瓶の化粧水瓶が 23 点（化粧水「カネボウ」，「YUBI」，「ラムール」，整髪料「シボレー」，「PISUI」，「井筒屋香油店」），化粧クリーム瓶が 17 点（「パビリオクリーム」，「資生堂」，「カネボウ」，「柳屋」，「スプール」，「Aunny」，「CLA-YA」），ポマード瓶が 5 点（「メヌマポマード」，「柳屋」，「ケンシ」，「MATERIA」），歯磨

き粉瓶が2点（「ライオン」）である。文具瓶のインク瓶が50点（「丸善」，「パイロット」，「メトロインキ」，「ライトインキ」，「SIMCO」，「ダイヤモンド」，「PURE INK NEW YORK」），糊瓶が7点（「ヤマト糊」），セメダイン瓶が1点，日常生活瓶の靴墨瓶が4点（「日靴塗聯」），染料瓶が5点（「みや古染」，「君が代」），不明ガラス瓶が6点である。

　次に，本遺跡から出土したガラス瓶の組成について検討してみたい（図54）。まず，薬瓶の割合が全体の35%程度を占めることがあげられる。その中でも一般用薬瓶が多く，医務室の周囲が調査され「陸軍軍医学校」の医療用薬瓶が出土しているにも関わらず医療用薬瓶が少ないことが特徴的である。また，本遺跡で最も特徴的な点はインク瓶の種類と量の多さであろう。これはゴミ穴の位置が本部や医務室の建物の周囲であったこととも関連するが，多量の書類を扱う兵学校という性格を反映している。これに対し，酒瓶や清涼飲料水瓶などの嗜好品や食品瓶の占める割合は少ないが，これらの嗜好品は基本的に酒保で消費されるものであることがその原因であると考えられる。また，軍隊関連遺跡にもかかわらず思ったより出土割合が高いのが化粧瓶である。女性用の化粧瓶も一定量出土しているが，その多くに縦ラインのデザインがみられる男性用整髪料瓶やポマード瓶が主体である。男性用化粧瓶が多く含まれるという傾向は他の遺跡の化粧瓶の出土状況と決定的に異なる点である。

　このように，本遺跡から出土したガラス瓶は兵学校で使用されたものであり，そのガラス瓶組成の諸特徴は兵学校という軍隊組織における消費活動を反映したものである。

5. 近代農村のガラス瓶：東京都日野市南広間地遺跡（日野市遺跡調査会2003，永田2004）（図55）

　本遺跡は東京都日野市の多摩川とその支流浅川に挟まれた低地部の都市近郊農村に位置する。発掘調査では低地部と微高地を含んだ屋敷地や畑・水田・果樹園などが調査された。屋敷地のうち，三上家屋敷地は昭和32年（1957）に築造され調査時まで敷地内に建っていた瓦葺きの母屋（SB15）とその前身の建物（SB18）を中心とする多数の遺構・遺物が検出された。このうち，SB15では，屋敷が増改築されてきた状況が判明し，SB18では土間の硬化面，カマド，ナガシ，礎石列，養蚕で用いられた炉（養蚕炉），焼土類，戸口の基礎などの遺構群が検出された。また，屋外には，地下室，甕埋設坑や墓地のほか，用途不明の土坑も存在している。そして，居住環境の画期が明治20年代頃に訪れたことが判明している。さらに，医者だった天野家の屋敷地の跡からは，20世紀第2四半期以降建設と考えられる母屋（SB04），ほぼ同じ場所に位置し幕末頃からSB04建設まで存続したと考えられる建物（SB07）が検出された。このうち，SB04では，布基礎の痕跡や水道管，排水管，井戸，建材や生活廃材の詰まった土坑群が検出され，SX58Hから医療用具が大量に出土している。また，SB07では，井戸やナガシ，養蚕炉の可能性が示唆されている小規模な焼土址群（SX66・SK64），用途の不明の土坑群が検出され，地鎮のために埋納されたと考えられる墨書カワラケ2枚を合わせ口にした埋納遺構が検出された。

　本遺跡から出土した近現代遺物として，陶磁器，土器類，ガラス容器，櫛，歯ブラシ，煉瓦，

第 1 節　近現代遺跡出土のガラス瓶

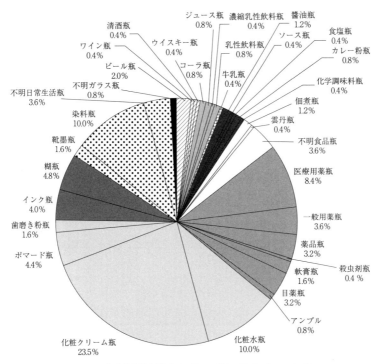

図55　南広間地遺跡出土ガラス瓶の組成（N = 251）

土管，電設器具などが出している。なお，本遺跡では遺構内の近現代遺物の詳細な出土位置や接合関係が図示されており，将来的に貴重な資料となると考えられる。

　本遺跡から出土したガラス瓶は251点に及ぶ。内訳は，酒瓶のビール瓶が5点（「大日本ビール」，「キリンビール」），ワイン瓶が1点，清酒瓶が1点（「多満自慢」），ウイスキー瓶が1点（「トリス」），清涼飲料瓶のコーラ瓶が2点（「コカ・コーラ」），ジュース瓶が2点（「ポンジュース」），乳性飲料瓶の濃縮乳性飲料瓶が1点（「カルピス」），乳性飲料瓶が2点（「グリコ　マローチ」），乳製品瓶の牛乳瓶が1点出土している。また，調味料瓶の醤油瓶が3点（「野田醤油」），ソース瓶が1点，食塩瓶が1点，カレー粉瓶が2点，化学調味料瓶が1点（「味の素」），食品瓶の佃煮瓶が3点，雲丹瓶が1点，不明食品瓶が9点である。さらに，薬瓶の医療用薬瓶が21点（「天野医院」，「牛久保□医院」，「花輪医院」），一般用薬瓶が9点（「神薬」，「雷光液」，「わかもと」，「ビオフェルミン」，「たむし水」），薬品瓶が8点（「オキシフル」），殺虫剤瓶が1点（「フマキラー」），軟膏瓶が4点，目薬瓶が8点（「ロート目薬」，「大学目薬」），アンプルが2点，化粧瓶の化粧水瓶が25点（化粧水「資生堂」，整髪料「NEW HAIR TONIC」，椿油「栄すみれ」，「ふじ椿」，「明城」），化粧クリーム瓶が59点（「ボンネットクリーム」，「柳屋」，「ウテナ」，「花王」，「ピノール」，「ダイナー」，「Ω ome」，「Louvre」，「IDEAL」，「丹頂（TANCHO VANISHING CREAM）」，白粉「MITOSE KAIMEN OSHIROI」，「TAIYO・CO」），ポマード瓶が11点（「ヒメ椿ポマード」，「メヌマポマード」，「MEDICA」，「IZUTSU」），歯磨き粉瓶が4点（「ライオン」，「資生堂」）である。文具瓶のインク瓶が10点（「ライトインキ」，「トンボ印」），糊瓶が12点（「ラ

イオン」），日常生活瓶の靴墨瓶が4点（「日靴塗聯」，「BOOT Q CREME」），染料瓶が25点（「み
や古染」，「君が代」，「黒胡蝶」，「紅清製」），不明日常生活瓶が9点，不明ガラス瓶が2点である。

　次に，本遺跡から出土したガラス瓶の組成について検討してみたい（図55）。全体としては，
出土したガラス瓶の種類が多いこと，他の遺跡と比較すると酒瓶，清涼飲料瓶，調味料瓶，薬瓶
の占める割合が低く，逆に化粧瓶や染料瓶の占める割合が高いことが特徴としてあげられる。こ
のうち，清涼飲料瓶はコーラ瓶やジュース瓶など戦後のものばかりである。また，薬瓶は医療用
薬瓶が多いが，これは「天野医院」の医療用薬瓶の出土が示しているように，天野家が医者であ
ったことが関連している。さらに，数多く出土している化粧瓶の中でも化粧クリーム瓶の割合が
23.5％と非常に高いことも特徴としてあげられる。日常生活瓶の占める割合も高いが，染色用
の「みや古染」や白髪染め用の「君が代」などの染料瓶が10.0％と特に多く出土している。

　このような本遺跡におけるガラス瓶組成の諸特徴は近現代の都市近郊農村における商品の消費
状況を反映したものである。

6. 高度経済成長期農村のガラス瓶：神奈川県藤沢市南葛野遺跡（南葛野遺跡発掘調査団 1995）（図56）

　本遺跡は神奈川県藤沢市に所在する。この地域は都市近郊の農村部にあたる。発掘調査では畑
地や水田の部分が調査されたが，調査の結果，防空壕・ゴミ穴・イモ穴など近現代に属する遺構
群が多数検出された。その中でも，F区で検出されたゴミ穴からは多量の近現代遺物が出土して
おり，一括廃棄遺物として興味深い調査事例である。昭和41年（1966）発行の『藤沢市明細地
図』によるとこのゴミ穴は幅1.5m程度の道の脇に掘られており，大きさは直径1.1m・深さ
1.1mの円形の廃棄土坑（ゴミ穴）である。一部調査区外であったため，全掘はできなかったが，
地表面から縄文時代の包含層まで掘削されており，その直後に遺物を廃棄し，掘削土でパックし
たと推定される。

　本ゴミ穴の出土遺物は，陶磁器が51点，ガラス製品としてガラス瓶が24点，コップが1点，
金属製品として鉄製品が13点，アルミ製品が5点出土し，樹脂系製品としてプラスチック製品
が4点，ビニール・樹脂製品が2点出土した。これらの出土遺物を用途別にまとめると，食器類
として，アルミ鍋が1点，飯茶碗が24点，碗が3点，湯呑み（小碗）が2点，鉢が3点，浅鉢
が2点，旬千が2点，皿が11点（そのうち洋皿は2点），どんぶり鉢が1点，コップが1点，蓮
華が1点，陶製おろし金が1点である。食品容器はビール瓶が1点，サイダー瓶が2点，牛乳瓶
が4点，醬油瓶が1点，化学調味料瓶が1点，食品缶はジュースや缶詰等の鉄製缶や蓋が6点出
土した。化粧品容器は，化粧水瓶が試供品2点を含め7点，化粧クリーム瓶が1点，マニュキア
瓶が1点，パフが1点出土した。この他に鏡を入れる容器が1点出土している。薬品容器では小
児科のプラスチック製薬瓶が1点，薬瓶が1点，殺虫剤瓶が1点，栄養保健剤瓶が1点，箱型歯
磨き粉が1点，アルミ製チューブ歯磨き粉が2点出土した。その他に，陶製の男性用便器が1点，
懐中電燈と電池が各1点，電球が1点，ピン入れ瓶に転用された薬瓶が1点，鉄鎌1点と鉈が2

第1節　近現代遺跡出土のガラス瓶　113

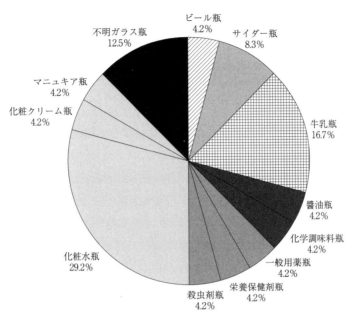

図56　南葛野遺跡ゴミ穴出土ガラス瓶の組成（N = 24）

点，丸釘が1点，散弾の薬莢が1点出土している。

　本ゴミ穴の出土遺物は，火を受け変形したものがみられないこと，不燃物ばかりであること，製作年代の判明した遺物の年代にバラツキがあることから，地震や火災に遭って破損したものを廃棄したのではなく，一定の期間物置等に保管してあった不燃ゴミを一括廃棄したものと考えられる。また，出土状況や出土量から1家族で生じた不燃ゴミであり，出土遺物の種類や出土量から持ち主である家族の家族構成についてもある程度推測が可能であった。まず，小児科の薬瓶の存在から，幼児を含む子どもがおり，化粧品の存在や飯茶碗の状況などから子どもの母親とその夫という核家族を中心とする家族構成が想定された。また，本ゴミ穴の脇の小道は途中で途切れており，道幅は自動車が入れる幅ではないことから，ゴミを廃棄したのは遺跡近隣の住人，つまり葛原地区の住人がリヤカー等で運び込んで埋めたものであると推定された。

　また，本遺跡ではゴミ穴遺物の廃棄年代を特定するため，多方向からのアプローチを試みた。まず，小道に隣接する葛原最終処分場が昭和56年（1981）に建設されていることから，本ゴミ穴遺物の廃棄年代は昭和56（1981）年以前ということになる。次に，藤沢市の清掃事業の推移をみると，昭和45年（1970）の廃棄物の処理および清掃に関する法律の制定に伴い，普通ゴミ・粗大ゴミの区分収集が開始されており，本ゴミ穴遺物廃棄年代はそれ以前，つまり昭和45年（1970）以前と考えるのが妥当であることがわかった。さらに，ガラス瓶の製造年代が判明した遺物は，食品関係では牛乳瓶が昭和31年（1956）7月の『通産省令』以降の瓶の形態を示し，「三ツ矢サイダー」の瓶は底面の陽刻（エンボス）から1962年（昭和37）および1963年（昭和38）であることが判明し，製造メーカー不明のビール瓶にも陽刻（エンボス）から1962年（昭和37）製造である可能性が高いことがわかった。化粧品については，資生堂の「ドルックスシ

114 第5章 近現代遺跡とガラス瓶

リーズ」が昭和26年（1951）の再発表以降の資料であり，加美乃素本舗の化粧品とヘアクリームの瓶については昭和30年（1955）から昭和35年（1960）の間に発売されたものであった。また，栄養保健剤の「リポビタンD」は昭和37年（1962）に発売され，「シオノギ」の練り歯磨き粉の1点は昭和26年（1951）から昭和33年（1958）の間，もう1点が昭和38年（1963）から昭和44年（1969）の間に製造されたものであった。これらの情報を総合すると，このゴミ穴から出土した遺物が一括廃棄された年代は昭和38年（1963）から昭和44年（1969）の間，つまり昭和40年（1965）前後という年代が得られた。

　このゴミ穴から出土したガラス瓶は24点である。内訳は，酒瓶としてビール瓶が1点，清涼飲料瓶のサイダー瓶が2点（「三ツ矢サイダー」），乳製品瓶の牛乳瓶が4点（「森永牛乳」，「明治牛乳」），調味料の醤油瓶が1点（「キッコーマン」），化学調味料瓶が1点（「味の素」），薬瓶の一般用薬瓶が1点（虫ピン入れに転用），栄養保健剤瓶が1点（「リポビタンD」），殺虫剤瓶が1点（「フマキラー」），化粧瓶の化粧水瓶が7点（そのうち試供品が2点，資生堂「ドルックス」，「カミノモト」の化粧水瓶，「カミノモト」の整髪料瓶），化粧クリーム瓶が1点，マニュキア瓶が1点，不明ガラス瓶が3点である。

　次に，本遺跡から出土したガラス瓶の組成について検討してみたい（図56）。全体傾向をみると出土数が少ない割には様々な種類のガラス瓶が出土していることがわかる。その中でも他の遺跡と比較すると牛乳瓶や化粧瓶（特に化粧水瓶）が多いことが指摘できる。これらの傾向は，庶民が豊かな生活を送れるようになった高度経済成長期の消費生活を反映するとともに，幼い子どもと若い母親の存在を暗示するものである。また，他の遺跡では薬瓶の占める割合が高いのに対して，本ゴミ穴において占める割合がかなり低いことも特徴的である。

　このように，本遺跡におけるガラス瓶組成の諸特徴は高度経済成長期の都市近郊農村における商品の消費状況を反映したものである。

7. 近現代漁村のガラス瓶：神奈川県三浦市ヤキバの塚遺跡（三浦の塚研究会2003，渡辺2005）（図57〜59）

　本遺跡は神奈川県三浦市に所在する。この地域は台地上で大根，西瓜，キャベツ等が栽培されるとともに，古くから漁業の盛んな地域である。この地域には集落の周辺に「ケンガラバ」と呼ばれる茶碗や貝殻を日常的に廃棄した場所があり，陶磁器やガラス瓶をはじめ，蛸壺・土錘などの漁撈用具，食用にされた貝類などの食物残滓が廃棄されている。発掘調査を実施したヤキバの塚遺跡は塚状の「ケンガラバ」であり，松輪地区八ヶ久保集落東側の台地上の畑地に位置している（三浦の塚研究会2003）。遺跡の概要については既に紹介したが，塚の規模は現状で約20m，頂部と畑地との比高差は約2.5mである。トレンチ調査の結果，本遺跡は明治時代から戦後にかけて形成されたものであることが明らかになり，塚の層序は表土・1層〜9層に区分できた。各層の時期は，表土層が戦中から昭和30年頃，第1層が戦中頃，第2層が昭和前期，第3a・b層が大正末〜昭和初期，第3c層が大正後期，第4層が明治末〜大正，第5・6層が明治30〜40年代，

第7・8層が明治20～30年代，第9a・b層が明治10年代頃と推測された。出土遺物は陶磁器やガラス製品を中心とした人工遺物と貝類・魚類を中心とした自然遺物が大量に出土した。このうち，人工遺物では碗・皿・鉢・壺・湯呑み・急須・土瓶・銚子・擂鉢・灯明皿・鉄漿壺・油壺・御神酒徳利・仏飯碗などの陶磁器，七輪・焜炉・焙烙などの土器類，酒瓶・調味料瓶・化粧瓶・薬品瓶・インク瓶・電燈笠・電球などのガラス製品，煙管・ランプ・電池・釘などの金属製品などの様々な生活用具，釣針・土錘・蛸壺などの漁具，さらに陶製地雷や海軍の皿などの戦争関連遺物が出土した。

　本遺跡では層位発掘によって近代遺物の編年研究が可能になるだけでなく，近代における生活財の推移，当時の漁法や海産物の消費の問題など近代以降の漁村を研究する上で多くの研究成果が得られている。例えば，生活財に関しては層位ごとに回収された生活財の変遷を追ってゆくと興味ある傾向が読み取れる。まず，ランプの火屋が各層から出土するのに対し，明治期前期～大正の層から秉燭，灯明皿，灯明受皿が出土し，大正末～昭和初期以降の層から電灯の笠や電球が出土している。これはこの地域の「明かり」事情を反映しており，この地域への電力供給が大正期であることから，明治から昭和にかけて近世的な灯火具がランプから電灯へと変化していった様子が窺える。また，明治末～大正の層から油壺や鉄漿壺が出土していることから，この頃になると日本髪を結う習慣が廃れ，お歯黒の風習がなくなったことが想像できる。

　本遺跡では1層から9a・b層にかけてガラス瓶が126点出土している。これを層位別にみると，第1層（戦中頃）から23点，第2層（昭和前期）から22点，第3a・b層（大正末～昭和初期）から37点，第3c層（大正後期）から12点，第4層（明治末～大正）から18点，第5・6層（明治30～40年代）から5点，第7・8層（明治20～30年代）から7点，第9a・b層（明治10年代頃）から2点出土している。このように，ガラス瓶は大正期から出土数が増加したことがわかる（第4章第3節参照）。なお，この地域では昭和38年（1963）からゴミの定時収集作業が開始されたため，この頃からガラス瓶などの不燃ゴミの投棄量は急激に減少する。

　次に，ガラス瓶の組成を層位ごとに検討する（図57～59）。まず，遺跡下部の5～9a・b層（明治10年代から40年代頃）のガラス瓶は14点である。ガラス瓶組成は単純で酒瓶のワイン瓶が7点，清酒瓶が1点，薬瓶の医療用薬瓶が3点，目薬瓶が1点，アンプルが1点，日常生活瓶の染料瓶が1点である（図57）。このうち，ワイン瓶が多く出土している点は注目される。次に，3c層～4層（明治末～大正期）のガラス瓶は30点である。ガラス瓶組成は，酒瓶のビール瓶が4点（「大日本ビール」，「キリンビール」），清涼飲料瓶のサイダー瓶が1点，ニッキ水瓶が5点，食品瓶の不明食品瓶が2点，薬瓶の医療用薬瓶が2点，一般用薬瓶が4点，薬品瓶が1点，目薬瓶が3点（「東京生盛薬館」），化粧瓶の化粧水瓶が2点（化粧水「レート」，「柳屋」），ポマード瓶が1点（「柳屋」），文房具瓶のインク瓶が1点，糊瓶が1点，不明ガラス瓶が3点である（図58）。ガラス瓶の種類が多くなり，全体的には薬瓶の占める割合が高く，ニッキ水瓶やビール瓶も多く出土している。さらに，1～3層（昭和初期～戦中頃）のガラス瓶は82点である。ガラス瓶組成は，酒瓶のビール瓶が1点（「キリンビール」），清酒瓶が1点，清涼飲料瓶のサイダー瓶

116　第5章　近現代遺跡とガラス瓶

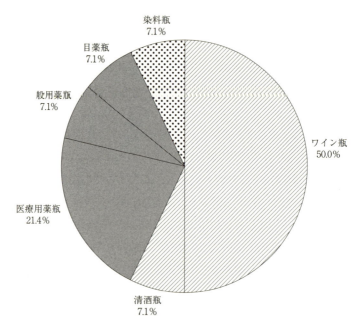

図57　ヤキバの塚遺跡5～9層出土ガラス瓶の組成（N = 14）

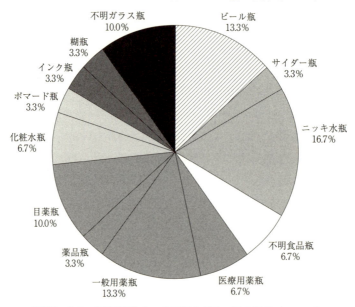

図58　ヤキバの塚遺跡3c～4層出土ガラス瓶の組成（N = 30）

が2点（「金線サイダー」），ニッキ水瓶が26点（「爆弾三勇士」，「ロサンゼルスオリンピック」），食品瓶のお茶漬け瓶が1点，らっきょう瓶が1点（「桃屋の花らっきょう」），金平糖瓶が3点，不明食品瓶が1点，薬瓶の医療用薬瓶が7点（「下浦医院」），一般用薬瓶が4点（「神薬」，「コデチン」，「わかもと」），薬品瓶が8点（「帝国製薬」），アンプルが2点，化粧瓶の化粧水瓶が6点（化粧水「レートフード」，「桃谷順天館」），化粧クリーム瓶が3点，文房具瓶のインク瓶が2点（「サイエス」），糊瓶が1点，日常生活瓶の靴墨瓶が3点（「コロンビア」），染料瓶が7点（「みや

第1節　近現代遺跡出土のガラス瓶

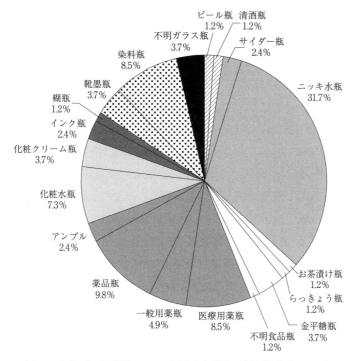

図59　ヤキバの塚遺跡1～3a・b層出土ガラス瓶の組成（N＝82）

古染」，「君が代」，「クロカミ」），不明ガラス瓶が3点である（図59）。ガラス瓶は全体的に種類・出土量とも多くなるが，ニッキ水瓶が特に多く出土すること，染料瓶が多く出土し，食品瓶や化粧クリーム瓶も一定量出土するようになることが特徴である。

　これに対し，任意サンプリングによる採集資料であるためグラフ化はしなかったが，表土層（戦中～昭和30年頃）から実に様々なガラス瓶が出土している。その構成は酒瓶のビール瓶（「大日本ビール」），清酒瓶（「糀善正宗」，「菊誉」），洋酒瓶（「大黒葡萄酒」），清涼飲料瓶のサイダー瓶（「三ツ矢サイダー」，「リボンシトロン」），ラムネ瓶，コーラ瓶（「ペプシコーラ」），ジュース瓶（「キリンジュース」，「スカット」，「アローズ」），濃縮乳性飲料瓶（「カルピス」，「森永コーラス」，「不二家ハイカップ」），乳製品瓶の牛乳瓶（「雪印牛乳」，「タカナシ牛乳」，「森永生ジュース」），調味料瓶の醬油瓶（「ヤマサ」），ソース瓶（「ブルドックソース」，「チキンソース」），化学調味料瓶（「味の素」），食品瓶のふりかけ瓶（「永谷園」，「お茶漬乃華」），佃煮瓶（「桃屋の江戸むらさき」），金平糖瓶，サラダオイル瓶（「ニッサンサラダオイル」，「ボーソーサラダオイル」），薬瓶の医療用薬瓶，一般用薬瓶（「全治水」，「コーワ」），薬品瓶（「三共製薬」），軟膏瓶（「ユースキン」），殺虫剤瓶（「アース」，「日農」），化粧瓶の化粧水瓶（椿油「伊豆諸島椿油工業協同組合」，「セーヌ」），化粧クリーム瓶（「柳屋」，「ウテナ」，整髪料「カミノモト」），歯磨き粉瓶（「ライオン」，「サンスター」），文房具瓶のインク瓶（「丸善」，「ライトインキ」），糊瓶，日常生活瓶の靴墨瓶，染料瓶（「松香染」，「増井製」）である。表土層では種類がさらに多様になり，コーラ瓶やジュース瓶，各種の調味料瓶，歯磨き粉瓶が新たに登場していること，化粧クリーム

瓶が多く出土していることが特徴としてあげられる。

　これらのガラス瓶組成の全体的な傾向としては，まず時代が下がるに従って出土量とともに種類が増え多様になっていくことがあげられる。特に，昭和以降はその傾向が顕著であり，様々な商品にガラス瓶が使用されていったことが窺われる。また，個別の種類では明治期に多かったワイン瓶が大正期になると出土しなくなり，ビール瓶が出土するようになること，同様に大正期以降になると化粧瓶や食品瓶，子ども向けの清涼飲料瓶（ニッキ水瓶）が登場することがあげられる。さらに，各時期に共通している特徴として，他の遺跡と比較して薬瓶が占める割合が高く，染料瓶も比較的多く出土していること，逆に化粧瓶の占める割合が低いことがあげられる。

　このような本遺跡におけるガラス瓶組成の諸特徴は，近現代の都市近郊漁村における商品の消費状況を反映している。

第2節　　遺跡の性格と出土ガラス瓶

　以上，わが国の近現代を特徴づける諸遺跡から出土したガラス瓶について個別に検討してきたが，ここでその分析結果を簡単にまとめてみたい。まず，わが国の近代を象徴する遺跡であり，旧新橋駅の駅舎と多くの鉄道関連施設が存在した汐留遺跡のガラス瓶の組成を検討すると，ワイン瓶，牛乳瓶，薬瓶，インク瓶の割合が高いのに対し，清涼飲料瓶，調味料瓶，食品瓶，化粧瓶，日常生活瓶などの割合が低いことがわかった。このうち，ワイン瓶をはじめジン瓶，洋酒瓶，サイダー瓶（きゅうり瓶）などが多く出土している点については，明治前期の遺物が多く含まれることや構内に外国人が居住していたことがその理由としてあげられる。同様の出土傾向は，東京・築地の外国人居留地であった明石町遺跡（明石町遺跡調査会 2003）や横浜の外国人居留地に住む外国人の避暑地であった宮ヶ瀬遺跡群北原（No.9）遺跡（神奈川県埋蔵文化財センター 1993）において認められる。また，静岡や横浜の資料が出土している牛乳瓶やガラス製茶瓶（汽車土瓶）の出土はここに駅舎があったことを示しており，インク瓶も駅舎や事務室において行われる様々な事務処理の中で使用されたものであると推定された。さらに，薬品瓶が多く出土していることについては構内に診療所が存在していたことが関連すると思われ，「東京鉄道病院」の医療用薬瓶も出土している。

　また，近代になって解決しなければならない課題として浮上したのが「流行病」であるが，当時コレラやペストとともに恐れられていた結核の療養所が大正9年（1920）に設置された江古田遺跡から出土したガラス瓶の組成に関して検討した。その結果，薬瓶が全体の約4割を占め，一般用薬瓶が少なく薬品瓶が多いこと，療養所の医療用薬瓶（「東京市療養所」）が出土していることなど結核療養所との関連が認められた。また，サイダー瓶，濃縮清涼飲料水瓶，肉汁瓶も多く出土しているが，サイダーは当時コレラに効くという風評があり，「カルピス」などの濃縮清涼飲料は滋養に良いとされ，肉汁も当時結核患者に飲まれていた。これらのガラス瓶の存在は結核療養所の性格を反映したものであることがわかる。また，病気に関連して近代を特徴づけるのが

療養や保養のための別荘地の出現であるが，ここでは昭和前期から戦中にかけて海浜別荘地であった葉山町 No. 2 遺跡の 1 号ゴミ穴の事例を検討した。このゴミ穴から出土したガラス瓶は，出土数は少ないが薬瓶が過半数を占めていることやビール瓶や清涼飲料水瓶なども一定量含まれていることが保養地や療養地としての海浜別荘地の特徴を示している。また，居住者によって運ばれてきた東京大学医学部付属病院の医療用薬瓶は，週末や季節によって保養地や療養地として利用されていた都市近郊の海浜別荘地を特徴づける資料である。

　次に，軍隊関連施設におけるガラス瓶の出土状況について明治 24 年（1881）に陸軍の騎兵学校および輜重兵第一大隊，昭和 15 年（1940）から敗戦まで陸軍輜重兵学校があった大橋遺跡について検討した。その結果，薬瓶の割合が全体の 35％ 程度を占めていることが判明した。しかし，医務室周辺が調査され，「陸軍軍医学校」の医療用薬瓶は出土しているものの医療用薬瓶は少なく，一般用薬瓶が多いことが特徴的である。インク瓶の種類と量の多さも特徴的であるが，これらは兵学校内の事務処理で用いられたものと考えられる。また，化粧瓶の出土割合が高さも指摘できるが，その多くが男性用整髪料瓶やポマード瓶であり，兵学校において使用されたガラス瓶を特徴づけている。

　これに対し，都市近郊の農村や漁村から出土したガラス瓶についても検討した。まず都市近郊農村部にあり大正期から戦後にかけての資料が出土した南広間地遺跡の事例について分析を加えた。その結果，他の遺跡と比較して酒瓶，清涼飲料，調味料瓶，薬瓶の割合が低く，化粧瓶，特に女性用の化粧クリーム瓶の割合が高いことが判明した。また，日常生活瓶の染料瓶も多く出土しており，近現代の都市近郊農村における日常生活を反映している。これに続く戦後の高度経済成長期の都市近郊農村の事例が南葛野遺跡のゴミ穴の事例である。使用者として若い夫婦と幼い子どもという家族構成が想定された。ゴミ穴から出土したガラス瓶は少量であるものの多様なガラス瓶が出土している。また，牛乳瓶や化粧瓶が多いことは若い母親と幼い子どもの存在と関連すると推定された。最後に，都市近郊の漁村に所在するヤキバの塚遺跡では，ガラス瓶の組成を層位ごとにまとめた。それによると，5～9a・b 層（明治 10 年代から 40 年代頃）ではガラス瓶の出土量は少なく，ワイン瓶や薬瓶が主体であった。3c～4 層（明治末～大正期）になるとガラス瓶の出土量が増え，ガラス瓶の種類も多くなる。これが 1～3 層（大正末～戦中頃）になるとガラス瓶の出土量はさらに増え種類も多くなるが，ニッキ水瓶が多量に出土し，食品瓶や化粧瓶も出土するようになることが特徴である。これが，表土層（戦中～昭和 30 年頃）になるとガラス瓶は多種多様となる。コーラ瓶やジュース瓶，各種の調味料瓶，歯磨き粉瓶が登場すること，化粧クリーム瓶が多く出土していることが特徴である。このように，時代が下がるに従って出土量とともに種類も増え多様になっていくことが層位発掘によって明らかになった。

　以上のわが国の近現代を特徴づける 7 遺跡から出土した近現代のガラス瓶の様相について検討したところ，それぞれの遺跡の性格を反映していると思われる結果が得られた。その傾向は次の 3 点にまとめられる。

　① 近現代のガラス瓶は，時期によって出土量や種類に差異が認められる

120   第5章   近現代遺跡とガラス瓶

② 近現代のガラス瓶の中には，消費された「場」や消費者を示す特徴的な資料が含まれる

③ 近現代のガラス瓶は，消費された「場」の性格を反映する組成を示す

　これらの点について今回の検討資料で考えてみたい，まず，最初の時期によるガラス瓶の差異に関しては時期が新しくなるにつれてガラス瓶の種類や出土量が増加することは容易に理解できる。しかし，その変化は一定の割合で生じるのではなく，大正末から昭和にかけてと戦後の高度経済成長期がガラス瓶の種類や出土量が急激に増加する時期として位置づけられる。このような時期ごとのガラス瓶の種類の変遷については，まず汐留遺跡，明石町遺跡，宮ヶ瀬遺跡群北原（No. 9）遺跡といった幕末から明治前期頃にかけての資料においてワイン瓶，ジン瓶などの洋酒瓶やサイダー瓶（きゅうり瓶）が主体を占め，それ以降の資料とは明らかに差異がみられることが指摘できる。わが国で製造されたガラス瓶が大量に出回り始めるのが明治20年代以降であるため，これらの多くが輸入されたガラス瓶であると考えられる。なお，ヤキバの塚遺跡においても7～9a・b層（明治10年代から30年代頃）からワイン瓶が出土しており，同様の傾向がみられる。その後，明治20年代になるとサイダー瓶・ラムネ瓶・薬瓶・牛乳瓶，明治30年代になるとビール瓶・清酒瓶・化粧瓶，大正末以降になると白色不透明の化粧クリーム瓶が流通するようになり，ガラス瓶の形態や色調が多様になる。また，戦後になるとジュース瓶やコーラ瓶，様々な調味料瓶や食品瓶が登場するが，このような近現代におけるガラス瓶のおおまかな変遷はヤキバの塚遺跡における層位発掘によって確認されている。

　次に，二番目の消費された「場」や消費者を示す特徴的な資料が含まれるという点に関しては，お雇い外国人の官舎があった汐留遺跡，東京・築地の外国人居留地であった明石町遺跡，横浜の居留地に住む外国人の避暑地であった宮ヶ瀬遺跡群北原（No. 9）遺跡において洋食器などとともに外国人のために海外から持ち込まれたワイン瓶，ジン瓶などの洋酒瓶，サイダー瓶（きゅうり瓶）が出土することがまずあげられる。また，出土数は少ないが，それが消費された「場」を特徴づける資料として，汐留遺跡では静岡や横浜の牛乳瓶やガラス製茶瓶（汽車土瓶），「東京鉄道病院」の医療用薬瓶，江古田遺跡では「東京市療養所」の医療用薬瓶や結核患者が飲用していた肉汁の瓶，葉山町No. 2遺跡では東京から持ち込まれたと考えられる「東大医学部付属病院」の医療用薬瓶，大橋遺跡では「陸軍軍医学校」の医療用薬瓶，南広間地遺跡では「天野医院」の医療用薬瓶などがこれに該当する。

　最後に提示した消費された「場」や消費者を反映するガラス瓶については，まず鉄道駅舎があった汐留遺跡や兵学校があった大橋遺跡でインク瓶が他の遺跡と比較して高い組成比率を占めていることがあげられる。また，結核療養所があった江古田遺跡や海浜保養地であった葉山町No. 2遺跡で薬瓶が高い組成比率を占めるが，江古田遺跡では薬品瓶，葉山町No. 2遺跡では一般用薬瓶が高い組成比率を占めている。さらに，江古田遺跡ではコレラに効くという風評があったサイダー瓶や滋養のための濃縮清涼飲料瓶が高い組成比率を占め，逆に化粧瓶の組成比率が低くなっている。また，兵学校があった大橋遺跡では男性用化粧品（整髪料やポマード瓶）が高い組成比率を占めている。これに対し，一般人の日常生活が営まれた大都市近郊農村や大都市近郊漁村

にあたる南広間地遺跡，南葛野遺跡，ヤキバの塚遺跡では，ガラス瓶の種類が多様であること，薬瓶の占める割合が比較的低く，染料瓶など日常生活に密着したガラス瓶が比較的高い組成比率を占めていることが特徴である。ただし，都市近郊農村である南広間地遺跡や南葛野遺跡では化粧瓶の占める割合が高いのに対し，都市近郊漁村であるヤキバの塚遺跡では化粧瓶の占める割合が低いという傾向もみられる。

　このように，それぞれの近現代遺跡から出土したガラス瓶の諸特徴を検討すると，時期による違いはあるものの，これらのガラス瓶は基本的に各遺跡の性格を反映しており，近現代遺跡から出土するガラス瓶はそれが出土した遺跡の性格を雄弁に語る資料であることがわかる。

第6章　ガラス瓶の諸相

第 I 節　ガラス瓶の形態と機能

　近現代遺跡から出土するガラス瓶に限らず，我々が通常使用しているガラス瓶の形態は多様である。しかし，我々はガラス瓶の形態や色調を観察することによってガラス瓶の中身（内容物）が何かを予想することができる。これは，ガラス瓶の形態や色調は中身が何であるか，あるいはどのように使われるかといった用途や機能と深く結びついているためである。考古学の世界では，形態が機能や用途に結びつくということは大前提であるが，これは何も縄文時代や弥生時代の遺物にのみ当てはまるものではない。むしろ，モノの形態と機能の関係を学ぶ際に我々の身の回りにあるガラス瓶でその関係を説明することは意味のあることであり，物質文化研究としてのガラス瓶研究の有効性を示すことにもつながるのである。

　このように，ガラス瓶の形態は，中身の物理的性質や瓶の使用法などの用途や機能によって決定される。例えば，中身が液体の場合は口部が大きいと中身が一気に流れ出し，逆に中身がクリーム状やペースト状の場合は口部が小さいと中身が出づらくなってしまう。さらに，粒状や固形状の食品が入っているガラス瓶では中身をスプーンなどで取り出すため広口である必要がある。肩部については「なで肩」の瓶は液体状の中身をスムースに注ぐことができ，ジュースなどの清涼飲料水瓶に使用されている。これに対し，ビールや洋酒瓶などには「いかり肩」の瓶が使用されているが，「いかり肩」の瓶は液体状の中身を注ぐ際に空気と液体が撹拌される。その結果，一気に注ぐとビールは泡立ち，肩の張った洋酒瓶などは「トクトク」という音が出る。かつてこの音を洋酒メーカーがテレビコマーシャルに効果的に利用した。また，ガラス瓶の底部もすべて平底というわけではなく，ワイン瓶などはキックと呼ばれる底を円錐形に持ち上げた形態をしているが，これは貯蔵中に沈殿物が生じるためである。次に，ガラス瓶の胴部横断面の形状も中身によって決定される場合がある。これは胴部横断面が方形のガラス瓶が横断面円形のガラス瓶に比べ，内部圧に弱く破損しやすいためである。そのため，炭酸の含まれているビール瓶やサイダー瓶，コーラ瓶のような炭酸清涼飲料水瓶はすべて胴部横断面が円形になっており，炭酸清涼飲料瓶のように内部圧が高いものは瓶が破損しないように「なで肩」でキックのないものが好ましいことになる。

　次に，ガラス瓶を手で持ち上げて中身を取り出すのか，ガラス瓶を置いて中身を取り出すのかという使用方法によるガラス瓶の形態や大きさ，表面加工などの問題がある。例えば，目薬瓶は初期には置いたまま点眼器を用いて点眼していたものが，瓶自体を持ち上げて点眼するようになったため，ガラス瓶とスポイトが合体し，胴部横断面が楕円形や横長八角形などの持ちやすい形

態となり，縦ラインの入ったの滑りにくい表面加工が施されるようになった。

ガラス瓶の製造技術の問題から大正期まではガラス瓶の形態が制限されていたが，大正末から昭和にかけて様々な形態や色調のガラス瓶が製作されるようになってきた。しかし，容器として使用されるガラス瓶の形態は基本的には用途や機能と結びついていた。ここでは，ガラス瓶の中身の物理的性質とガラス瓶の使用法という観点からガラス瓶の形態について既に紹介した各遺跡の資料を用いて考えてみたい。

I. 中身が液体状

中身の液体を注ぎやすくするために口部は小さく，首部が長く，胴部横断面が円形の形態が基本であるが，首部の長さや胴部横断面の形態も様々である。これを形態別に検討すると次のようになる。

(1) 細身で口部が小さく，首部が長く胴部横断面が円形のガラス瓶

飲料瓶が主体である。まず，大型瓶であるビール瓶は「いかり肩」の資料（「大日本ビール」，「サクラビール」，「フジビール」，「ユニオンビール」，「カブトビール」）と「なで肩」の資料（「キリンビール」，「カブトビール」）がある。キックはあるものとないものがある。ビール瓶に類似した形態を呈しているのが濃縮清涼飲料瓶であり，「カルピス」が「いかり肩」，「コーラス」が「なで肩」である。ただし，小型瓶についてはともに「なで肩」である。ワイン瓶は「いかり肩」のボルドー型，「なで肩」のブルゴーニュ型，「なで肩」で横幅のあるシャンパーニュ型，「いかり肩」でビール瓶に近いポート型に区分できるが，貯蔵中に沈殿物が生じるために底部にキックを持つのが基本型である。なお，明治～大正期にわが国で人気を二分した寿屋の「赤玉ポートワイン」，神谷伝兵衛の「蜂印香竄葡萄酒」はともに「いかり肩」である。清酒瓶の1升瓶・4合瓶・2合瓶・1合瓶はすべて「なで肩」で底部にキックのある資料とない資料がある。清酒と同形態でキックのみられない資料として醤油瓶（「キッコーマン（野田醤油）」，「ヤマサ醤油」，「キノエネ醤油」）や酢瓶（「ミツカン」）などの調味料瓶がある。

次に，中型瓶としては清涼飲料瓶であるサイダー瓶やジュース瓶，調味料瓶であるソース瓶などがあげられる。このうち，サイダー瓶（「三ツ矢サイダー」，「金線サイダー」，「ウィルキンソンサイダー」，「三ツ葉サイダー」，「布引鉱泉サイダー」，「別府鉱泉サイダー」，「リボンシトロン」）には「いかり肩」と「なで肩」があるが，サイダー瓶の「いかり肩」はビール瓶より直線的で「なで肩」に近い。ホッブル瓶の「コカ・コーラ」や「ペプシコーラ」などのコーラ瓶は「なで肩」である。サイダーやコーラなどの炭酸飲料はビール瓶のような「いかり肩」は少なく，キックがないがこれは炭酸による強い内圧によって破損しないためである。サイダー瓶とよく似た形態を呈しているのが殺虫剤瓶（「インピレス」，「アース」，「フマキラー」）やシロップ瓶（「PEACE SYRUP」）であり，「なで肩」でキックはみられない。ソース瓶はすべて「いかり肩」で首部が長いのが特徴である（「チキンソース」，「インディアンソース」，「錨印ソース」，「カゴ

メソース」,「ブルドックソース」)。また，サイダー瓶より細身の資料が戦後のジュース瓶（「キリンジュース」,「ポンジュース」,「アローズ」）であり，すべて「なで肩」で胴下半部がくびれているのが特徴である。これに対し，やや小型の資料が明治期から戦中にかけての牛乳瓶である。すべて「なで肩」でキックはなく，首部がやや長いのが特徴である。また，小型の資料としては，「いかり肩」のタバスコ瓶や「なで肩」のニッキ水瓶の一部があげられる。

(2) 口部が小さく，首部が短く，胴部横断面が円形や楕円形のガラス瓶

この形態で最も多いのは薬瓶である。このうち，病院や医院で処方される医療用薬瓶は形態的に斉一性の高い資料であり，無色透明で「いかり肩」，胴部横断面が円形ないし楕円形で胴部に「目盛り」が存在することが特徴となっている。薬品瓶はすべて「いかり肩」である。このうち，大型の資料として胴部横断面が円形や楕円形の薬品瓶（「三共製薬」,「大日本製薬」,「帝国製薬」など），同形態の殺虫剤瓶（「エステー化学工業」,「日農」）がある。小型の資料では胴部横断面円形の薬品瓶（「銀座松澤」,「オキシフル」,「稀ヨードチンキ」）がある。一般用薬瓶は「いかり肩」で胴部横断面が円形や楕円形の資料がある（「美顔水」,「今治水」,「沃度液」,「黄金水」,「雷光液」,「淋液」,「パコイン」,「FUTORUMIN」）。また，古手の目薬瓶は小型で首がやや長く「いかり肩」で胴部横断面が円形や楕円形である（「精綺水」,「生盛薬館」,「応用目薬」）。

化粧水瓶の中にも首が短く「いかり肩」で胴部横断面が円形や楕円形の資料がある（「レートフード」,「IZUTSU」,「カネボウ」,「YUBI」，資生堂の「ドルックス」,「ユキワリミン」）。椿油瓶の一部に首がやや長く「いかり肩」で肩が張り，胴部横断面が円形の資料（「セーヌ」）がある。

この他にも，ビールのスタイニー瓶や戦後進駐軍によって持ち込まれたワンウェイのビール瓶，戦後の徳利型の清酒1合瓶，茶瓶，食品瓶の葛餅の蜜入れ瓶や肉汁瓶（「東京獣肉商会」,「VALENTINE'S MEAT JUICE」)，インク瓶（「メトロインキ」），接着剤瓶（「セメダイン」）などにこの形態がみられる。

(3) 口部が小さく，首部が短く，胴部横断面が方形・長方形・多角形のガラス瓶

酒瓶では，幕末や明治期の遺跡から出土する首が短く肩が張り，胴部横断面方形の特徴的な形状を呈するジン瓶がこれにあたる。また，昭和以降の資料として「いかり肩」で胴部横断面方形の「大黒葡萄酒」のウイスキー瓶がある。食品瓶では肉汁瓶の中に「いかり肩」で胴部横断面方形の資料（「西洋御料理」），「いかり肩」で肩部に向かってすぼむ胴部横断面長方形のサラダオイル瓶がこれにあたる（「ボーソーサラダオイル」）。また，小型の資料では「いかり肩」で胴部横断面長方形の葛餅の蜜入れ瓶がある。薬瓶では薬品瓶の一部に胴部横断面横長八角形の大型の資料や胴部横断面方形の資料（「星製薬」）が存在する。一般用薬瓶では「いかり肩」で胴部横断面方形の資料（「神薬」,「直治水」,「イボコロリ」），胴部横断面長方形の資料（「神薬」,「たむし水」,「ヨージ水」,「元素液」,「コデチン」），胴部横断面横長八角形の資料（「神薬」,「たむし水」,「田虫水」,「ピューア水」,「テーム水」,「ヨージ水」）がある。また，「いかり肩」で胴部横断面六角形の資料（「薬液ハルナー」）もある。目薬瓶では「いかり肩」で胴部横断面横長八角形の資料（「大学目薬」,「ロート目薬」,「雲切目薬」,「吉田謹製」）がある。

126　第6章　ガラス瓶の諸相

　化粧水瓶では，首が短く「いかり肩」で胴部横断面方形の資料（「桃谷順天館」），胴部横断面方形で肩が張った資料（「ホーカー液」），胴部横断面長方形の資料（「桃谷順天館」，「美乳」，「ヘチマコロン」），胴部横断面六角形の資料（「RIYO-KWAN」，「KAMINOMOTO」）がある。椿油瓶は首が短く，全体にずんぐりした形態で胴部横断面が方形，長方形，横長八角形である（「明城」，「ふじ椿」，「栄すみれ」）。整髪料瓶も首が短く，全体にずんぐりした形態で胴部横断面が長方形，横長八角形である（「柳屋」，「Kaminomoto」，「SIBOLEY」）。また，香水瓶に「いかり肩」で胴部横断面方形の資料（「SHISEIDO PERFUMER」）や「いかり肩」で胴部横断面長方形の資料（「ROGER & GALLEI PARIS」）がある。

　日常生活瓶では染料瓶の白髪染め瓶があり，「なで肩」で胴部横断面方形の資料（「君が代」，「黒胡蝶」），「いかり肩」で胴部横断面長方形ないし横長八角形の資料（「君が代」，「ナイス」）がある。

　(4)　やや細身で広口，胴部横断面が円形のガラス瓶

　昭和以降の牛乳瓶や乳酸飲料瓶がこれにあたる。このうち，牛乳瓶については，衛生管理上の問題から法令でガラス瓶の形態が規制されたが，昭和になって広口瓶が登場し，昭和31年（1956）には牛乳瓶は胴が丸，容量は180 mlの広口瓶に統一されている（「明治牛乳」，「森永牛乳」，「雪印牛乳」，「グリコ」，「タカナシ牛乳」，「西多摩」）。なお，牛乳瓶の一部には90 ml入りの資料（「明治製菓」）や胴部横断面が方形の広口瓶（「森永牛乳」）も存在する。また，乳酸飲料瓶（「メーピス」，「マローチ」）は，ともに90 ml入りの胴の短い「なで肩」の広口瓶である。

　(5)　幅広で口部が小さく，胴部横断面が円形ないし方形のガラス瓶

　「いかり肩」が主体となっているのがインク瓶である。胴部横断面が円形の資料（「丸善」，「パイロット」，「ライトインキ」，「メトロインキ」，「ダイヤモンドインク」，「サイエス」，「SIMCO」，「S. L. N」），方形の資料（「パイロット」，「サイエス」，「SIMCO」）がある。また，「パイロット」には「なで肩」で胴部横断面横長六角形の資料や円筒形の資料がある。さらに，特異な形態のイグルータイプのインク瓶として胴部が短く，胴部横断面が円形・方形・三角形で首部の位置が中心からずれる資料（「丸善」）が存在する。墨汁瓶もインク瓶と基本的に同じ形態である。

　(6)　その他の形態

　清酒瓶では瓢箪形の清酒瓶（「白鶴」）や口部がそのまま胴部へ繋がる円筒形を呈するカップ酒（「多満自慢」），洋酒瓶では「いかり肩」で胴部横断面が変形楕円形のウイスキーのポケット瓶（「トリス」，「大黒葡萄酒」），清涼飲料瓶では「ハミルトンボトル」（きゅうり瓶）やラムネ瓶，瓢箪形やラムネ瓶形のニッキ水瓶，食品瓶では円筒形の肉汁瓶（「アローエキス」），昭和になって登場したゴム製のスポイトが装着される目薬瓶（「ロート目薬」，「大学目薬」）はそれぞれ特徴的な形態を呈する資料である。

　このように，中身が液体のガラス瓶には様々な形態があるが，ビール瓶・清涼飲料瓶・ワイン瓶のように飲料瓶で中身を一気に注ぐために首部の長い資料，薬瓶や化粧瓶のように少量ずつ使

第 I 節　ガラス瓶の形態と機能　　127

用する首部の短い資料，インク瓶のように置いて使用するため背の低い安定した形態の資料など使用方法によって形態が規定される。また，ビール瓶や清涼飲料瓶のように中身に炭酸を含むものは瓶の強度の関係で円形でキックのないものが選ばれている。さらに，広口の牛乳瓶のように洗浄などの衛生管理上の観点から口部が大きい資料も存在する。

2. 中身がクリーム状あるいはペースト状

(1) やや細身で広口，胴部横断面が円形ないし横長八角形のガラス瓶

調味料瓶として，ケチャップ瓶やマヨネーズ瓶がこれにあたる。「なで肩」でやや口部が大きく，胴部横断面が横長八角形のケチャップ瓶，口部が大きく「なで肩」，胴部横断面円形で肩部に縦ラインが入る独特の形態である戦後のケチャップ瓶（「カゴメ」，「森永」），口部が大きく「なで肩」，胴部横断面円形のマヨネーズ瓶（「食品工業」）がある。

(2) 広口で円筒形のガラス瓶

食品瓶として雲丹瓶と佃煮瓶の一部がある。このうち，雲丹瓶（「下関名産」）はやや細身の円筒形で胴部横断面が 12 角形に面取りされた独特の形態を呈している。佃煮瓶は戦後の桃屋の「江戸むらさき」と「江戸むらさき〈特級〉」で変形円筒形瓶である。また，薬瓶では軟膏瓶があり，背の低い円筒形である（「早川イヒチオール」，「メンソレータム」，「薬精」，「ユースキン」）。

化粧瓶では化粧クリーム瓶とポマード瓶がこれにあたる。このうち，化粧クリーム瓶には，円筒形の資料（「カネボウ」，「美身科実用クリーム」，「アルプスクリーム」，「ボンネットクリーム」），円筒形であるが若干胴が張り列柱状のデザインが施されている資料（「レートクリーム」，「赤丸クリーム」，「SANFRANCISCO. U. S. A. GOLDEN GATE & CO.」，「SANTNEY & CO」），背が高く肩が張り底部にむかってすぼむ資料（「ウテナ」，「花王」，「ラブミー」，「POMPEIAN MASSAGE CREAM」），肩が張り底部にむかってすぼむ資料（「資生堂」，「PIAS CREAM」，「JUJU」，「LOUVRE」，「ピノール」，「同志会」），肩はないが底部にむかってすぼむ資料（「柳屋」，「ウテナ」，「資生堂」，「PIAS CREAM」，「JUJU」，「Ω ome」，「スプール」）がある。ただし，化粧クリーム瓶には胴部横断面が楕円形の資料（「Pirce」，「IDEAL」）や方形の資料（「ホシクリーム」），杯形の資料（「ダイナー」）もある。ポマード瓶は，背の高い円筒形の古手の資料（「柳屋」），円筒形の資料（「メヌマポマード」，「Trio」，「ヒメ椿ポマード」，「ケンシ」，「IZUTU」，「MEDICA」），背の低い円筒形の資料（「メヌマポマード」，「柳屋」，「MATERIA」），底部にむかってすぼむ円筒形の資料（「メヌマ」）がある。なお，「メヌマポマード」には若干胴が張り列柱状のデザインが施されている資料もある。

次に，文具瓶として糊瓶がある。背が高く若干肩が張り，縦ラインが入り，胴部に内容量（匁表示）が陽刻される資料，やや背の低い円筒形の資料（「ヤマト糊」）がある。日常生活瓶では靴墨瓶がある。やや背の低い円筒形の資料（「日靴塗聯」，「BOOT Q CREME」），背の低い円筒形の資料（「VIOLA」，「コロンビア」）がある。なお，「コロンビア」には背が高く断面が方形の資料（「コロンビヤ　白靴クリーム」）があるが，その形態から中身は液体状であったと推定される。

128 第6章 ガラス瓶の諸相

　このように，中身がクリーム状あるいはペースト状の瓶は，広口瓶が基本であり，やや細身で
「なで肩」，胴部横断面が円形ないし横長八角形の広口瓶と円筒形の広口瓶に区分できる。前者は
ケチャップ瓶やマヨネーズ瓶などの調味料瓶であり，持ち上げて中身を取り出しやすいように
「なで肩」で胴部横断面円形ないし横長八角形になっている。後者には食品瓶（雲丹瓶，佃煮瓶），
薬瓶（軟膏瓶），化粧瓶（化粧クリーム瓶，ポマード瓶），文具瓶（糊瓶），日常生活瓶（靴墨瓶）
があるが，基本的に置いた状態でスプーンや指などで中身を取り出すものである。そのため，形
態は中身の取り出しやすさのため口部が大きい円筒形を基本としている。このうち，化粧クリー
ム瓶は形態が多様であり，デザインの凝ったものも多い。また，ケッチャップ瓶，マヨネーズ瓶，
雲丹瓶，糊瓶の一部は特徴的な形態をしており，他のガラス瓶との区別が容易である。これに対
し，形態的な特徴があまりみられない軟膏瓶，糊瓶，靴墨瓶などは形態のみから内容物を推定す
ることは難しい。

3．中身が粉状や顆粒状

（1）細身で口部が小さく，首部が短く胴部横断面が円形や多角形のガラス瓶

　調味料瓶ではコショウ瓶，化学調味料瓶がこれにあたる。コショウ瓶は胴部横断面横長八角形
で底部にむかって広がる資料（「ハウス」）である。化学調味料瓶は首部がやや長く「なで肩」，
胴部横断面横長八角形，底部にむかって若干すぼまる資料（1928 年以前の「味の素」），「なで
肩」で胴部横断面横長 12 角形，底部にむかって広がる資料（1928 年以降の「味の素」），「なで
肩」で胴部横断面円形，肩部に襞状の縦ラインがある資料（1951 年以降の「味の素」）がある。
また，食品瓶としてふりかけ瓶がある。「いかり肩」で胴部横断面菱形の資料（「是はうまい」）
や胴部横断面八角形で底部にむかって広がる資料（「永谷園」）である。また，日常生活瓶では
「いかり肩」で胴部横断面円形の染料瓶（「みや古染」，「桔梗染」，「松香染」）がこれにあたる。

（2）細身で口部が小さく，首部が長く胴部横断面が楕円形のガラス瓶

　調味料瓶のカレー粉瓶がこれにあたる。首部が長く「なで肩」で胴部横断面楕円形の資料であ
る。

（3）広口のガラス瓶

　調味料瓶，食品瓶，薬瓶の一般用薬瓶の一部，化粧瓶の白粉瓶と歯磨き粉瓶がこれにあたる。
調味料瓶の食塩瓶は「いかり肩」で胴部横断面方形，食品瓶のお茶漬け瓶（「お茶漬乃華」）は胴
部横断面六角形で胴が張る資料である。また，一般用薬瓶には形態や陽刻（エンボス）から確実
に粉薬が中に入っていたと断定できる薬瓶は少ないが，一般用薬瓶の中でも広口の資料（「静胃
散」）がこれにあたる。さらに，化粧瓶として白粉瓶と歯磨き粉瓶があるが，白粉瓶には背の高
い円筒形の広口瓶（「TAIYO・CO」），背の低い円筒形の広口瓶（「MITOSE KAIMEN OSHIROI」，
安藤井筒堂の「PEACH FLOWE□」）がある。また，歯磨き粉瓶は，「いかり肩」で胴部断面円形
の広口瓶（「ライオン」，「サンスター」，「資生堂」）である。

第 1 節　ガラス瓶の形態と機能　　129

このように，中身が粉状や顆粒状のガラス瓶として，調味料瓶（食塩瓶，カレー粉瓶，化学調味料瓶），食品瓶（ふりかけ瓶，お茶漬け瓶），化粧瓶（白粉瓶，歯磨き粉瓶）がある。このうち，調味料瓶や食品瓶は持ち上げて振り出すという使用方法から持ちやすい大きさや胴部断面形態（楕円形や横長八角形）を呈している。また，中身が一気に出ないように口部がやや小さくなっている。これに対し，白粉瓶，歯磨き粉瓶のように指や匙，歯ブラシなどで中身を取り出す資料は背の低い安定した形態の広口瓶となっている。

4. 中身が粒状ないし固形状

(1) 細身で胴部横断面が円形や楕円形のガラス瓶

食品瓶では，らっきょう瓶がこれにあたる。口部がやや大きめで「なで肩」，胴部横断面円形の牛乳瓶に近い形態を呈している資料（「桃屋の花らっきょう」）がある。薬瓶では，一般用薬瓶の丸薬瓶や錠剤瓶がこれにあたる。口部が小さく「いかり肩」で胴部横断面円形の資料（「健脳丸」，「脳丸」，「中島正露丸」），口部が小さく「いかり肩」で胴部横断面楕円形の資料（「生春丸」），口部が小さく「なで肩」で胴部横断面楕円形の資料（「共済丸」，「立効丸」）がある。また，小型で口部が小さい扁平の携帯用丸薬瓶（「仁薫堂」）もこれにあたる。さらに，粒の大きい錠剤の薬瓶として，口部が小さく「なで肩」，胴部横断面楕円形の資料（「ビオフェルミン」），口部が大きく「いかり肩」で胴部横断面円形の資料（「わかもと」），スクリュー栓の戦後の錠剤瓶（「大正製薬」，「武田製薬」，「中外薬品」，「Kowa」）がある。なお，「わかもと」の携帯用瓶は背が低く「なで肩」，胴部横断面楕円形の独特な形態である。

(2) 広口で円筒形のガラス瓶

食品瓶として佃煮瓶がある。佃煮瓶は口部の広がった円筒形の資料であるが，佃煮以外の食品を入れたガラス瓶である可能性もある。

(3) その他の形態

食品瓶の金平糖瓶がこれにあたる。スクリュー栓でやや口部が大きいという特徴は共通するが，瓢箪形や電車形など様々な形態を呈している。

このように，中身が粒状ないし固形状のガラス瓶には食品瓶や一般用薬瓶の丸薬瓶や錠剤瓶があるが，いずれも中身の取りだしやすさが考慮されている。例えば，食品瓶のうち，らっきょう瓶の口部はそれほど大きくないが，箸などで中身を取り出す佃煮瓶には円筒形の広口瓶が使用されている。また，薬瓶では丸薬瓶の口部は小さめなのに対し，錠剤瓶は口部が大きめになっている。

以上のように，ガラス瓶の形態と機能に関して概観してみると，容器としてのガラス瓶の形態は，中身が液体状，クリーム状あるいはペースト状，粉状や顆粒状，粒状ないし固形状といった中身の状態，持ち上げて中身を取り出す，置いた状態で中身を取り出すといった使用法による機

130　第6章　ガラス瓶の諸相

能的な説明がある程度可能であることがわかる。ガラス瓶の中には化粧瓶のようにデザイン性が重視される資料も存在するが，機能や使い勝手を妨げるものではないことを認識する必要がある。

第2節　ガラス瓶の色調

　ガラス瓶が他の考古資料と異なる特徴の一つが色調の豊富さである。それを示すように，発掘調査報告書の記載の中で，かつてはなかった個々のガラス瓶の色調が記載されるようになってきた。この点について，筆者は神奈川県池子桟敷戸遺跡の報告書の中でガラス瓶の用途と色調の関係について検討したことがある（桜井・岩崎2000）。その結果，ガラス瓶の色調と用途の関係に一定の傾向が認められることがわかった（図60）。ここでは他の遺跡の資料も加えて，あらためて種類ごとにガラス瓶の色調について検討してみたい。なお，色調の記載に関しては発掘調査報告書によって表現がまちまちであるため，ここでは色調を黒色系，茶色系，緑色系，黄色系，紫色系，コバルト色系，青色系，白色（乳白色）系，無色系に分類し，さらに色の濃いものを「濃・・」，薄いものを「淡・・」，透明度を透明・半透明・不透明という表現に統一した。

　（1）酒瓶
　ビール瓶は基本的に茶色系（茶色半透明）である。ワイン瓶は緑色系（濃緑色不透明，緑色半透明，淡緑色半透明）と茶色系（茶色半透明）が主体で他に青色系（青色半透明）がある。清酒瓶は若干色のついた程度の緑色系（淡緑色透明）が主体で青色系（濃青色半透明）や無色透明（戦後の1合瓶，ワンカップ瓶）もある。洋酒瓶は，ジン瓶は緑色系（濃緑色不透明，濃黄緑色半透明）が主体であり，ウイスキー瓶やリキュール瓶は緑色系（濃緑色不透明，緑色半透明，淡緑色半透明），茶色系（茶色半透明），無色透明などである。また，戦後のウイスキー瓶（「トリスウィスキー」や「大黒天葡萄酒」のポケット瓶）は茶色系（茶色半透明）や無色透明である。
　酒瓶には種類によってビール瓶のように色調が統一されているものとワイン瓶のように，いくつかの色調が使用されているものに区分できる。全体的には紫外線による内容物の変質を考慮して茶色系や緑色系の色調の半透明や不透明の瓶が主体となっていることがわかる。ただし，清酒瓶は現在のように茶色系や緑色系ではなく淡緑色透明の瓶が一般的であった。
　（2）清涼飲料瓶
　サイダー瓶は緑色系（濃緑色半透明，緑色半透明，淡緑色透明）が主体で無色透明の瓶も存在する。ラムネ瓶は緑色系（緑色半透明，淡緑色透明），コーラ瓶（「コカ・コーラ」，「ペプシコーラ」）は淡緑色透明や無色透明，ジュース瓶・ニッキ水瓶・乳性飲料瓶はすべて無色透明である。また，濃縮乳性飲料瓶（「カルピス」，「コーラス」，「ハイカップ」）はすべて茶色半透明である。
　サイダー瓶やラムネ瓶の緑色は「清涼感」を表象しているという解釈が可能であり，ジュース瓶は内容物が確認でき，不純物の混入の有無が識別できるように無色透明であったと考えられる。

第2節　ガラス瓶の色調　131

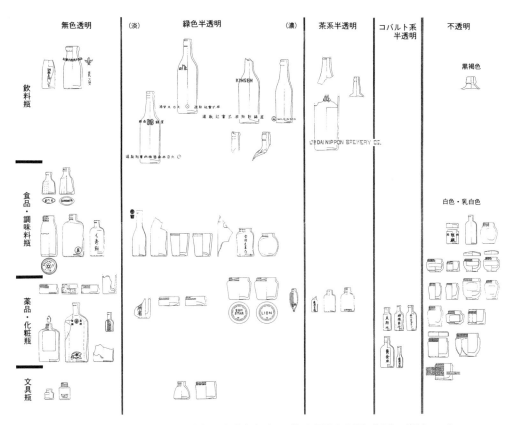

図60　神奈川県逗子市池子桟敷戸遺跡出土ガラス瓶の用途と色調（桜井・岩崎2000）

これに対し，濃縮乳性飲料瓶や薬局で販売されていた薬用清涼飲料水瓶は内容物の変質を防ぐために茶色系の瓶が使用されていたと推定される。

(3) 乳製品瓶

初期の牛乳瓶には緑色系（淡緑色透明）の瓶も使用されているが，これには技術的問題が関わっており，基本的に牛乳瓶，ヨーグルト瓶などの乳製品瓶はすべて無色透明である。乳製品は腐敗しやすいため，衛生管理上の問題から法令によって無色透明が義務づけられていた。

(4) 調味料瓶

醤油瓶，ソース瓶，酢瓶は緑色系（濃緑色半透明，淡緑色透明）が主体である。食塩瓶は淡緑色透明や淡青色透明，カレー粉瓶は淡緑色透明や淡青色透明である。また，ケチャップ瓶，化学調味料瓶，戦後のコショウ瓶などはすべて無色透明である。

調味料瓶は緑色系（濃緑色半透明，淡緑色透明）と無色透明の瓶が主体であり，紫外線による内容物の変質の問題よりも中が透けて見えて残存量がわかることが重要であると推定される。

(5) 食品瓶

らっきょう瓶，雲丹瓶，佃煮瓶，ふりかけ瓶，お茶漬け瓶は淡緑色透明あるいは無色透明であり，金平糖瓶や食用油脂瓶は無色透明である。調味料瓶と同様に紫外線による内容物の変質の問

題よりも中が透けて見えて，食品の状況をチェックできること，残存量がわかることが重要であると推定される。

(6) 薬瓶

薬瓶のうち，医療用薬瓶は無色透明の瓶がほとんどである。これに対し，薬品瓶は茶色系（茶色半透明，茶色不透明），緑色系（緑色半透明，淡緑色透明），青色系（青色半透明），黄色系（淡黄色透明），無色透明などで茶色系，緑色系が中心で青色系も多い。一般用薬瓶は無色透明以外にも，コバルト色系（コバルト色半透明），青色系（青色半透明，淡青色透明），茶色系（茶色半透明），緑色系（淡緑色透明，緑色半透明）などの資料がある。古手の瓶にコバルト色系や青色系が多く，戦後になると無色透明の錠剤瓶が主体を占めてくる。目薬瓶は古手のものが無色透明，コバルト色系（コバルト色半透明），茶色系（淡茶色不透明）であるが，スポイト一体型の昭和期の資料はコバルト色系（淡コバルト色半透明），青色系（青色半透明，淡青色半透明），緑色系（淡緑色半透明，緑色半透明），茶色系（淡茶色半透明），黄色系（淡黄色半透明），無色透明など様々な色調である。また，軟膏瓶は茶色系（濃茶色不透明，茶色半透明，淡茶色半透明）を中心に白色系（白色不透明），コバルト色系（コバルト色半透明），緑色系（濃緑色半透明），無色透明がある。殺虫剤瓶は茶色系（茶色半透明）が主体で他に緑色系（緑色半透明），無色透明があり，栄養保健剤瓶は茶色系（茶色不透明，茶色半透明）のみである。

薬瓶のうち，医療用薬瓶は「目盛り」が陽刻されているように，内容物が透けて見えて使用量や残量が確認できるように無色透明となっている。薬品瓶は茶色系，緑色系が主体で無色透明の瓶はほとんどないが，これは紫外線による内容物の変質を防ぐためと考えられる。これに対し，一般用薬瓶には無色透明も多く，茶色系，緑色系，青色系，コバルト色系など様々な色調が存在する。目薬瓶にも様々な色調のガラス瓶が使用されており，特にスポイト一体型の新しい資料はカラフルである。軟膏瓶，殺虫剤瓶，栄養保健剤瓶は茶色系が主体で紫外線によって内容物が変質しないように考慮されているが，殺虫剤瓶の中で形態がサイダー瓶に似ている資料は誤って飲まないように茶色系にしている可能性もある。また，ガラス瓶にコバルト色系が用いられているのは基本的に薬瓶のみである。

(7) 化粧瓶

化粧瓶のうち，化粧水瓶は古手の資料は無色透明が主体であり，昭和期になると緑色系（淡緑色半透明，緑色半透明），青色系（淡青色半透明），紫色系（淡紫色半透明），ピンク色系（淡ピンク色半透明），白色系（白色半透明）などが加わり色調が多彩になる。整髪料瓶は茶色系（茶色半透明，金茶色半透明）や無色透明の資料が多く，白色系（白色半透明）の資料もみられる。化粧クリーム瓶は，古手の資料は無色透明であり，大正末期より白色系（白色不透明，白色半透明）の資料が出現する。他には茶色系（濃茶色不透明，濃茶色半透明，茶色半透明），緑色系（緑色半透明，淡緑色半透明），ピンク色系（ピンク色半透明），無色透明などがある。ポマード瓶は白色系（白色半透明，白色不透明）と無色透明が主体で，他に茶色系（濃茶色半透明），緑色系（淡緑色透明）などがある。これに対し，椿油瓶やマニキュア瓶は無色透明である。さらに，

第2節　ガラス瓶の色調　133

歯磨き粉瓶には緑色系（緑色半透明，濃緑色半透明），茶色系（茶色半透明），紫色系（濃紫色半透明），黄色系（黄色半透明）など様々な色調の資料がある。

　化粧瓶は大正期までは無色透明が主体であったが，昭和期になると様々な色調のガラス瓶が使用されるようになり，デザインも凝ったものが多くなる。また，化粧クリーム瓶は大正末期から白色不透明が主流になる。女性用の化粧水瓶は多彩な色調であり，茶色系が少ないのに対し，男性用の整髪料瓶には茶色系や無色透明の資料が多いこと，女性用の化粧クリーム瓶は白色不透明のものがほとんどであるのに対し，男性用ポマード瓶は白色系の他に無色透明の資料も多いなど使用者の性別により差異がみられる。これに対し，椿油瓶は無色透明であることが特徴であり，逆に歯磨き粉瓶には様々な色調のものがみられる。

　(8)　文具瓶・日常生活瓶

　インク瓶は無色透明が最も多く，次に緑色系（緑色透明，淡緑色半透明，淡緑色透明）が多い。他には青色系（淡青色透明），紫色系（紫色半透明）の資料があるが少量である。糊瓶は，緑色系（緑色半透明，緑色透明，淡緑色透明），青色系（淡青色透明），無色透明がある。接着剤瓶（セメダイン瓶）は無色透明である。また，染料瓶は無色透明がほとんどであるが，一部に緑色系（淡緑色透明），青色系（淡青色透明）の資料がみられる。靴墨瓶は緑色系（淡緑色半透明，淡緑色透明），青色系（淡青色透明），無色透明の資料がある。

　文具瓶や日常生活瓶は，無色透明あるいは淡緑色半透明，淡緑色透明，淡青色透明など若干色がついている程度の透明な資料がほとんどである。すべて中が透けて見えるが，インク瓶や染料瓶では内容物の量が判断できるとともにインクや染料などの内容物の色が確認できること，糊瓶や靴墨瓶では残存量が把握できることが重要な要素であることがわかる。

　ガラス瓶は透明度が高く内容物が透けて見えるため，それ以前の木製・竹製・金属製の容器と異なり，「清潔」というイメージを持つ容器である。その意味で明治期になってわが国で「衛生思想」が浸透していく流れの中にガラス瓶を位置づけることは容易である。しかし，既に検討したように，すべてのガラス瓶が無色透明やわずかに色がついた程度の淡い色調という訳ではなく，有色や不透明の瓶も数多く存在する。なかでもガラスの着色技術が発達した大正末期以降のガラス瓶については，内容物によって色調が決まってくる資料も多い。一般にガラス瓶の色調や透明度を決定する要素として，まず，透明あるいは半透明の場合は内容物が透けて見え，残存量が一目瞭然であること，また中身が腐っていたり不純物が含まれていない衛生的な状態であることが確かめられることがあげられる。このうち，使用量や残存量を確認できるという要素は他の容器素材にはない重要な特徴であり，医療用薬瓶，調味料瓶，インク瓶，染料瓶のように使用量や残存量が重要視されるものにとって大切な要素である。この中には，インク瓶や染料瓶のように内容物の色調を自分の目で確認して購入するためにも無色透明であるべきものも存在する。また，牛乳瓶のように衛生上の問題で無色透明が要求されるものもある。これに対し，不透明あるいは濃い色調のガラス瓶の場合は内容物の変質防止が重要な要素となっている。ビール瓶，濃縮乳性

134　　第6章　　ガラス瓶の諸相

飲料瓶，殺虫剤瓶は茶色半透明，ワイン瓶は濃緑色半透明や茶色半透明，薬品瓶は茶色半透明や緑色半透明，化粧クリーム瓶は白色不透明が主体であり，これらは紫外線による内容物の変質防止のためであると考えられる。

　しかし，ガラス瓶の色調はすべてがこのような機能的な要素で説明しきれるものではない。例えば，様々な色調のガラス瓶の製作が可能になった大正末期以降のガラス瓶では目薬瓶，化粧水瓶，化粧クリーム瓶，歯磨き粉瓶のように非常にカラフルな色調のものがある。また，化粧水瓶の中で女性用の化粧水瓶は多彩な色調で茶色系が少ないのに対し，男性用の整髪料瓶には茶色系や無色透明のものが多いこと，女性用化粧クリーム瓶は白色不透明がほとんどであるのに対し，男性用ポマード瓶は無色透明が多いなど性別により差異がみられ，これらの傾向はガラス瓶の色調が必ずしも機能のみで説明できるものではないことを示している。ボードリヤールは，伝統的に色には心理学的・道徳的な暗示があり，事件・儀式・社会的役割によって与えられることもあり，色は「カタログになった文化的意味作用の隠喩」であるとしている（ボードリヤール 1980）。ガラス瓶の色調についても，機能だけでなく文化的意味作用が働き，色調による差別化あるいは記号化が生じていると考えられる。色彩学の成果によると，われわれは色に対して一定のイメージを持っている。現代の単色イメージに関しては，ピンク色系は「子供らしい」，「かわいい」といったプリティなイメージ，赤色系は「ほがらかな」，「陽気な」，「元気な」，「カジュアルな」といったカジュアルなイメージ，緑色系は「簡素な」，「快適な」，「健康な」，「新鮮な」，「さっぱりした」，「さわやかな」，「清らかな」といったクリアなイメージ，茶色系は「魅力的な」，「豊かな」，「豪華な」，「円熟した」，「充実した」といったゴージャスなイメージ，青色系は「知的な」，「都会的な」，「ダンディな」，「渋い」，「男性的な」といったシックあるいはダンディというイメージ，紫色系は「味わい深い」，「古風な」，「伝統的な」といったクラッシックなイメージがあるとされている（小林 1999）。これをガラス瓶の色調に適用すると，サイダー瓶，ラムネ瓶，歯磨き粉瓶などに緑色系が使われていることは，それらが「緑色＝清涼感」という商品イメージに繋がるものであると考えられる。また，薬瓶は他のガラス瓶に比べコバルト色系や青色系が好んで用いられているが，コバルト色はクラッシックなイメージを表象しているのではなく，「飲用できない液体＝薬品」という記号が内在しているためと思われる。これに対し，最近では大正期までの資料に多いコバルト色系や緑色系のガラス瓶が製作され，インテリアとして雑貨店などの店頭に並んでいるが，これについてはクラッシックさを意識して製作されていると推測される。

　また，ボードリヤールは「色は非常に罪のあるものであるから，その解放を祝うのはずっとあとのことであろう。自動車とタイプライターの色が黒でなくなるのには何世代もかかり，冷蔵庫・洗濯機の色が白でなくなるのにはもっと時間がかかるだろう」と述べ，鮮やかな赤の肘掛け椅子，ブルーの長椅子，黒いテーブルといった色の自由化は「全体的な秩序の破壊と固く結び付いているように思われる」（ボードリヤール 1980）とも述べている。この点をわが国のガラス瓶の色調に照らして考えてみると，機能を超えた色調の自由化が起こったのは昭和期以降のことであると思われる。具体例としては，化粧瓶に生じた自由化が典型的な事例である。また，最近の事

例では，それまでは茶色系であった清酒瓶が吟醸酒や生酒の登場で緑色の瓶が盛んに使用されるようになり，大々的な販売キャンペーンを行った白瀧酒造の「上善如水」は透明の瓶を採用したが，これらは清酒瓶における色の自由化であるといえる。

　このように，ガラス瓶の色調は当初は無色透明や緑色系半透明であったものが，着色技術の発達とともに中身の変質を防ぐためなどの理由によって分化して固定化していった。その後，ガラス瓶の色調はその用途や商品の「イメージ」を表象する「記号」として捉えられていったが，近年ではその秩序が崩れつつある。

第3節　　ガラス瓶のデザインと記号

　既に述べたように，ガラス瓶の形態について検討すると内容物の物理的特性や使用法によって一定の傾向が認められることがわかる。それは，われわれがまったく知らないガラス瓶について，中身がどのようなものであったかをある程度推測することができることを意味している。もちろん，その判断基準となるのは，瓶の大きさ，全体の形態，口部形状，栓の種類，底部形状，色調などといった様々な要素である。しかし，これらのガラス瓶の諸要素以外に重要な要素としてガラス瓶のデザインの問題があげられる。技術的な制約を受けながらも独自の個性を表現するために実現したデザインはガラス瓶について考える上で多くの示唆を与えてくれる。その顕著な事例として，まずあげられるのが化粧瓶のデザインである。化粧瓶の中でも女性用の化粧水，香水瓶，化粧クリーム瓶はアール・ヌーボーやアール・デコの影響から曲線や直線を意識したデザインが採用されている。これに対し，男性用の整髪料瓶やポマード瓶は全体的に直線的な外形で胴部に縦ストライプ模様のある資料が多い。縦ストライプ模様は本来，すべり止めのために施されたと推定されるが，男性用の整髪料瓶やポマード瓶の場合は「縦ストライプ＝男性」という記号化がなされていたと考えられる。これを証明するように，かつて陸軍輜重兵学校のあった目黒区大橋遺跡から多く出土したポマード瓶に縦のストライプ模様の入っている資料が多くみられる。このように，一定のデザインを媒介とした記号化は機能を超えた表象として近代遺物の重要な特徴となっている。

　次に，個々のガラス瓶のデザインという点で象徴的な存在として「コカ・コーラ」瓶があげられる。「コカ・コーラ」は1890年に瓶入りが発売された当時は薬瓶のような形状（ハッチンソン瓶）であったが，1916年にアレキサンダー・サミュエルソンが「ホッブルスカート」にヒントを得た特徴的な「ホッブル瓶」を発売している。このような独特のデザインが生まれた背景には類似品を流通させないという意図があったが，特徴的なデザインのガラス瓶の登場によって「コカ・コーラ」は世界に市場を拡げている。国内で同様の事例を探すならば，化学調味料である「味の素」の瓶がその一つとしてあげられる。「味の素」は，明治41年（1908）に鈴木三郎助が抽出に成功した新たな調味料であり，明治42年（1909）に鈴木製薬所が発売した。当初の「味の素」の瓶は，コルク栓で「なで肩」，胴部に8面の面取りのある独特の形態をしており，昭和

136　第6章　ガラス瓶の諸相

3年（1928）には，スクリュー栓で「なで肩」，胴部に12面の面取りのある瓶に変化し，戦後の昭和26年（1951）にはスクリュー栓で「なで肩」，肩部に細かな襞が入り，口部に振り出し口のついた「ふりかけ式」食卓瓶に変わっている。同様に本書で取り上げたガラス瓶の中で特徴的なデザインのガラス瓶としてあげられる資料は，調味料瓶・食品瓶・化粧瓶に多くみられる。具体的には，調味料瓶のカゴメのケチャップ瓶や食品工業（のちのキューピー）のマヨネーズ瓶，食品瓶の丸美屋食品のふりかけ「是はうまい」，桃屋の「花らっきょう」，あるいは雲丹瓶，薬瓶の「わかもと」や「ビオフェルミン」，化粧瓶の「レートフード」，「ホーカー液」，「ヘチマコロン」，「シボレー」，「レートクリーム」などが特徴的な形態を呈している。これらのデザインは容器としての機能を超えることはないがガラス瓶自体が商品を識別する「記号」となっている。

　このように，今回分析対象となったガラス瓶の形態や色調は，機能的に説明可能性な部分が多いものの，一部のガラス瓶では独特のデザインによる差別化や記号化がなされていることがわかる。そして，ガラス瓶の生産技術が向上し，インダストリアル・デザインがわが国に定着した戦後の高度経済成長期以降になると，独特のデザインや色調によるガラス瓶の差別化が加速していった。

第4節　流用されるガラス瓶

1. 再利用されるガラス瓶

　わが国に限らず「ごみ問題」は現代社会が抱えている大きな課題である。一般の家庭ごみは，古紙，古繊維，ガラス瓶・缶・ペットボトル，紙・プラスチック製容器包装・紙パック，生ごみ，草木類，他の可燃ごみ，他の不燃ごみ，粗大ごみ等に区分できる。2000年の名古屋市のごみの総排出量が一日一人当たり772g，そのうちごみが512g，資源として回収されたものが260gであるが，家庭ごみのうち資源ごみとして回収される古紙の回収率は69％，ガラス瓶・缶・ペットボトルの回収率は90％，紙・プラスチック製容器包装・紙パックの回収率は48％であり，ガラス瓶・缶・ペットボトルの回収率が飛びぬけて高い（寄本2003）。わが国でガラス瓶リサイクルの初の試みは昭和46年（1971）のことであり，翌昭和47年（1972）には東京都町田市で最初の『空き瓶条令』が制定されていることから，空き瓶の回収率がこの水準に達するまで約30年かかったことになる。

　現在では家庭で使用されたガラス瓶はそのまま資源ゴミとして回収される。回収されたガラス瓶はカレットに砕いて色調ごとに分類され，素材として再利用（リサイクル）されるが，このように1回の使用で使い捨てられ，資源ごみとして回収される瓶は「ワンウェイ（使い捨て）瓶」と呼ばれる。これに対し，かつて酒屋で扱っていた酒類や清涼飲料瓶，つまり現在のビール瓶のように酒屋が回収して何回も再利用（リユース）される瓶は「リターナブル瓶（リユース瓶，リフィル瓶，生き瓶）」と呼ばれる。一般に「リターナブル瓶」が再利用されなくなって資源として回収されるまでの期間は4〜5年であるとされているが，使用回数で考えると，ガラス瓶は8

回程度の使用で強度がおおよそ半分になることが確かめられている（図61）。しかし，実際には一般家庭には流通せずに飲食店のみで使用され，再利用されるガラス瓶の中には極端に使用期間の長いものがある。例えば，筆者が採集した資料に1996年5月採集の麦芽発酵飲料「ホッピー」がある。採集資料の底面の陽刻（エンボス）の一つは「37 T1 95 III」（製造は「ホッピービバレッジ株式会社」）とあり1995年に製造されたことがわかり，もう一つは「23〈N〉K 81-II」（製造は「ホッピービバレッジ株式会社」の前身の「コクカ飲料株式会社」）とあり1981年に作られたことがわかった。つまり，前者のガラス瓶が1年間使用されているのに対し，後者のガラス瓶は15年間使い続けられたことになる。そして，使用頻度の多さを示すように表面に運搬の際に擦れた痕跡が明瞭に認められた（図62）。このようなガラス瓶はあくまで例外的なものであるが，資料によっては陽刻（エンボス）からガラス瓶の製造年代が判明しても，使用期間が長いために廃棄年代とのギャップが生じる場合があることになり，ガラス瓶に関しても他の考古資料と同様に使用状況を観察しておく必要があることを示している。

しかし，このように何回も使いまわすリターナブル瓶を取り巻く環境は年々厳しくなっている。ガラス瓶は資源化の比率が高く，ペットボトルの普及によって使用量が減少しているにも関わらず回収率は年々増加しているが（図63），このことはカレット利用率が高まる（2001年で生産量の82％）なかでリターナル瓶が激減し，ワンウェイ瓶が増加していることを示している。現在ではガラス瓶を何度も再利用するという習慣が廃れてきており，ガラス瓶の使用環境も大きく変化している。

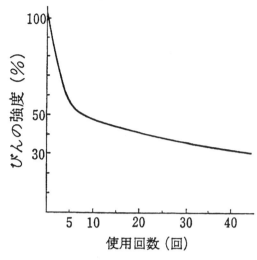

図61　ガラス瓶の強度と使用回数（作花編 1985）

図62　「ホッピー」瓶の擦痕

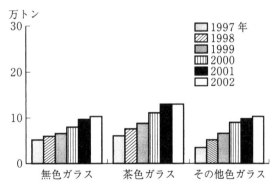

図63　指定法人によるガラス瓶の引き取り量（寄本 2003）

2. 転用されるガラス瓶

現在のガラス瓶は，使い終わったらビール瓶のようにリターナブル瓶として回収され再利用されたり，分別収集され資源としてリサイクルされるというイメージがある。しかし，わが国では開国以降，海外から持ち込まれたワイン瓶，ビール瓶，洋酒瓶などの空き瓶が転用されることが一般的であり，明治20年代になって国産のガラス瓶が流通するようになってもこの状況は大きく変化しなかった。そして，国内で製造されたガラス瓶も他の商品の容器に転用されることも一般的であり，この現象は戦後になっても続いた。特に，サイダー瓶は大手メーカーのサイダー瓶に自社のサイダーのラベルを貼って販売するなど，地方の中小のメーカーが大手のメーカーの空き瓶を転用するということは日常的な行為であった。また，まったく中身が異なったものを入れ，ラベルを貼って販売されていた例もある。特に，戦中戦後の物資不足の際には大手のメーカーでもサイダー瓶などを転用していた。例えば，丸善の社史には昭和18年（1943）にインクがサイダー瓶やビール瓶に詰められて販売されていたという記載がある（丸善1981）。図64は筆者の所有する資料であるが，戦後進駐軍によって持ち込まれた「ワンウェイ」のビール瓶に「パイン汁」が詰められて販売されていた興味ある事例である。このことは，ラベルのなくなった発掘資料の場合，ガラス瓶が本来とは異なった内容物が詰められて販売されていた可能性があること示している。

さらに，ガラス瓶は容器として転用されるだけでなく，生産者の意図を超えて様々な形で流用されるものも多い（朽木2001）。例えば，綺麗なガラス瓶を洗ってラベルを剥がし，花瓶に転用した経験のある人は多いであろう。また，ガラス瓶が珍しい明治期には，空き瓶はフラスコやギヤマン徳利と呼ばれ，三月の節句に飾られた（土方・坂本編1978）。このように，ガラス

図64 転用ガラス瓶

図65 ペットよけボトル採集（佐宗2003）

瓶は本来の容器としての機能だけでなく様々な用途に転用された。嶋村　博の『現代転用物小事典』の「びん〔瓶・壜〕」の項目には，「ガラスなどでつくったいれもので主に飲料用容器となる。清涼飲料などの小型の空きびんは，逆さに並べて埋めて花壇の境界とする。田畑では，洋酒びんを竹にさしたり，吊るしたりして，かかしとすることがある。また花びんとして広く使われる」（嶋村 2003）とある。ここでは，花壇の境界，案山子，花瓶に転用されることを指摘しているが，佐宗圭子は考現学的調査によって猫などのペットよけにペットボトルやガラス瓶が転用されている事例（図 65）を報告している（佐宗 2003）。

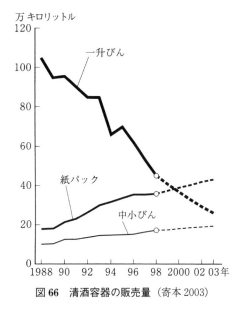

図 66　清酒容器の販売量（寄本 2003）

　ガラス瓶は生産者の意図を超えて流用される物質資料でもあることが指摘できるが，この問題は物質文化研究の中でガラス瓶を捉えていくためにも無視できない問題である。

第5節　消えゆくガラス瓶

　様々な側面から語られるガラス瓶も，他の容器の普及にともなって生産量は急激に減少している（図66）。ガラス瓶が容器としての中心の座を奪われたのは缶容器，紙パック，ペットボトルの発明・普及によるものである（黒川 2005）。このうち，缶容器はアメリカで1933年に缶ビールが販売されたのが最初で，1936年には「バドワイザー」が缶ビールを発売している。その後，1959年にはアルミ缶の「クアーズ」が発売され，普及していった。わが国では，昭和33年（1958）に朝日麦酒から最初の缶ビールが，昭和46年（1971）に同じく朝日麦酒からアルミ缶が発売されている。また，紙パックは当初，内面をワックス処理した紙カートンに入れられた牛乳が1906年にサンフランシスコで売られ，1959年には防水ワックスがポリエチレン薄膜のラミネート加工に変わった。わが国でも昭和31年（1956）にテトラパック牛乳が販売され，昭和44年（1969）には1 lの紙パック牛乳が発売され，現在でも主流となっている。これに対し，ペットボトルの素材であるPET（polyethylene terephthalate）は，1941年にイギリスのホインフィールドとディクソンによって発明され，1948年から市販された。その後，1977年にアメリカで容器用として使われ，わが国でも醬油瓶（500 ml）に使用された。ペットボトルが一般に普及し始めたのは昭和57年（1982）に『食品衛生法』で1 l以上の清涼飲料水への使用が許可されてからである。そして，平成8年（1996）に小型のペットボトルが販売されるようなると世の中へ一気に普及した。

140   第6章   ガラス瓶の諸相

　今回，近現代遺跡から出土したガラス瓶を酒瓶，清涼飲料瓶，乳製品瓶，調味料瓶，食品瓶，薬瓶，化粧瓶，文具瓶，日常生活瓶の9類に分け，さらに60種類ほどに細分して考古資料あるいは物質文化資料として様々な観点から検討を加えた。しかし，このうち現在も容器としてガラス瓶が利用されている商品はどの程度あるのであろうか。われわれの周囲を見渡すと，居酒屋では生ビール，家庭ではアルミ缶でビールを飲むことが増えており，瓶ビールを飲む機会が減っている。また，現在流行している発泡酒や酎ハイは瓶に詰められて販売されることなく，最初からアルミ缶で販売されている。これに対し，アルコール度数の高いワイン，清酒，焼酎，泡盛，洋酒などでガラス瓶は健在であるが，その他の種類，例えば清涼飲料水の容器にはペットボトル，牛乳やジュースの容器には紙パックが普及し，食品，薬品，化粧品などの容器にはプラスチック容器が主流となった。

　このように，現代生活において容器として使用されるガラス瓶は極端に限られてきており，ガラス瓶のみを対象とするだけで現代の消費生活を語ることは難しくなった。これからガラス瓶は消費生活に密着した生活財ではなく「大正」や「昭和」という時代を懐かしむノスタルジーを演出する小道具になってしまう可能性すらある。その意味でかつては何気なく使用していたガラス瓶は21世紀を迎えた現在では既に「過去の遺物」になりつつあるのである。

お　わ　り　に

　本書では近現代遺跡から出土したガラス瓶という，わが国の考古学の世界では極めて特殊な題材にスポットをあてた。現在，遺跡から出土する近現代遺物は埋蔵文化財として報告する義務のないものであるため，通常は回収されずに捨てられてしまうことが多く，発掘されたガラス瓶が「文化財」として丁寧な扱いを受けることは稀である。しかし，発掘担当者の判断で遺跡から回収され，報告書に掲載されるという幸運なガラス瓶も存在する。本書はこのような幸運なガラス瓶を中心にまとめたものであり，発掘担当者の英断がなければ本書は成立しなかった。

　本書では，まずガラス瓶の歴史，ガラス瓶の生産技術，ガラス瓶の調査法といった概括的な情報を示し，次に実際に近現代遺跡から出土したガラス瓶の種類や変遷，さらに遺跡の性格とガラス瓶の関連について触れ，最後に物質資料としてのガラス瓶の持つ様々な側面について論じた。このように，ガラス瓶について調べてみるとガラス瓶は単に「ガラスを用いた容器」というだけでなく，原料や製造技術といった技術的側面，流通や消費といった経済的側面，道具としての機能的側面があり，それらがガラス瓶の諸要素や近現代遺跡におけるガラス瓶組成に反映しているのである。また，近現代のガラス瓶は近代特有の要素が複雑に絡み合った存在であることにも留意する必要がある。ボードリヤールは，近代の消費の特徴が意味するものと意味されるものが恣意的結びつく「記号としての消費」であると指摘したが，ガラス瓶においても独特の形態を誇示するガラス瓶や内容物のイメージが色調やデザインに反映されるガラス瓶は機能や用途を超えた記号の存在を無視しては語れない。実際，一般の考古資料とは異なり，ガラス瓶を分類するにあたって色調は重要な要素であり，化粧瓶における曲線的デザインや直線的デザインは使用者の性別を知る手がかりとなる。これらの特徴はガラス瓶が近代を象徴する存在であることを物語っており，ガラス瓶は記号が消費される近現代消費社会の実態を知る機会を与えてくれる存在なのである。

　また，ガラス瓶について調べていくうちに，近現代という「新しい時代」の生産物であるにも関わらず，ガラス瓶が用いられた商品に関する情報が極めて乏しいことがわかった。そのうえ箱やラベルを伴わない遺跡出土のガラス瓶の場合は，その形態のみからでは商品名どころか内容物を特定することすら難しいことも痛感した。その理由の一つとして製造メーカー側の問題があげられる。それは出土資料の中には現存しない中小企業の製品が多く存在することや現存する企業の中で社史が刊行されたり，企業博物館を持つような大手企業でも過去に発売したすべての商品を保管しているわけではないという問題である。そのため，企業に問い合わせても社史や当時の商品カタログなどから商品名や販売期間を特定することはできるが，われわれが期待するようなガラス瓶に関する詳細な情報は得られないことが多い。その結果，未知のガラス瓶の情報を求め

142   お わ り に

てガラス瓶を収集している博物館を回ったり，骨董市でラベル付の資料を購入することになる。こうした状況の中で，廃棄されたガラス瓶が大量に出土し，遺構や出土層位からガラス瓶の廃棄年代が特定できる遺跡出土資料が重要な役割を演じることになるのである。

　それでは，考古資料としてのガラス瓶の将来はどのように想像できるであろうか。既に述べたように，現在では多くの食品容器がガラス瓶からアルミ缶，紙パック，ペットボトルに変わっており，ガラス瓶を使い続けている商品は少なくなった。そのためガラス瓶は「レトロ」な容器として意識され，新たな商品価値を生む可能性はあるが，日常の生活財の中に占める地位は確実に低下している。その上，わが国ではガラス瓶に限らずアルミ缶，紙パック，ペットボトルなどの容器に関しても考古資料として扱うことは既に難しくなっている。それはガラス瓶など様々な容器のリサイクルが進んだ結果であり，それ自体は喜ばしいことであるが，将来のリサイクル社会で人類は発掘されるべき遺物を何も残さなくなることになる。そうなると生活財の消費に関する研究は，モノ自体を扱うのではなく，製造メーカーが配付した商品カタログや通信販売の商品カタログの研究 (Schlereth 1980)，さらには雑誌やテレビコマーシャルにおける広告の研究が主になってくる。このような状況が想定される中でガラス瓶をはじめとする近現代遺物が考古学的手法を用いて調査研究されなければ，物質文化研究としての近現代考古学はその存在意義を失うことになりかねないのである。

　考古学の世界においてガラス瓶研究はまだ緒についたばかりである。本書では近現代遺物としてのガラス瓶の研究の意義を示しつつ，現時点でガラス瓶に関する情報をできるだけ提示したつもりであるが，出来上がりが理想とは程遠いものであることは素直に認めたい。特に，筆者の力量不足からガラス瓶の種類や商品名などが間違っていたり，可能であるにも関わらず特定できなかった資料も多々あると思われる。この点は今後改訂してゆくということで御容赦願いたい。

　本書は，発掘された近現代のガラス瓶に興味を抱く研究者である岩崎卓治，栗原岳，黒尾和久，後藤晶，小林謙一，角南聡一郎，永田史子，福田敏一，渡辺貴子，渡辺丈彦の諸氏との出会いによって生まれたものである。皆さんに感謝する次第である。また，骨董市に嫌な顔もせずに付き合ってくれ，図版作りも手伝ってくれた妻　由比子にも感謝したい。

　最後に，六一書房の八木環一さん，本書の編集をお願いした三陽社の若槻真美子さんにも御苦労をかけました。皆様に感謝致します。

参 考 文 献

明石町遺跡調査会　2003　『明石町遺跡』

アサヒビール株式会社　1990　『Asahi 100』

味の素株式会社　1951　『味の素沿革史』

味の素株式会社　1971　『味の素株式会社社史』

味の素株式会社　1990　『味を耕す―味の素八十年史―』

厚木市教育委員会　1996　『東町二番』

石井研堂　1944　『増補改訂　明治事物起源』春陽堂

伊勢原市教育委員会　2001　「下糟屋・丸山遺跡」『いせはらの遺跡』

板垣長典　1984　『缶びん詰・レトルト食品辞典』朝倉書店

井田両国堂四十年史編纂委員会　1960　『井田両国堂四十年史』井田両国堂

市川正史　1997　「宮ヶ瀬出土の西洋遺物に関連して」『考古論叢　神奈河』第6集

市橋芳則　2001　『昭和路地裏大博覧会』河出書房新社

市村慎太郎　2003　「池島・福万寺遺跡出土近現代遺跡ガラス容器」『大阪文化財研究』第24号

岩手県文化振興事業団埋蔵文化財センター　2004　『下構遺跡第2次発掘調査報告書』

岩波書店　1991　『近代日本総合年表　第3版』

ウォーカー. J. A.（栄久庵祥二訳）　1998　『デザイン史とは何か　モノ文化の構造と生成』技報堂出版

宇都宮美術館　2000　『近代デザインに見る生活革命』

宇波　彰　1991　『誘惑するオブジェ』紀伊國屋書店

江藤哲夫ほか　1982　『技術シリーズ　ガラス』朝倉書店

大分県教育委員会　2000　『炭竈遺跡』

大川　清　1999　『初期益子焼』

大阪発明協会　1937　『新興日本商標総覧』

大橋遺跡調査会　1998　『大橋遺跡』

花王株式会社　1990　『花王100年』

カゴメ株式会社　1999　『カゴメ100年史』

(仮称) 医療保険センター建設地内埋蔵文化財発掘調査団　2000　『池子桟敷戸遺跡（逗子市 No. 100）』

家庭総合研究会（編）　1990　『昭和家庭史年表』河出書房新社

神奈川県埋蔵文化財センター　1993　「北原（No. 9）遺跡内長福寺址」『宮が瀬遺跡群 III』

かながわ考古学財団　1997　『池子遺跡群 IV』

鐘紡　1983　『鐘紡百年史』

カルピス食品工業株式会社　1989　『70年のあゆみ』

キッコーマン株式会社　2000　『キッコーマン株式会社八十年史』

旧国立療養所中野病院跡地遺跡調査会　1999　『江古田遺跡 I』

麒麟麦酒株式会社　1957　『麒麟麦酒株式会社五十年史』

キリンビール（編）　1984　『ビールと日本人　明治・大正・昭和ビール普及史』三省堂

串田努・町田忍（編）　1997　『ザ・ジュース大図鑑』扶桑社

朽木　量　2001　「物質文化研究における「領有／流用」概念の展開」『メタ・アーケオロジー』第3号,
　メタ・アーケオロジー研究会

参 考 文 献

栗原　岳（銀）　2005　「戦後の飲料水コレクション」『横浜骨董ワールドガイドブック』Vol. 7

黒川高明　2005　『ガラスの技術史』アグネ技術センター

黒川地区遺跡調査団　1992　「No. 29 遺跡」『黒川地区遺跡群報告書 IV』

黒川雅之監修　2000　『デザインの未来考古学』TOTO 出版

現代グラスパッケージング・フォーラム編　1988　『ALL ABOUT BOTTLES ガラスびんの文化誌』三推社・講談社

小菅桂子　1997　『近代日本食文化年表』雄山閣出版

小林謙一・渡辺貴子　2002　「物質文化研究としての近現代考古学の課題―大橋遺跡出土の近現代ガラス容器の検討から―」『東京考古』第 20 号

小林重順　1999　『カラーシステム』講談社

坂根　進　1975　『トリス広告 25 年史』サン・アド

桜井準也　1997　「高度経済成長期の考古学―都市近郊農村の事例から―」『民族考古』第 4 号，慶應義塾大学文学部民族学考古学研究室「民族考古」編集委員会

桜井準也　1999a　「近代遺物について」葉山町 No. 2 遺跡発掘調査団・東国歴史考古学研究所『葉山町 No. 2 遺跡発掘調査報告書』

桜井準也　1999b　「目黒区大橋遺跡（陸軍輜重兵学校）出土の近代遺物と遺物使用者―遺物使用への聞き取り調査を通じて―」『東京考古』第 17 号

桜井準也　2000　「近代遺物の表象―機能・記号・身体―」『メタ・アーケオロジー』第 2 号，メタ・アーケオロジー研究会

桜井準也　2002　「近世・近代考古学と生活財研究―遺物組成と使用期間の問題をめぐって―」『民族考古』第 6 号

桜井準也　2004　『モノが語る日本の近現代生活―近現代考古学のすすめ―』慶應義塾大学出版会

桜井準也　2005　「避暑・保養の普及と物質文化」メタ・アーケオロジー研究会（編）『近現代考古学の射程～今なぜ近現代を語るのか～』六一書房

桜井準也・岩崎卓治　2000　「池子桟敷戸遺跡（逗子市 No. 100）出土の近現代遺物について」『池子桟敷戸遺跡（逗子市 No. 100）』（仮称）医療保険センター建設地内埋蔵文化財発掘調査団

佐宗圭子　2003　「ペットよけペットボトルの流行とすたれ」野外活動研究会『目からウロコの日常物観察　無用物から転用物まで』OM 出版

作花済夫・境野輝雄・高橋克明（編）　1975　『ガラスハンドブック』朝倉書店

作花済夫（編）　1985　『ガラスの事典』朝倉書店

サッポロビール株式会社　1996　『サッポロビール 120 年史』

三共株式会社　2000　『三共百年史』

サントリー株式会社　1999　『サントリー百年誌』

三楽株式会社　1986　『三楽 50 年史』

JIDA 西日本ブロック（編著）　1994　『デザイン・メイド・イン・ニッポン　日本インダストリアルデザインの歩み』

汐留地区遺跡調査会　1996　『汐留遺跡』

師勝町歴史民俗資料館　2000　『昭和日常博物館の試み』

GK 道具学研究所　1994　『暮らしの中のガラスびん』東洋ガラス株式会社

資生堂編　1972　『資生堂百年史』資生堂

参　考　文　献　　145

資生堂　1998　『美と知のミーム，資生堂』

資生堂企業資料館　1995　『資生堂ものがたり　資生堂企業資料館収蔵品カタログ（1872～1946)』

嶋村　博　2003　「現代転用物小事典」野外活動研究会『目からウロコの日常物観察　無用物から転用物
　　まで』OM 出版

下川耿史・家庭総合研究会（編）　2000　『明治・大正家庭史年表』河出書房新社

庄司太一　1997　『びんだま飛ばそ』パルコ出版

庄司太一　2004・2005　「蜜柑水壜覚書」『横浜骨董ワールドガイドブック』Vol. 6～8

商標研究会　1959　『日本商標大事典』

新宿区遺跡調査会　1996　『百人町三丁目遺跡 III』

杉原正泰・天野宏　1994　『横浜のくすり文化』有隣堂

角南聡一郎　2002　「民俗資料としてのガラス瓶研究の可能性」『第 27 回日本民具学会大会発表要旨』

角南聡一郎　2003　「「森岡虎夫」銘ガラス瓶について」『旧練兵場遺跡』善通寺市・（財）元興寺文化財研
　　究所

スパーク．B.（白石和也・飯岡正麻訳）　1993　『近代デザイン史』ダヴィッド社

諏訪義種　1975　『日本乳業の戦中戦後』乳業懇話会

生活用品産業問題研究会　1984　『生活用品ハンドブック』東洋法規出版

全国牛乳容器環境評議会　1996　『牛乳容器ライブラリー　牛乳容器のうつりかわり』

大日本製薬株式会社　1998　『大日本製薬 100 年史』

大日本麦酒株式会社　1936　『大日本麦酒株式会社三十年史』

大日本窯業協会編　1917　『日本近世窯業史　第四編　硝子工業』大日本窯業協会

武田薬品工業株式会社　1983　『武田二百年史』

谷一　尚　1999　『ガラスの考古学』同成社

茅ヶ崎市埋蔵文化財調査会・（財）茅ヶ崎市文化振興財団　1997　『上ノ町・広町遺跡』

次山　淳　2002　「近代奈良の牛乳壜」『奈良文化財研究所紀要 2002』

土屋良雄　1987　『日本のガラス』紫紅社

帝国商工協会　1935～38　『日本政府登録商標大全』

東京コカ・コーラボトリング株式会社　1983　『さわやか 25 年』

東京清涼飲料協会（編）　1975　『日本清涼飲料史』

東京都埋蔵文化財センター　1997　『汐留遺跡 I』

東京都埋蔵文化財センター　2000　『汐留遺跡 II』

東京都埋蔵文化財センター　2003　『汐留遺跡 III』

東京薬事協会　1987　『百年史』

戸澤道夫　2001　『日本のガラス　その見方，楽しみ方』里文出版

豊島区郷土資料館　1990　『特別展図録　ミルク色の残像―東京の牧場展―』

知久祥子　1996　「考察」『赤砂利遺跡』白岡町遺跡調査会

内藤記念くすり博物館　1986　『くすり看板』

永田史子　2005　「考古学からみた近現代農村とその変容―東京都多摩地区の調査事例から―」メタ・ア
　　ーケオロジー研究会（編）『近現代考古学の射程～今なぜ近現代を語るのか～』六一書房

西近畿文化財調査研究所・稲美町教育委員会　1998　『播州葡萄園』

日曜研究社　1996a　「特集　清涼飲料水」『日曜研究家』5 号

146 　参 考 文 献

日曜研究社　1996b　「特集　続清涼飲料水」『日曜研究家』7 号

日本王冠コルク工業連合会　1986　『王冠の歴史』

日本硝子製品工業会　1983　『日本ガラス製品工業史』

日本化粧品工業連合会編　1995　『化粧品工業 120 年の歩み』日本化粧品工業連合会

日本コカ・コーラ株式会社　1987　『愛されて 30 年』

日本商標普及会　1951　『日本商標並商号総覧』時事経済新聞社

日本デザイン小史編集同人編　1970　『日本デザイン小史』ダヴィッド社

日本乳製品協会　1978　『日本乳業史』

日本農薬株式会社　1981　『五十年史』

パイロット万年筆株式会社　1979　『パイロットの航跡：文化を担って 60 年』

葉山町 No. 2 遺跡発掘調査団　1999　『葉山町 No. 2 遺跡発掘調査報告書』

土方定一・坂本勝比古編　1978　『明治大正図誌　第 4 巻　横浜・神戸』

日野市遺跡調査会　2003　『南広間地遺跡』

フォーティ．A.（高島平吾訳）　1992　『欲望のオブジェ　デザインと社会 1750-1980』鹿島出版会

福田敏一　2004a　『新橋駅の考古学』雄山閣出版

福田敏一　2004b　『新橋駅発掘』雄山閣出版

ブルデュー．P.（石井洋二郎訳）　1990　『ディスタンクシオン I・II』藤原書店

ブルドックソース株式会社　1981　『ブルドックソース 55 年史』

文献普及会　1975　『明治工業史・化学工業編』工学会編

ヘスケット．J.（栄久庵祥二訳）　1985　『インダストリアルデザインの歴史』晶文社

ボードリヤール．J.（今村仁司・塚原史訳）　1979　『消費社会の神話と構造』紀伊国屋書店

ボードリヤール．J.（宇波　彰訳）　1980　『物の体系』法政大学出版局

ポーラ文化研究所　1986　『モダン化粧史　装いの 80 年』

ポーラ文化研究所　2003　『近代の女性美　ハイカラモダン・化粧・髪型』

町田　忍　1997　『戦時広告図鑑』WAVE 出版

町田　忍　2003　『懐かしの家庭薬大全』角川書店

丸善株式会社　1981　『丸善百年史』

丸美屋食品工業株式会社　2001　『丸美屋食品 50 年史』

三浦の塚研究会　2003　『漁村の考古学　三浦半島における近現代貝塚調査の概要』

水尾順一　1998　『化粧品のブランド史』中央公論社

ミツカングループ　2004　『創業二〇〇周年記念誌』

港区麻布台一丁目遺跡調査会　1986　『郵政省飯倉分館構内遺跡』

南葛野遺跡発掘調査団　1995　『藤沢市南葛野遺跡』

村田孝子（編著）　2003　『近代の女性美　ハイカラモダン・化粧・髪型』ポーラ文化研究所

明治乳業株式会社　1969　『明治乳業 50 年史』

目黒区大橋二丁目遺跡調査団　1984　『東京都目黒区大橋遺跡』

メタ・アーケオロジー研究会（編）　2004　『近現代考古学の射程～今なぜ近現代を語るのか～』六一書房

桃谷順天館　1985　『株式会社桃谷順天館創業百年史』

森永製菓株式会社　1954　『森永五十五年史』

森永乳業株式会社　1967　『森永乳業 50 年史』

参　考　文　献　147

森谷太郎ほか編　1963　『ガラス工学ハンドブック』朝倉書店

山根正之ほか編　1999　『ガラス工学ハンドブック』朝倉書店

山本孝造　1990　『びんの話』日本能率協会

山本哲士　1999　『文化資本論』新曜社

雪印乳業株式会社　1955　『雪印乳業史』

雪印乳業株式会社　1985　『雪印乳業沿革史』

ゆまに書房　1995　『年表で見るモノの歴史事典』

吉田甚吉　1975　『医薬品業界』教育社

吉田　豊　1988　『牛乳と日本人』新宿書房

由水常雄　1973　『ガラスの道』徳間書店

由水常雄　1983a　『ガラスの話』新潮社

由水常雄　1983b　『ガラス入門』平凡社

由水常雄　1992　『ガラス工芸』桜楓社

寄本勝美　1990　『ごみとリサイクル』岩波書店

寄本勝美　2003　『リサイクル社会への道』岩波書店

ライオン株式会社　1992　『ライオン100年史』

ライオン歯磨株式会社　1973　『ライオン歯磨80年史』

渡辺直哉　2005　「都市近郊漁村における村落生活―神奈川県三浦市における近現代貝塚の調査事例から―」メタ・アーケオロジー研究会（編）『近現代考古学の射程～今なぜ近現代を語るのか～』六一書房

Schlereth, T. J. 1980 Mail-order Catalogs as Resources in Material Culture Studies. *An Annual of American Cultural Studies7*. Reprint Schlereth, T. J. *Cultural History & Material Culture*. University Press of Virginia, 1992.

ホームページ

特許庁の特許電子図書館：http://www.ipdl.ncipi.go.jp/homepg.ipdl

日本ガラス瓶協会：http://www.glassbottle.org/

化粧品業界：http://www.jncm.co.jp/cosmetics/history/

CD-ROM

東京硝子製品協同組合『ガラス器製造・加工教育研修用CD』

附編　コーラ瓶の型式学

はじめに

　最近はペットボトルが普及したため現代の若者にとって馴染みがなくなり，「過去の遺物」となりつつあるガラス瓶ではあるが，19世紀後半から20世紀にかけてわが国で食品や薬品，化粧品などの容器として使用されたガラス瓶は気密性が高く，衛生的な容器とて庶民生活の中で重要な役割を果たしてきた。そして，20世紀になるとガラス瓶は容器としての機能が重視されるだけでなく，一見してそれとわかる独特のデザインのものが登場するようになった。かつてジャン・ボードリヤールが消費を主体の欲求とモノの使用価値との間に生じる関係として把握する経済的・心理学的側面だけでなく，記号のシステム生産としてのモノの消費の存在を主張したように，記号を媒介とする象徴価値が生じてきたのである（ボードリヤール1979）。本書で扱っているガラス瓶の中では20世紀になって登場したコカ・コーラの「ホッブル瓶」がその典型的な存在であろう。また，コカ・コーラ瓶だけでなく容器のデザインがその商品を象徴する存在となり，現在まで継承されているものも多い。しかしながら，それらは長年にわたってまったく同じデザインが継承されてきたわけではなく，あくまで定番のデザインであると消費者が認識する範囲内で細部を微妙に変化させている。その意味でガラス瓶の型式学が成立するが，ここでは具体的な事例としてコカ・コーラおよびペプシコーラのレギュラーサイズ瓶を取り上げ，型式学的な検討を試みてみたい。

I. 型式学と近現代資料

　考古学にとって型式学は極めて最も重要な方法論であり研究手法である。そして，わが国の型式学研究は1930年代以降の山内清男による縄文土器の編年体系の確立を目指した型式研究（山内1937など），あるいは小林行雄による弥生土器の様式研究（小林行1933など）がその中心にあった。その後，1970年代中頃から1980年代にかけて型式学の概念や考え方に踏み込んだ概説書が次々と出版された（佐原1974，小林達1977，田中1978，鈴木1981，横山1985など）。ここではこうした先学の型式学に対する説明について言及することは避けるが，これらの型式学の考え方のルーツが1903年に出版され，濱田耕作氏によって昭和7年（1932）に翻訳されたオスカル・モンテリウスの『考古学研究法』（モンテリウス1932）にあることは論を待たないであろう。そこでは1870年代に欧米の学界に広まったダーウィンの進化論の影響を受けつつヨーロッパの青銅器を用いて型式学的組列や型式学の基本的な考え方を示し，相対年代と絶対年代，失能的成体（痕跡器官：かつて機能を有していた器具のある部分が次第にその実用上の意義を失うこと）などの重要な概念が丁寧に説明されている。そして，モンテリウスは型式が変化してゆくプロセスは現代

（同時代）資料においても当てはまることを示している。例えば，モンテリウスがあげた鉄道の客車の事例では，1825年にイギリスではじめて鉄道が開通した際に客車は駅馬車と同じデザインであったこと，そして台車の上に客車を乗せたものが登場したが胴部の曲線デザインは継承されたこと，その後駅馬車の痕跡が消滅して客車のデザインが直線的なものへと変化したことがわかる（田中1978）。このような失能的成体（痕跡器官）の説明は進化生物学の概念が応用されたものであるが，その実例は今の世の中に溢れている。例えば，家具や建材には以前は無垢材を使用していたが，現在では合板やベニヤ板などが普及しており，その表面にそれが無垢材であるかのような木目が印刷されている。この印刷という行為は機能的には意味のないものであるが，あえて以前の姿を継承させているという点で失能的成体（痕跡器官）の事例としてあげることができる。同様の事例は，弁当の容器などにみられる木目の印刷や以前は笹や葉蘭の葉などが使用されていた食品の仕切りのためのポリエチレン製の「バラン」，さらにスーパーマーケットやコンビニエンス・ストアに並んでいる食品を入れるための発泡スチロール製のトレイに印刷された木目・笹・大葉や食器を模して印刷された磁器や陶器風の模様などがあげられる。また，おにぎりのトレイでは竹籠の文様が印刷あるいは型押しされているものもある。現代日本には，このような失能的成体（痕跡器官）の事例が多く，枚挙に暇がない。

　また，こうした型式学の考え方は現代の物質資料だけでなく，漫画やアニメのキャラクターにも適用できる。それを実践したのが縄文土器の概説において型式学の説明にミッキーマウスを登場させた鈴木公雄である（鈴木1981）。鈴木はミッキーマウスを4期（a：1928～30年代後半，b：1930～40年代前半，c：1940～50年代，d：1950年代以降）に型式分類し，分類されたミッキーマウスには耳の形や手の指の数のように変わらない部分もあれば，目の表現方法や眉毛の存在など型式によって変わっている部分もあることを例にあげながら，型式学の基本的な考え方を説明している。このように，考古学において極めて重要な概念である型式学について現代資料を用いて説明することによって型式学に対する理解を助けるだけでなく，型式学が現代物質文化研究にとっても極めて有効な概念であることを確認することができる。

2. ガラス瓶の特徴とデザイン

　すでに本編で述べたように，近現代遺跡から出土するガラス瓶はその大きさやガラスの厚さ，全体形状・口部形状・首部形状・肩部形状・胴部形状・キックを含む底部形状などの形態，コルク栓・王冠栓・機械栓・ネジ栓などの栓の種類，無色透明・緑色・茶色・コバルト色などの色調，さらには陽刻（エンボス）やACL印刷などの要素が複雑に絡み合っている。これらの諸特徴は，ガラス瓶が基本的に容器であり様々な物理的な特徴をもつ内容物が含まれていること，さらに内容物の取り出し方法や保存期間が異なることに起因するが，20世紀になって重要視されてきたのが商品としてのガラス瓶のデザインである。ただし，企業がその商品独自のデザインのガラス瓶を使用するようになった当初の理由は，コカ・コーラのホッブル瓶がそうであったように他社によるガラス瓶の使い回しを避けることであった。実際にわが国でも以前は全国各地に中小のサ

イダーメーカーが存在しており，それらが「三ツ矢サイダー」などの大手メーカーのガラス瓶を回収し，自社商品を詰め自社のラベルを貼って出荷することは日常的な行為であった。これに対し，現代の企業が独自のデザインのガラス瓶を製造する理由は，優れたデザインのガラス瓶の採用によってその商品のイメージを定着させ，商品価値を高めることにある。

　わが国でも 1920 年代になるとガラス瓶や紙ラベル，パッケージなどの商品デザインを重視するようになったが，その先駆けとなった企業が資生堂である。資生堂は明治 30 年（1897）に肩が張った独特のデザインで大きな球体の栓を使用した化粧水瓶を使用した「オイデルミン」を発売したが，その後大正 5 年（1916）には社内に意匠部を発足させて商品デザインを重要視するようになった。このように化粧品業界は当初からガラス瓶のデザイン性を重要視しており，各社が独自のデザインのガラス瓶を製造している。また，食品業界でも独創的なガラス瓶のデザインを競ってきたが，その中でも「味の素」の容器やキッコーマン（野田醬油）の卓上醬油瓶，さらにはサントリーウイスキーの「角瓶」や「オールド」（だるま瓶）など瓶の形を見ただけでその商品を連想させるものが多い。日本ガラスびん協会では毎年「ガラスびんアワード」を開催しているが，2008 年度から日本ガラスびん協会特別賞として日本を代表するロングセラー商品であり，長年ガラス瓶を使用し，新製品も発売され，新たな需要を創造した商品を表彰している。受賞商品は 2008 年度が大正製薬（株）の「リポビタンノンカフェイン，リポビタンアミノ，リポビタン Biz」，2009 年度がキリンビール（株）の「キリンフリー」とサントリー酒類（株）の「サントリーウイスキー角瓶 450ml」，2010 年度が（株）桃屋の「桃屋の辛そうで辛くない少し辛いラー油」および大塚化学（株）の「オロナミン C ドリンク」，2011 年度が磯じまん（株）の「磯じまん・大瓶　小瓶」および大関（株）の「ワンカップ大関」，2012 年度がモロゾフ（株）の「モロゾフカスタードプリン」および寺西化学工業（株）の「マジックインキ大型」，2013 年度がホッピービバレッジ（株）の「ホッピー 360 ml」およびキューピー（株）の「キューピーマヨネーズ」，2014 年度がサントリースピリッツ（株）の「澄みわたる梅酒」およびニッカウヰスキー（株）の「スーパーニッカ」，2015 年度が養命酒（株）の「薬用養命酒」および宝酒造（株）の「松竹梅白壁蔵「澪」スパークリング清酒」，2016 年度が霧島酒造（株）の「黒霧島・白霧島・赤霧島」および富士ミネラルウォーター（株）の「富士ミネラルウォーター 780 ml リターナル大びん」，2017 年度がポッカサッポロフード＆ビバレッジ（株）の「ポッカレモン 100」および（株）大島椿本舗の「大島椿」となっている。これらは商品名とガラス瓶のデザインが密接に結びついた印象的なガラス瓶ばかりである。このように，わが国の企業はその戦略として商品デザインを重要視してきたが，その中でも容器であるガラス瓶のデザインは商品イメージを決定する要素の一つであった。また，ガラス瓶本体のデザインだけでなく，ガラス瓶に陽刻されたり，ラベルに使用されるロゴタイプ（図案化・装飾化された文字列），シンボルマーク（商品を印象づけるデザイン），ロゴマーク（ロゴタイプとシンボルマークを合わせたもの），さらには使用される文字の書体なども商品デザインの重要な要素となっている。

152　附編　コーラ瓶の型式学

図1　コカ・コーラ瓶の変遷（左端がハッチンソン・ボトル，その右側3点がストレート・ボトル，さらにその右側2点がホッブル瓶）

図2　ホッブルスカート

図3　東京都下原・富士見町遺跡出土のコカ・コーラホッブル瓶（左：初代，右：初代Aタイプ）

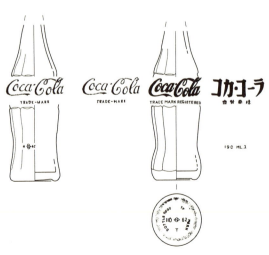

図4　東京都富士見町遺跡出土のコカ・コーラホッブル瓶（左：初代Aタイプ，右：4代目）

図5　東京都南広間地遺跡出土のコカ・コーラホッブル瓶（左：6代目後期，右：初代Bタイプ）

附編　コーラ瓶の型式学　153

3．コカ・コーラ瓶とペプシコーラ瓶

(1) コカ・コーラの誕生とホッブル瓶

コカ・コーラは1886年にアメリカ南部アトランタの薬剤師ペン・バートンによって考案された。コカの葉のエキスとコーラの実のエキスに水と砂糖を加えたこのシロップに炭酸水を混ぜた飲料は「コカ・コーラ」と名付けられ，当初はソーダファウンテン（カウンター形式の喫茶店）でグラス売り販売され，その後瓶詰めにして販売された。当時のガラス瓶は1900年頃までが胴部が直線的で首部が短くガラス球で栓をしていた「ハッチンソン・ボトル」（図1），その後1900年から1916年までは王冠を使用した「なで肩」で胴部が直線的な「ストレート・ボトル」である（図1）。また，1906年から商標を記した菱形のラベルを貼ってはいたものの，コカ・コーラの人気が高まるにつれて模造品が出回るようになり，「暗闇で触れても地面に砕け散っていてもそれと分かるような特徴的なボトルの開発」を目指してコンペが実施された。その結果ルート・グラス社によって1915年にデザインされ，1916年にコカ・コーラ社に採用された外形の曲線と表面の縦ラインが特徴的なボトルは，1910年代に流行していたタイトスカートの「ホッブルスカート」（図2）から「ホッブル瓶」，あるいは当時のセクシー女優にちなんだ「メイ・ウエスト・ボトル」，さらにはカカオ豆をヒントにした「コンツアー（曲線）ボトル」などと呼ばれている（講談社（編）1979）。その後，第二次大戦中の1943年から1946年にかけて世界各地の戦地用に透明瓶を製造しているが，従来の緑色（ジョージアグリーン）ではなく透明にしたのは戦地用と一目でわかるようにしたためとされている。戦後になると1955年に従来の6.5オンスに加えて10オンス，12オンス，20オンスの製品が製造され，1957年には従来のロゴの陽刻（エンボス）表示に対してACL印刷が導入されている。さらに，1960年には缶入りコカ・コーラ，1978年には2リットルのペットボトルが登場している。

(2) わが国のコカ・コーラ瓶の変遷

わが国でコカ・コーラが明治屋によって輸入・販売された時期は大正3年（1914）まで遡り，大正8年（1919）には明治屋のPR誌にコカ・コーラの広告が掲載されている。しかし，戦前にはコカ・コーラはまだ贅沢品であった。敗戦後，コカ・コーラは戦勝国であるアメリカの進駐軍によって大量に持ち込まれた。そのことを示す資料が東京都下原・富士見町遺跡から出土している（明治大学校地内遺跡調査団2011）。本資料は戦時中に陸軍によって使用されていた東京調布飛行場の東側あった退避壕内に，飛行場を接収した米進駐軍によって廃棄されたものである。出土したガラス瓶は戦地用に製造されたOwens-Illinois Glass社製のコカ・コーラ透明瓶で製造年は1944年および1945年，後述する分類ではそれぞれ1943年から製造された初代，1944年から1946年にかけて製造された初代Aタイプにあたる（図3）。また，隣接する富士見町遺跡（明治大学校地内遺跡調査団2012）からは1945年製造の初代Aタイプの透明瓶（図4），さらに東京都南広間地遺跡（日野市遺跡調査会2003）からも1945年製造の初代Bタイプの透明瓶（図5）が出土している。

これに対し，昭和32年（1957）に原液の輸入が解禁され，東京飲料（株）（のちの東京コカ・

コーラボトリング（株））が初めて軍民向けにコカ・コーラレギュラーサイズ（190 ml）を発売したのが昭和 32 年（1957）であり，それに呼応して原液供給元として日本飲料工業（株）（翌年に社名を日本コカ・コーラ（株）に変更）が創設されたのもこの年である。そして，わが国のコカ・コーラの販売箇所は昭和 32 年（1957）初めに 96 カ所であったが昭和 33 年（1958）末には1000 カ所を超え，昭和 35 年（1960）頃には原料の輸入や販売・宣伝が自由化され，コカ・コーラは一気に国民的な飲物となった。また，こうした国内でのコカ・コーラ人気を反映してコカ・コーラの模造瓶が製造された（望月 2001）。その後，わが国でコカ・コーラのホームサイズ（500 ml）が発売されたのが昭和 39 年（1964），缶入りコカ・コーラが登場したのが昭和 40 年（1965），1 リットルのガラス瓶が登場したのが昭和 49 年（1974），「スーパー 300 ダルマ瓶」と呼ばれた300 ml 瓶が登場したのが昭和 56 年（1981），1.5 リットルのガラス瓶とペットボトルが発売されたのが昭和 57 年（1982）のことである。さらに，1990 年代になると 300 ml 瓶や 350 ml 瓶，250 ml 瓶の記念ボトルが発売されるなど商品は多様化し，平成 13 年（2001）になるとアルミ製ボトルが登場した。

わが国のコカ・コーラレギュラーサイズ瓶（ホッブル瓶）については，コカ・コーラ研究家の小山 混によって，以下のように初代から 9 代目に分類されている。

初　代（図 6）

戦後から昭和 31 年（1956）まで占領軍の米兵用にアメリカから輸入された陽刻（エンボス）表示の透明ボトルであり，A タイプ・B タイプ・C タイプに区分される。このうち A タイプは小さめの「TRADE-MARK」の文字（図 6），B タイプは大きめの「TRADE MARK」の文字，C タイプは小さめで A タイプとは書体が異なる「TRADE MARK」の文字である。内容量は 180 ml である。

2 代目（図 7）

わが国初の国産グリーンボトルである。すべて英語表記の陽刻（エンボス）表示で大きめの「TRADE MARK」の文字である。まだ国内販売が許可されていなかったため米軍関係者用である。この世代から内容量が 190 ml となっている。

3 代目

1950 年代後半～1960 年代前半に緊急生産された透明・規格外ボトルである。ロゴ表示が初めて白文字の ACL 印刷となり，その下に「CONTENS6・1/2 FLUED OZS」，「REG. U. S. PAT. OFF」の陽刻（エンボス）がある。内容量は 190 ml である。

4 代目（図 8）

昭和 37 年（1962）以降，わが国で民間向けに販売された緑色レギュラーサイズ瓶である。カタカナロゴの「コカ・コーラ」が初めて裏面に白文字で ACL 印刷されている。その下に「登録商標」と「190 ML 入」，底面に「TRADE MARK REG」の陽刻（エンボス）がある。

附編　コーラ瓶の型式学　155

図6　コカ・コーラホッブル瓶（初代Aタイプ：IIIa式1類）

図7　コカ・コーラホッブル瓶（2代目：IIIa式2類）

図8　コカ・コーラホッブル瓶（4代目：IIIb式1類）

図9　コカ・コーラホッブル瓶（6代目：IIIb式2類後期）

図10　コカ・コーラホッブル瓶（8代目：IIIc式2類）

図11　コカ・コーラホッブル瓶（9代目：IIId式）

156 附編　コーラ瓶の型式学

5代目

　需要増加に伴って昭和39年（1964）から時々製造された緑色レギュラーサイズ瓶である。カタカナロゴの「コカ・コーラ」や「登録商標」などすべて陽刻（エンボス）表示である。初期は内容量表示が「190 ML 入」の大文字表示である。

6代目（図9）

　昭和39年（1964）頃から製造され，瓶の表示がすべて白文字で ACL 印刷された緑色レギュラーサイズ瓶である（これ以降すべて ACL 印刷となる）。このうち前期 A タイプはカタカナロゴが太く内容量表示が大文字の「190ML 入」，ロゴの下の文字が「REG. U. S. OFF」，前期 C タイプはカタカナロゴが細くロゴの下の文字が「TRADE MARK REGISTERED」である。昭和50年（1975）以降の後期になるとカタカナロゴが細く内容量表示が小文字の「190 ml 入」となる。

7代目

　昭和62年（1987）から短期間製造された緑色レギュラーサイズ瓶である。新ロゴに変更され，カタカナ文字が消え，「Coke」の白文字に波ラインのデザインに変更されている。また，以前は400 g 程度であった空瓶重量が385 g と軽量化されている。

8代目（図10）

　昭和63年（1988）から平成12年（2000）まで製造された緑色レギュラーサイズ瓶である。赤いラベルに白文字で「Coke」と波ラインのデザインである。7代目と同じく新ロゴに変更され，カタカナ文字が消え，「Coke」の白文字に波ラインで構成されている。また，空瓶重量が380 g とさらに軽量化されている。

9代目（図11）

　平成12年（2000）から製造されている緑色レギュラーサイズ瓶である。両面に同じ「Coca-Cola」のロゴ，側面に小さく波ラインと Coke のスクエアマークが印刷されている。また，空瓶重量が375 g とさらに軽量化されている。

（3）ペプシコーラの歴史とペプシコーラ瓶の変遷

　これに対し，ペプシコーラは1898年にアメリカの薬剤師キャレブ・ブラッドハムがコーラの実とバニラビーンズを主原料として調合した消化不良の治療薬をそのルーツとしており，消化酵素ペプシンから「ペプシコーラ」と名付けられた。そして，1902年にペプシコーラ社が設立されフランチャイズ制によって生産・販売を拡大していった。第一次世界大戦以降オーナーが度々変わるなど不振が続いたが，1930年代になって売り上げが拡大する。ペプシコーラ瓶は当初は6オンス瓶が使用され，1934年には12オンス瓶が使用されるようになったものの当時はビール瓶などに紙ラベルを貼って販売されていた。その後，1940年に肩部分に「PEPSI-COLA」の文字が陽刻（エンボス）で波形にデザインされた標準ボトルである「ウェーブ（波）ボトル」が使用されるようになり，1945年には ACL 印刷ラベルが登場した（図12）。また，1948年には世界で初めて缶入りコーラ（コーントップ）が発売されている。その後1950年代には売り上げが増加

図12 ペプシコーラ瓶の変遷（左から4～7番目がウェーブボトル，右端がスワールボトル）

図13 ペプシコーラのロゴマークの変遷

図14 神奈川県ヤキバの塚遺跡出土のペプシコーラ瓶（輸入ウェーブボトル）

し，1958年に登場したのが洗練されたデザインの「スワール（渦巻き）ボトル」である（図12）。また，1898年の発売以来ロゴを頻繁に変更していることもペプシコーラの特徴である（図13）。具体的には，1940年までのロゴは「PEPSI-COLA」の文字をデザイン化したもので，1950年および1962年には文字の上下に赤と青の波を配した王冠をイメージしたデザイン，1973年から2010年にはそれを四角く囲ったデザインとなっているが，2010年のロゴでは赤と青の波模様が変化している。なお，1950年のロゴは「ボトルキャップ」，1973年のロゴは「ボックスイン」（ただし，1962年と1973年では「PEPSI」の字体が変化している），1991年以降のロゴの中の赤・白・青の丸いデザインは「ペプシグローブ」と呼ばれている。

　これに対し，わが国のペプシコーラは昭和22年（1947）から米進駐軍用として供給されたが，この頃のペプシコーラ瓶が発掘調査によって遺跡から出土している（図14）。その後ペプシコーラは沖縄で昭和29年（1954）に販売され，本土では昭和31（1956）に日本飲料株式会社が設立されて一般販売が許可され，翌昭和32年（1957）に販売が開始されている。その後，昭和33年

158 附編　コーラ瓶の型式学

(1958) には日本ペプシコーラ株式会社が設立され，レギュラーサイズ瓶（192 ml）が発売された。なお，ファミリーサイズ（500 ml）が発売されたのが昭和39年（1964），缶入りペプシコーラが登場したのが昭和42年（1967），1リットル瓶が発売されたのが昭和46年（1971），清涼飲料業界初の低カロリー飲料「ダイエットペプシ」が発売されたのが昭和50年（1975），1.25リットルのペットボトルが発売されたのが昭和56年（1981）である。さらに，ペプシコーラの販売権がサントリーフーズに移行したのが平成10年（1998），サントリーオリジナルの新ブランド「ペプシネックス」が登場したのが平成18年（2006）である。

4. コーラ瓶の型式分類

(1) コカ・コーラ瓶の型式

100年以上の歴史を有するコカ・コーラのレギュラーサイズ瓶は以下のような型式分類が可能である。

コカ・コーラⅠ式（図1）

いわゆる「ハッチンソン・ボトル」である。1900年頃までアメリカで製造された胴部が直線的で首部が短いタイプでガラス球の栓が使用されていた。

コカ・コーラⅡ式（図1）

いわゆる「ストレート・ボトル」である。1900年から1916年までアメリカで製造されていた「なで肩」で胴部が直線的な瓶である。この型式から王冠栓が使用される。

コカ・コーラⅢ式

いわゆる「ホッブル瓶」あるいは「コンツアーボトル」である。コカ・コーラ瓶の模造品対策として「暗闇で触れても地面に砕け散っていてもそれと分かるような特徴的なボトル」として1916年に採用されたものである。1910年代に流行していた「ホッブルスカート」をヒントにデザインされたという説と百科事典のカカオ豆をヒントにしたという説がある。この型式は現在まで使用されており，コカ・コーラといえばこの瓶の形を連想する。なお，わが国で流通したこの型式のコカ・コーラは，さらに以下のように細分することが可能である。

Ⅲa式（図6・7）

小山の初代および2代目にあたるもので戦後，占領軍米兵やその関係者によって消費されたものである。「Coca-Cola」のロゴが使用され表示はすべて陽刻（エンボス）である点が特徴である。アメリカから輸入された内容量180 mlの透明瓶（1類）と内容量190 mlのわが国初の国産緑色レギュラーサイズ瓶（2類）に区分することができる。また，1類は「TRADE-MARK」の文字の大きさや間の「-」の存在の有無によってさらに細分が可能である。

Ⅲb式（図8・9）

小山の4代目および6代目にあたるもので，白文字のACL印刷が採用された昭和37年（1962）以降にわが国で民間向けに販売された内容量190 mlの緑色レギュラーサイズ瓶である。

「Coca-Cola」の裏面にカタカナの「コカ・コーラ」のロゴが使用されている。ロゴ以外の表示が陽刻（エンボス）である 1 類（4 代目）と昭和 39 年（1964）頃から製造された表示がすべて白文字の ACL 印刷された 2 類（6 代目）に区分され，2 類については内容量表示が「190 ML」の前期と昭和 50 年（1975）以降の「190 ml」の後期に細分することができる。

III c 式（図 10）

小山の 7 代目および 8 代目にあたるもので「コカ・コーラ」のカタカナ文字が消えるなどロゴが大幅に変化している。このうち 1 類（7 代目）は昭和 62 年（1987）から平成 3 年（1991）まで製造された内容量 190 ml の緑色レギュラーサイズ瓶でロゴのカタカナ文字が消え，「Coke」の白文字に波ラインのデザインという新ロゴに変更されている。2 類（8 代目）は昭和 63 年（1988）から平成 12 年（2000）まで長期間製造された内容量 190 ml の緑色レギュラーサイズ瓶で赤いラベルに白枠，その中に白文字で「Coke」と波ラインのデザインである。また，従来のレギュラーサイズ瓶の重量は 400 g 前後であったが，1 類は瓶の重量が 385 g，2 類が 380 g と軽量化されている。

III d 式（図 11）

小山の 9 代目にあたるもので平成 12 年（2000）から製造されている内容量 190 ml の緑色レギュラー瓶である。両面に同じ「Coca-Cola」のロゴ，側面に小さく波ラインと Coke のスクエアマークが印刷されている。ロゴが IIIa 式に先祖返りしたデザインであるともいえるが，側面の波ラインと Coke の小さなスクエアマークは IIIc 式を踏襲している。平成 30 年（2018）現在，居酒屋などで提供されているコカ・コーラ瓶はこのタイプに属する。

なお，小山の 3 代目および 5 代目のレギュラーサイズ瓶については，これらの型式分類に含まれないタイプとして位置付けられる。このうち 3 代目は透明瓶でありながらロゴに「Coca-Cola」の白文字の ACL 印刷が使用されたもので 1950 年代後半〜1960 年代前半に緊急生産された規格外の緑色レギュラーサイズ瓶である。また，5 代目はロゴの「コカ・コーラ」などすべての表示が陽刻（エンボス）というもので需要増加に伴って昭和 39 年（1964）から時々生産された内容量 190 ml の緑色レギュラーサイズ瓶であり，両者ともその当時主流の瓶ではなかった。さらに III 式（ホッブル瓶）のレギュラーサイズ瓶の細部変化については次のように指摘することができる。まず，ロゴが印刷される肩部の平坦部分の縦幅が IIIc 式になると数ミリ広くなっていることが指摘できる。また，底部については初期が若干上げ底で底面が若干凸面になっていたが，軽量化のためか IIIc 式から徐々に上げ底ではなく中央が凹む底面となっている。さらに，「ホッブル・スカート」の襞と襞の間は花弁状になって盛り上がっているが，初期は肩部のロゴの両側にも花弁が存在していたが IIIc 式になると消滅しており（図 15），花弁の先端も直線的になっている。このようにレギュラーサイズ瓶の細部を検討すると 1980 年代後半の IIIc 式からデザインの簡略化や瓶の軽量化に伴う変化が生じていることがわかる。

図 15　コカ・コーラホッブル瓶の側面（左：IIIb式，右：IIIc 式）

(2) ペプシコーラ瓶の型式

コカ・コーラと同様に 100 年以上の歴史を有するペプシコーラのレギュラーサイズ瓶についても，以下のような型式分類が可能である。

ペプシコーラ I 式（図 16）

　アメリカでは 1940 年に登場しているが，わが国では戦後駐留米軍用に輸入され，昭和 33 年（1958）になって発売されたレギュラーサイズ瓶である。透明瓶で「なで肩」，肩部に斜めの網目状模様の地文に斜めの「PEPSI COLA」の文字が陽刻された「ウェーブ（波）ボトル」と呼ばれているものである。紙ラベルあるいは ACL 印刷のロゴが首部と胴部にある。

ペプシコーラ II 式

　アメリカでは 1958 年から登場するが，わが国では 1960 年代後半から 1990 年代末に発売されたレギュラーサイズ瓶である。I 式と同様の形状の「なで肩」の透明瓶であるが，瓶の厚みが増している。「スワール（渦巻き）ボトル」と呼ばれているが，その理由は肩部から胴下部にかけて斜めの渦巻き状デザインが特徴となっているためである。この型式は以下のように細分できる。

　II a 式（図 17）

　肩部にペプシコーラのロゴ（1940 年以降のロゴ）および裏側に「ペプシコーラ」の文字，さらにその下に「登録商標」の文字が ACL 印刷されている。また，渦巻き状の「スワールライン」が肩部から胴部にかけて存在している。内容量は 192 ml である。

　II b 式（図 18）

　首部の下部に昭和 48 年（1973）以降の「ボックスイン」と呼ばれるロゴが ACL 印刷されている。この型式から内容量が 192 ml から 200 ml となる。渦巻き状の「スワールライン」は胴部のみであるが，以前と比較するとその角度は急に立ち上がっている。

　II c 式（図 19）

　首部の下部に平成 3 年（1991）以降の「PEPSI」の文字とその右下に赤・白・青の球体（「ペプシグローブ」）のロゴが ACL 印刷されている。また，渦巻き状の「スワールライン」は胴部のみであり，その角度は急である。内容量は 200 ml である。

附編　コーラ瓶の型式学　161

図 16　ペプシコーラ
瓶（I 式）

図 17　ペプシコーラ
瓶（IIa 式）

図 18　ペプシコーラ
瓶（IIb 式）

図 19　ペプシコーラ
瓶（IIc 式）

図 20　ペプシコー
ラ瓶（IIIa 式）

162　附編　コーラ瓶の型式学

ペプシコーラ III 式

　ペプシコーラの販売権がサントリーフーズに移行した平成 10 年（1998）に登場したレギュラーサイズの透明瓶である。高さが II 式よりも約 1.5 cm 高く全体に細身になり，胴部が以前より長く胴下部がくびれている。「スワールライン」が首部および胴部にみられるが，胴部の「スワールライン」が中央で急に曲がっているのが特徴である。この型式は以下のように細分できる。

　III a 式（図 20）

　首部の下部に平成 10 年（1998）からみられる球体（「ペプシグローブ」），肩部に「PEPSI」のロゴが ACL 印刷されている。「スワールライン」が首部および胴部にみられる。内容量は 200 ml である。

　III b 式

　平成 19 年（2007）から登場した首部の下部の球体（「ペプシグローブ」）の赤・青部分が抜けて白のみになり，肩部の「PEPSI」の字体も変化している。その他の特徴は IIIa 式と同じである

　このように，ペプシコーラの場合，II 式から III 式への変化が販売権がサントリーフーズに移行した時期と重なることがわかる。また，ペプシコーラのレギュラー瓶は平成 29 年（2015）からサントリーの「烏龍茶」に使用されている透明瓶にラベルを貼って出荷されるようになった。

　(2)　コーラ瓶にみられるモチーフの継承と失能的成体（痕跡器官）

　型式学の中で重要な概念である失能的成体（痕跡器官）は様々な現代資料の中にも存在していることは既に述べたが，当然のことながらこの点はコーラ瓶についても指摘できる。例えば，1916 年に採用されたコカ・コーラ III 式にあたるホッブル瓶（コンツアーボトル）は，模造品対策として「ホッブルスカート」あるいは百科事典のカカオ豆からデザインされたとされているが，ともにそのデザインには細かな縦ラインが含まれている。そして，この縦ラインのモチーフは首部と胴部にみられコカ・コーラ III 式の中で連綿と継承されている。また，興味深いことにこのモチーフはガラス瓶とは素材の異なるペットボトルにも継承されている（図 21・22）。ペプシコーラの場合は 1940 年に登場したペプシコーラ I 式（ウェーブボトル），アメリカでは 1958 年，わが国では 1960 年代後半に登場したペプシコーラ II 式（スワールボトル），さらに平成 10 年（1998）に登場したペプシコーラ III 式に型式分類できるが，このうちペプシコーラ I 式（ウェーブボトル）は「なで肩」の透明瓶で肩部から胴部にかけて網目状の文様の上に斜めに「PEPSI-COLA」の文字のデザインが陽刻されており，その文様は「ウェーブ（波）ライン」と呼ばれている（図 23）。これに対し，ペプシコーラ II 式（スワールボトル）は，同じく「なで肩」の透明瓶で胴部の渦巻状の文様は「スワール（渦巻き）ライン」と呼ばれている（図 24）。また，ペプシコーラ III 式についても細部に変化はあるものの基本的に II 式の「スワールライン」が受け継がれている。このような変遷をみると「スワールライン」は「ウェーブライン」を継承したものと考えるのが妥当であり，これらは一連のデザインと考えられる。また，ペプシコーラの場

附編　コーラ瓶の型式学　163

図21　コカ・コーラペットボトルの縦ライン（2008年製）

図22　コカ・コーラペットボトルの縦ライン（2018年製）

図23　ペプシコーラのウェーブライン（I式）

図24　ペプシコーラのスワールラインの変化（左からIIa式, IIc式, IIIa式）

図25　ペプシコーラペットボトルのスワールライン（2008年製）

図26　ペプシコーラペットボトルのスワールライン（2018年製）

合もコカ・コーラと同様にこのモチーフをペットボトルでも観察することができるが（図 25・26），これらは失態的成体（痕跡器官）として把えることができる。このように，普段何気なく飲んでいるコーラ瓶においても失能的成体（痕跡器官）の存在を確認することができるのである。

おわりに

　本編ではコーラ瓶も先史時代の遺物のように型式学的な検討を加えることが可能であることを示したが，コーラ瓶をはじめとするガラス瓶の場合は先史時代の遺物と大きく異なる点がある。それはガラス瓶が一定の機能的な制約のもとに企業によってデザインが決定され製瓶会社によって製造されること，すなわち内容物を収納する容器であるガラス瓶もその時代を語る商品の一部であることであろう。このことは様々な調査によってガラス瓶の型式変化の契機となった出来事やその背景を探ることが可能であることを意味している。具体的には製瓶技術や印刷技術の進歩だけでなく，戦争や時代による消費生活の変化などの社会的背景が想定できるが，企業の理念や経営方針が関わる部分も大きい。今回事例としてあげたコーラ瓶に限るならば，現在でもホッブル瓶にこだわっているコカ・コーラと平成 10 年（1998）にサントリーフーズに販売権が移り，サントリーの烏龍茶の瓶を流用するようになったペプシコーラは対照的である。

　最後に近現代考古学におけるガラス瓶の資料的価値について改めて考えてみたい。本編で述べたようにガラス瓶は様々な情報を内包する物質資料である。まず，ガラス瓶の形態や表面の陽刻（エンボス）・ACL 印刷によって内容物や商品名が判明すれば消費者の嗜好など当時の消費生活の実態を知ることができる。次に，ガラス瓶はあくまで容器であるため中身がなくなったらすぐに捨てられる運命にあるが，そのことはガラス瓶がゴミ穴などの遺構の構築年代や遺物の廃棄年代を推測するために極めて有効な資料であり，場合によっては縄文時代研究における縄文土器以上の価値を持っていることを意味している。具体的には，陽刻（エンボス）によって瓶の製造年を特定し，該当商品の販売期間を調査することよってその遺構の年代を絞り込んでゆくという方法が一般的である（桜井 2018）が，今回コーラ瓶で検討したようにその型式によって瓶の製造年代を推測することもできる。このように，ガラス瓶は遺構の構築年代や遺物の廃棄年代を推測するという点で，他の近現代遺物と比較して極めて利用価値の高い資料であることがわかる。今後，こうした近現代のガラス瓶の資料的価値が理解され，わが国のガラス瓶研究がさらに進展することを期待したい。

参 考 文 献

講談社（編）　1979　『コカ・コーラ大研究』講談社
小林達雄　1977　「型式・様式・形式」『日本原始美術体系 1』講談社
小林行雄　1933　「先史考古学に於ける様式問題」『考古学』4 巻 8 号
桜井準也　2004　『モノが語る日本の近現代生活―近現代考古学のすすめ―』慶應義塾大学出版会

桜井準也　2007　「近現代遺物研究と消費理論」鈴木公雄ゼミナール（編）『近世・近現代考古学入門』慶應義塾大学出版会

桜井準也　2018　「発掘された高度経済成長期の消費生活」『尚美学園大学総合政策論集』第 26 号

佐原　真　1974　「遺物変遷の順を追う―型式学的方法の原理―」樋口隆康（編）『古代史発掘 5　大陸文化と青銅器』講談社

鈴木公雄　1981　「縄文晩期の土器―型式・様式―」『縄文土器大成 4』講談社

田中　琢　1978　「型式学の問題」『日本考古学を学ぶ（1）』有斐閣

ボードリヤール．J（今村仁司・塚原史訳）　1979　『消費社会の神話と構造』紀伊國屋書店

明治大学校地内遺跡調査団　2011　『下原・富士見町遺跡 I　近世～近・現代の発掘調査』明治大学

明治大学校地内遺跡調査団　2012　『富士見町遺跡 I―第 1 地点の発掘調査』明治大学

望月　芳　2001　「神奈川県内採集のコカコーラ瓶について」『近現考小報』vol. 6

モンテリウス．O（濱田耕作訳）　1932　『考古學研究法』岡書院

山内清男　1937　「縄紋土器型式の細別と大別」『先史考古学』1 巻 1 号

横山浩一　1985　「型式論」近藤義郎他（編）『岩波講座日本考古学　1　研究の方法』岩波書店

ホームページ

日本ガラスびん協会

http://glassbottle.org/

コカ・コーラ

https://www.cocacola.co.jp/

https://www.coca-colacompany.com/

ペプシコーラ

https://www.pepsi.co.jp/

小山　混

http://www.ne.jp/asahi/com/koyama/coke/

資料1　くすり看板に記された近代の薬の名称と効能（内藤記念くすり博物館 1986 より作成）

名称	読み	効能	製薬・製造所	販売時期
アイフ	あいふ	胃腸病		昭和
あきれ丸	あきれがん	積気，溜飲，腹痛，吐瀉	井上治兵衛	明治
浅井金創膏	あざいきんそうこう		森林平	明治
浅井千金散	あざいせんきんさん		森林平	明治，大正
浅井敗毒煎	あざいはいどくせん		森林平	明治
浅井万金膏	あざいまんきんこう	うちみくじき，かたのこり	森林平	明治，大正
浅田飴	あさだあめ	せき，こえ，のど	堀内伊太郎	大正
アドラ	あどら	目薬	泰昌製薬株式会社	大正
安泰湯	あんたいとう	産前産後冷込血の道	中島寿玄堂	明治
アンチピリン丸	あんちぴりんがん	ねつさまし	柳澤休左衛門	明治−大正
胃活	いかつ	胃病	山田安民	大正−昭和
胃散	いさん	胃弱症	猪飼史郎	明治−大正
一服湯	いっぷくとう	かぜ	盛大堂高橋卯之輔	明治
一方膏	いっぽうこう	くさ一切たいどく	住山万寿堂	明治
命の母	いのちのはは	女のくすり	笹岡省三薬房	大正
烏犀角散	うさいかくさん	引風，諸熱さまし	小林大薬房	大正
宇津救命丸	うずきゅうめいがん	小児虫気，疳熱さまし	宇津権右衛門	明治−大正，大正，大正−昭和
梅の雪	うめのゆき	気付け，酔さまし	石田勝秀	明治
ウルユス	うるゆす	たん，りういん，しゃく気	健寿堂	明治
乙女はだ	おとめはだ	人造麝香入おしろい		明治
御目洗薬	おめあらいぐすり		井上春耕軒／松尾甚助	明治
御めあらい薬	おめあらいぐすり	眼病	上尾庄兵衛／井上清七	大正
解凝丸	かいぎがん	たいどく下し	石田勝秀	明治
回効散	かいこうさん	歯病と頭痛	森田製薬所	大正
回春飴	かいしゅんあめ	たんをきり，せきを治す	赤心薬館	明治
咳治丸	がいちがん	せき一切	自然堂織田	明治
快腸丸	かいちょうがん		鈴木東七	大正
快通丸	かいつうがん	下剤	青木新護	大正
荵鉄丸	かいてつがん	月さらえ	資生堂	明治，明治−大正，大正
快痳丸	かいりんがん	痳病，消かち	藤本氏，藤本薬館	大正，大正−昭和
解痳散	かいりんさん	りん病，しようかち	盛大堂高橋卯之輔	明治，明治−大正
笠乃下	かさのした	のぼせ引さげ	越尾龍鱗堂	明治−大正
活寿丸	かつじゅがん	くだり	犬伏元貞	明治，明治−大正
加味三味湯	かみさんみとう	諸熱引風のふりだし	小林杏雲堂	明治
疝疝湯	かんざんとう		伴野保命堂薬房	明治−大正
岩鼠散	がんそさん	かん，のぼせ	中島氏	明治−大正
肝油ゼリー	かんゆぜりー		田中商会	昭和
甘露円	かんろえん	婦人月水不順	藤本氏	大正−昭和
奇応丸	きおうがん	小児五かん虫	秦興兵衛	明治
奇応丸	きおうがん	小児五かん虫	石田一定堂	明治−大正
機那サフラン酒	きなさふらんしゅ	衰弱症，貧血，婦人血の道，子宮病，産前産後の諸症	吉澤仁太郎	明治
キナピリン	きなぴりん	最新式風ねつさまし	高橋盛大堂	大正
規尼涅丸	きにねがん		鈴木東七	大正
君が代	きみがよ	しらが，赤毛染	山吉商店	大正−昭和
金華水	きんかすい	めぐすり	笹岡仁命堂	明治−大正

名称	読み	効能	製薬・製造所	販売時期
金華水	きんかすい	眼病	藤本薬館	大正
金匱救命丸	きんききゅうめいがん		宇塚氏	明治
キンドル散	きんどるさん	小児薬	岸田吟香	明治
金明丸	きんめいがん	たん，せき，ぜんそく	柳原尚栄堂	明治－大正
首より上の薬	くびよりうえのくすり	のぼせ引き下げ，両便快通す	高田徳左衛門／福地日進館	明治－大正
首より上の薬	くびよりうえのくすり	逆上引き下げ，疾毒下し，両便通じ	竹村合名会社	大正－昭和
クリール	くりーる	眼病	小山忠兵衛	明治－大正
敬震丹	けいしんたん	大人小児ねつさまし	犬伏元貞	明治，明治－大正
敬震丹	けいしんたん	流感とねつ	犬伏元貞	大正－昭和
鶏卵散	けいらんさん	りん病，しようかち	森平兵衛	明治
下剤丸	げざいがん	熱毒下し	青木萬次郎	大正－昭和
月宮丸	げっきゅうがん	月経不順／月やく下し	小林杏雲堂	明治－大正
月経丸	げっけいがん	子宮病	富松武助	大正－昭和
月経めぐり丸	げっけいめぐりがん	月やく不順，月やくおろし	熊谷薬石堂	明治－大正
解毒丸	げどくがん	ひえしつ，どく下し	西尾政七	明治
健胃下服丸	けんいかふくがん		回春堂谷新助	明治
健胃下剤	けんいげざい		駒宮氏	大正
健胃固腸丸	けんいこちょうがん		谷回春堂	明治，明治－大正
健胃散	けんいさん	胃病／健胃強壮	富松武助／尾張製剤株式会社	大正
健胃肥肉丸	けんいひにくがん	衰弱，貧血黄胖病，胃病，病後衰弱	高橋卯之輔	明治
健康	けんこう	胃病	福井商会	大正
健中湯	けんちゅうとう		大西健中堂	明治
健脳丸	けんのうがん	脳病，神経病	丹平商会	明治－大正，大正
健脾円	けんぴえん	滋養強壮	瀧本薬館	明治－大正
健脾丸	けんぴがん	心身のつかれ，ひ，いのいたみ	瀧本薬館	明治，明治－大正
浩気散	こうきさん	子宮血の道	石津浩気堂	明治
香竄葡萄酒	こうざんぶどうしゅ	健全滋養		明治－大正
口中薬	こうちゅうやく	口中一切必活良剤	石津浩気堂	明治
コカイン水	こかいんすい	めぐすり	高橋半四郎	明治－大正，大正
五臓円	ごぞうえん		駒宮氏	大正
御湯薬	ごとうやく	ひぜん	高村哲三	明治－大正
コレイキ円	これいきえん	積気，疝気，溜飲，痰咳，吐瀉，気鬱	川原	明治
混元丹	こんげんたん	健胃強壮	石黒伝六景寿	明治
今治水	こんじすい	歯薬	森玉林堂／長川真七	大正
さかやかぜ薬	さかやかぜぐすり	かぜ		明治－大正
サッポロミルク	さっぽろみるく			大正
挫熱丸	ざねつがん		末堅権之輔	明治
三毒下し	さんどくくだし	体質改良	尾張製剤株式会社	大正
次亜燐	じありん	肺病，胃腸病，貧血	小西久兵衛	明治
子宮丸	しきゅうがん		末堅権之輔	明治
治疾丸	じしつがん	ばいどく，りん病，しようかち	加藤翠松堂	明治－大正
紫雪	しせつ	熱病	石黒伝六景寿	明治
七宝丹	しちほうたん	黴毒	久下氏	
止痛丸	しつうがん	胸腹鎮痛	資生堂	明治－大正
実母散	じつぼさん	子宮病，さんぜんさんご血の道	喜谷市郎右衛門	大正
至宝丹	しほうたん		石黒伝六景寿	明治
司命丸	しめいがん		高倉氏	明治

名称	読み	効能	製薬・製造所	販売時期
麝香液	じゃこうえき		石井常治郎	大正
麝香丸	じゃこうがん	大人小児諸病，かん	井上氏	明治
自由湯	じゆうとう	痛風，脚気，リュウマチ	連川堂小久江氏	大正－昭和
十八丸	じゅうはちがん	たん，せき，ぜんそく	田中庄兵衛	明治
順血丸	じゅんけつがん	月さらえ	後藤国松	明治
順血丸	じゅんけつがん	月さらえ	小林氏	大正－昭和
順血五香湯	じゅんけつごこうとう	子宮病，血之道，産前産後	福地興兵衛／竹村合名会社	大正－昭和
小児金明丸	しょうにきんめいがん	小児たん，せき，かぜ	柳原尚栄堂	明治－大正
小児神功丸	しょうにしんこうがん	小児胎毒とり	白井正助	明治
小児生長丸	しょうにせいちょうがん	大人小児胎毒下し	高木興八郎	大正
小児胎毒丸	しょうにたいどくがん	たい毒	福田精平	明治－大正
小児六神丸	しょうにろくしんがん		亀田利三郎	大正
如神丸	じょしんがん		久下氏	明治
神靖液	しんせいえき	のう病，しんけい病，ちの道	山崎帝国堂	明治－大正
神仙万金丹	しんせんまんきんたん	気付，霍乱，毒消，宿酔	広瀬夘之助	明治－大正
人造麝香	じんぞうじゃこう		大島登盛堂薬房	明治
人造麝香	じんぞうじゃこう		大島商会	大正
人造麝香水	じんぞうじゃこうすい		大島商会	大正
仁丹	じんたん	懐中良薬		大正
人命丹	じんめいたん	子供の五疳と熱さまし		大正－昭和
神薬	しんやく	胃痛，気付け	資生堂	明治－大正，大正
神力散	しんりょくさん	眼病	井上治兵衛	明治－大正
清快丸	せいかいがん	食傷，溜飲，宿酔		明治
精錡水	せいきすい	目薬	後藤国松	明治
晴光水	せいこうすい	御目薬	堺屋内藤久八	明治
正産湯	せいさんとう	伽いらず	吉村養寿薬館	明治－大正
清心丹	せいしんたん	心腹痛，頭痛	高木興兵衛	明治，大正
清水散	せいすいさん	子宮諸症根治	須見敏大	明治－大正
静靖丸	せいせいがん	脳病，神経頭痛	高木興八郎	大正
清鉄丸	せいてつがん	月さらえ	高村哲三	明治－大正
青龍膏	せいりゅうこう	すい出しくすり	桂樹堂	明治
清龍丹	せいりゅうたん	四季要薬	資生堂	明治－大正
赤癒円	せきゆえん	はらのいたみ	高橋専右衛門	明治
ゼム	ぜむ	口中香錠	山崎帝国堂	大正
千金丹	せんきんたん		R. OGAWA & CO	大正
癬効水	せんこうすい		駒宮氏	大正
仙丹	せんたん	胃病	亀田利三郎	大正－昭和
全治水	ぜんちすい	た虫，水虫，いんきん	尾澤豊太郎	明治，大正
壮宮丸	そうきゅうがん	しきゅう病，ちの道	谷始太郎	明治
そげぬき薬	そげぬきぐすり	第一釘はり竹木魚鳥の骨その他一切のたちたるによし	湯川半左衛門	明治
蘇人湯	そじんとう	血の道薬	飯沼薬堂	明治
蘇命散	そめいさん		石田一定堂	明治
大学目薬	だいがくめぐすり	眼病	参天堂薬房／参天堂株式会社	明治－大正，大正
大日丸	だいにちがん	はらぐすり		昭和
退熱散	たいねつさん	発汗，止咳	山林堂	明治
痰咳散	たんがいさん		瀧本薬館	明治－大正
中将湯	ちゅうじょうとう	子宮病，血之道	津村順天堂	明治－大正，大正
直治水	ちょくじすい	眼病	丹平商会	明治－大正

名称	読み	効能	製薬・製造所	販売時期
鎮咳円	ちんがいえん	たん，せき	鈴木東七	明治－大正，大正
通利丸	つうりがん	つうじをよくし，のぼせを引さげ	高橋盛大堂	明治
月さらえ	つきさらえ	月やく不順	立志堂	明治－大正
月さらえ通月	つきさらえつうげつ	月経	福田久兵衛	明治－大正
ツームル	つーむる	腫瘍最新治療剤	柾木辰次郎商店	大正－昭和
テイナ	ていな	胃腸	鈴木専弘舎	大正－昭和
寺田せきとめ液	てらだせきとめえき	たんを祛り，せきを治す	寺田青陽堂	大正
天寿丸	てんじゅがん	くだり，はら	富松武助	大正
毒掃丸	どくそうがん	ばいどく，そうどく，しつどく，たいどく，其他一切の諸毒下し	山崎帝国堂	明治，明治－大正，大正
ドクトリ丸	どくとりがん	黴毒，瘡毒，淋毒，しつけ下し	木林	
ドクヌキ丸	どくぬきがん	黴毒，瘡毒，胎毒下し	富松武助	明治－大正，大正－昭和
毒滅	どくめつ	ひえ，しつ	森下南陽堂	明治
ナイス	ないす	しらが赤毛染	丹平商会	大正
人参三臓円	にんじんさんぞうえん	からだの根本を丈夫にする	吉野五運	大正
人参腎気円	にんじんじんきえん	強壮剤	黒木快明堂	明治
人参龍王和順湯	にんじんりゅうおうわじゅんとう	さんぜん，さんご，血のみち	加藤氏	明治－大正
熱退治	ねつたいじ		伴野保命堂薬房	明治－大正
脳丸	のうがん	のう病，神経病，のぼせ，引下げ，卒中を防ぐ	山崎帝国堂	明治，大正
ノーシン	のうしん	づつう	荒川長太郎合名会社	大正
黴瘡丸	ばいそうがん	ばいどく，そうどく，ひえ，しつ，かさ	熊谷薬石堂	明治－大正
バザン氏丸	ばざんしがん	たん，せき，ぜんそく	小林杏雲堂	大正
ハッキリ	はっきり	目薬	浪花薬館	大正
ハリバ	はりば	肝油		昭和
美顔水	びがんすい	にきびとり	順天館桃谷政次郎	明治
美神丸	びしんがん			昭和
秘真丹	ひしんたん	小児かん虫		明治
ビットル散	びっとるさん	健胃	猪飼史郎	明治，明治－大正
一二三	ひふみ	霜やけ，いんきん	小林伝兵衛	明治
百草根	ひゃくそうこん	神経痛，リウマチス		大正－昭和
百毒下し	ひゃくどくくだし	ばいどく，りんびょう，しようかち，しつけ	加藤翠松堂	明治
百毒除滅丸	ひゃくどくじょめつがん	百毒を下し疾病を治す	河村古僊	大正
復方克快丸	ふくほうこっかいがん	リュウマチス，ばいどく	植木彌一	明治－大正
複方タルリン	ふくほうたるりん	りん病，しょうかち	盛大堂高橋卯之輔	明治，明治－大正
復方吐根散	ふくほうとこんさん	たん，せき	谷始太郎	明治
藤澤樟脳	ふじさわしょうのう	防虫材		明治－大正
婦人綿	ふじんわた	さしいれくすり		明治－大正
不動目薬	ふどうめぐすり	眼病	大岩堂	明治
ペプシネ散	ぺぷしねさん	胃痛	立志堂	明治－大正
ヘプリン丸	へぷりんがん	ねつ病引風	河村武七	明治－大正
ヘルプ	へるぷ	腸胃カタル	津村敬天堂	大正
宝丹	ほうたん	暴瀉病，気絶，霍乱	守田氏	明治
宝丹	ほうたん	懐中良薬	守田治兵衛	大正

名称	読み	効能	製薬・製造所	販売時期
ホケン散	ほけんさん	歯痛，頭痛	篠原寶命堂	大正
ほしとり目薬	ほしとりめぐすり	眼病	柳生令徳堂	大正
保寿円	ほじゅえん	小児かんむし	盛大堂高橋卯之輔	明治
保生丸	ほせいがん	大人小児たんせき	藤本氏	大正－昭和
保命丸	ほめいがん		伴野保命堂薬房	明治－大正
ポリタミン	ぽりたみん	補血，滋養強壮		昭和
毎月丸	まいつきがん	月経不順	丹平商会	明治－大正
マクリ	まくり	むね虫おろし	石田一定堂	明治－大正
万病感応丸	まんびょうかんのうがん		依田周済堂	明治
ミグノリン	みぐのりん	頭痛	高木	大正－昭和
妙清湯	みょうせいとう	婦人子宮病血の道	妙清寺救室	大正
妙布	みょうふ	家庭常備薬	渡邊輝綱薬房	大正－昭和
妙方散	みょうほうさん	りん病，しようかち	田中市兵衛	明治
虫下シセメンエン	むしくだしせめんえん	虫下し	石田一定堂	明治
無二膏	むにこう	すいだし	松尾甚助	明治
明児丸	めいじがん	小児胎	小久江氏	明治
メンソレータム	めんそれーたむ	世界之家庭薬		昭和
ヤラッパ丸	やらっぱがん	のぼせ引下げ，りゅういん下し	高橋半四郎	大正
有功丸	ゆうこうがん			明治
誘導散	ゆうどうさん	のぼせ引下け	河村武七	明治－大正
養胃丸	よういがん	黄胆貧血	藤本薬館	大正
沃度丸	よくどがん	黴毒，ひえ，しつ，毒下し	資生堂	明治－大正
痢病丸	りびょうがん	くだり，はら	瀧本薬館	明治－大正
龍角散	りゅうかくさん	たん，せき，ぜんそく	藤井得三郎	大正
龍虎丹	りゅうこたん	小供のくすり	とみや薬房	明治
淋消	りんしょう	治淋	加藤翠松堂薬局	明治－大正
レーベン	れーべん	脳病，神経衰弱	中南定太郎薬房	大正
六神丸	ろくしんがん	鎮痛，強心，解毒	北川春天堂／亀田利三郎	明治
六神丸	ろくしんがん		亀田利三郎	大正，昭和
六神丸	ろくしんがん		虎脩堂宮川藤平	大正
六物解毒丸	ろくぶつげどくがん	諸毒下し，のぼせ，引きさげ	山崎山林堂	明治－大正
和春丸	わしゅんがん	月やくふめぐり	順天館桃谷政次郎	明治
和中飲	わちゅういん		涌井	明治

丸：蜂蜜，米糊などで煉って丸くしたもの。
丹：宋の欽宗帝（1100～61）の時，その諱の「完」の音が「丸」に似ているので，当時の医書は丸を丹と改称したという。
圓（円）：丸剤，散剤のうち薬の作用が強いため使用量の少ないものをいったことがある。丸いもの，丹形，四角形などがある。
湯：煎じてのむもの。

(内藤くすり博物館 1986：68p より引用)

資料2　近代ガラス瓶関連年表

年号	西暦	ガラス瓶関連項目	一般
安政元	1854	ペリー二度目の来航，黒船から捨てられた空き瓶を人々が拾い珍重する	日米和親条約
安政5	1858	イギリスやドイツ等からビールの輸入が始まる，外国人用洋酒も入る	日米修好通商条約，安政の大獄
万延元	1860	イギリス製レモネードが長崎に伝来する	桜田門外の変
文久2	1862	英語の bottle の訳語に瓶・硝子壜（ビイドロとくり）があてられる	生麦事件
慶應元	1865	長崎の藤瀬半兵衛がイギリス人からラムネの製法を学び売り出す	
慶應2	1866	前田留吉，横浜で搾乳業を始める	
明治元	1868	ノース・レー商会が横浜に開業し，居留外人用にレモネード，ラムネ，シャンペンなど清涼飲料水の製造販売を開始する 清国人アリンが築地入船でラムネの製造を開始する（弟子に鈴木乙松，蓮昌泰） イギリス製の「バースビール」が初めて輸入される	明治改元
明治2	1869	コーブランドが横浜にビール工場ジャパン・ブルワリーを建てる（最初のビール醸造所） 鈴木乙松が築地小田原町でラムネ業を創業する 丸屋善八薬店（のちの丸善）が創業する 澤定次郎，東京本所松井町に工場を設けて薬瓶の製造を始める	版籍奉還
明治3	1870	各種洋酒輸入はじまる，空き瓶の再利用が行われるようになる コーブランドがビール会社の「スプリング・バレー・ブルワリー」開業し，「天沼ビアザケ（天沼ビール）」を販売する（明治18年に倒産，工場売却，ジャパン・ブルワリーに引き継ぐ） 山田宥教・詫間憲久が甲府でワイン・ブランデーの醸造をはじめる 大阪の木村新兵衛がガラス瓶の製造を開始する	
明治4	1871	カルノー商会，ビールとウィスキーを輸入する 横浜のレッツがブランデー，コードリエがラム酒を輸入する 京都舎密局がラムネ（レモネード）を製造する 蓮昌泰が築地入船町でラムネを製造する 岸田吟香，ヘボン直伝の目薬「精錡水」を発売する（一説に慶應3年）	廃藩置県，新貨条例
明治5	1872	渋谷庄三郎が大阪北区堂島で日本人による最初のビール「渋谷ビール」を醸造販売する（明治14年まで） この頃輸入洋酒の空き瓶を利用した瓶詰め清酒が登場する 資生堂薬局（のちの資生堂）が創業する 井筒屋香油店が創業する イギリスのハイラム・コッドがラムネ瓶を発明する	学制公布，鉄道開通，太陽暦採用
明治6	1873	甲府の酒造家野口正章，甲府で「三ッ鱗ビール」を醸造販売する（明治14年に野口忠蔵に譲渡，明治34年まで） 岸田吟香が東京・銀座で「檸檬水」を発売する 秋元巳之助，「ジンジャビア」，「サルサパリラ」，「シトロン」，「レモナーデ」を横浜扇町で製造，横浜港の欧米の軍艦に納入する	徴兵令，地租改正
明治7	1874	大阪で橋本清三郎が「みかん水」の製造販売を開始する	
明治8	1875	甲府の酒造家野口正章，東京で「三ッ鱗ビール」の販売を開始する 横浜の保坂森之輔が「保坂ビール」を発売する 東京新橋川岸の氷店「新金屋」が舶来大瓶ビールを発売する 開拓使札幌官園が開設する（葡萄栽培） 後藤紋次郎が横浜でラムネの製造を開始する 東京・日本橋の山形屋がガラス瓶，ブリキ缶入りの「のり」を発売する 伊藤契信，大阪与力町付近で瓶の製造を始める ニューヨークのシャルル・ド・キイユフェルドが機械栓を発明する	
明治9	1876	北海道開拓使が札幌に開拓使麦酒醸造所を設立する（明治19年に大倉組へ払い下げ） ラムネ，蜜柑水など清涼飲料水がブームになる 政府が工部省品川硝子製造所を設立する（洋式ガラス工業の発端でソーダ灰を初めて使用）	
明治10	1877	札幌開拓使が「開拓使ビール」を販売する	西南戦争

年号	西暦	ガラス瓶関連項目	一般
		東京で「桜田麦酒」が設立・販売される（明治26年に東京麦酒に改称） 山梨県立葡萄酒醸造場が完成する 大阪の小西儀助がウィスキーの製造を始める 徳永硝子製造所が設立される	
明治11	1878	平尾賛平商店（のちのレート化粧品）が創業し，白粉下化粧水「小町水」 を発売する 塩野義製薬（のちのシオノギ製薬）が創業する 瓶詰め清酒初めて売り出される	
明治12	1879	滝口倉吉が東京日本橋坂本町に洋酒醸造所をつくる 東京・小伝馬町の嘉納乙吉が売り出した灘酒にコルク栓を使用する 播州葡萄園が開設される 東京・築地でチャリヘースがラムネ・サイダー等を製造開始する 売薬「太田胃散」が発売される	教育令制定
明治13	1880	天然炭酸水が発売される（「山城炭酸泉」） 東京浅草に鈴木音吉が洋水舎を設立し，ラムネを製造する 中川幸吉が東京銀座で清涼飲料「りんご水」，「レモン水」，「みかん水」， 「いちご水」を発売する 資生堂が「神令水」，「清女散」，「金水散」，「蒼生膏」，「愛花錠」を発売 する 徳永硝子製造所が設立される	
明治14	1881	東京・麹町の桜田麦酒醸造所が「桜田麦酒」を発売する 横浜の守屋正造が「懐中ラムネ」と「懐中レモン」を売り出す 徳永玉吉が玉入りラムネ瓶を試作する	国会開設の勅諭
明治15	1882	神谷伝兵衛が「蜂印香竄葡萄酒」を発売する（「香竄」は神谷の俳号） ラムネが日本人に広がる 天野源七商店（のちのヘチマコロン）が創業する	
明治16	1883	岩城竜次郎が東京・京橋で外国人の注文によりラムネの玉入り瓶を初め て作る 日本硝子会社が設立される	鹿鳴館落成
明治17	1884	機械栓の「扇ビール」のビール広告が出る 三菱が兵庫県平野の炭酸泉の権利を買い取り「平野水」と命名して発売 する（ミネラルウオーターの元祖） 品川硝子製造所が民間に貸し下げられる	
明治18	1885	横浜・山手にジャパン・ブルワリー・カンパニー（日本麦酒醸造会社， 明治40年に麒麟麦酒に継承）が開業する 浅田麦酒醸造所が「浅田麦酒」を売り出す（明治45年まで） 大倉蔵太郎が東京で「大倉ビール」を発売する（明治21年まで） ドイツ産ビールの輸入がふえて国内に広く出回る 降矢徳義が山梨県相興村に甲州園葡萄酒醸造場を創設する 「三ツ矢サイダー」の前身「一ツ矢サイダー」が明治屋より発売される 東京で「米山サイダー」の製造が開始される 大阪の松本勇七がラムネの製造を開始する 神戸居留地18番館のシーム商会よりラムネが発売される ヤマサ醤油8代目の浜口儀兵衛がウスターソースを「ミカドソース」と 称して販売する 桃谷順天館（桃谷政次郎）が創業する 国産インキが発売される 『牛乳営業取締規則』により鉛や銅が牛乳容器に使用できなくなる	内閣制度発足
明治19	1886	ストックビール人気に偽物が登場し，処罰者が出る 日本酒の壜詰が登場する コレラが大流行し，東京横浜毎日新聞に「炭酸を含有している飲料水を 飲むと恐るべきコレラ病に犯されない」という記事が出てラムネやサイ ダーの売れ行きが激増する 桃谷順天館がにきびとり「美顔水」を発売する 銀座三丁目にコルク業，奥勝重商店が開業する	学校令制定
明治20	1887	日本麦酒醸造（のちのサッポロビール）が設立される 愛知の丸三麦酒醸造所が創業する（明治22年に「丸三ビール」を発売）	東京電灯会社配電開始

年号	西暦	ガラス瓶関連項目	一般
		「日の出鶴サイダー」を「金線サイダー」に名称変更する 大阪の徳永硝子工場が玉入りラムネ瓶を製造し，山為硝子が発売する 大日本製薬会社が「春の露」，「都の春」（香水），「明の露」，「コールドクリーム」（日本初）を発売する 鐘淵紡績（のちのカネボウ）が創業する	
明治21	1888	ジャパン・ブルワリー・カンパニーがドイツ式製法によりビールを製造，「キリンビール」と命名し，横浜の明治屋から発売する 札幌麦酒（のちのサッポロビール）が設立される 「平野水」の権利を明治屋が借り受け「三ツ矢平野水」として売り出す きゅうり瓶がすたれ，瓶の中にガラス玉が入った玉ラムネが流行する 山崎帝国堂が創業する 資生堂薬局（のちの資生堂）が日本で初めての練り歯磨「福原衛生歯磨石鹸」を発売する 品川硝子製造所でビール瓶，ランプの火屋，薬瓶，食器類の生産を開始する	市制・町村制公布
明治22	1889	大阪麦酒（のちのアサヒビール）が設立される（明治25年に「アサヒビール」を発売） 日本橋本町の近藤利兵衛が「東陽ビール」を発売する 丸三麦酒醸造所が「丸三ビール」を発売する 大阪に帝国麦酒会社が設立され，「カイゼルビール」が発売される（明治24年まで） 東京・日本橋に甲斐産商店開業，生ブドウ酒「大黒天印甲斐産葡萄酒」を発売する 神谷伝兵衛，牛久の醸造場が完成し，ワイン，シャンパンを生産する 「ウィルキンソン炭酸水」が発売される この頃，牛乳にガラス瓶を使いはじめる 関口八兵衛が「ハトソヲース」を発売する	大日本帝国憲法発布 東海道線全通 東京・横浜で電話交換業務開始
明治23	1890	日本麦酒醸造が「エビスビール」を発売する 京都で福田源之助がラムネ製造を開始する	教育勅語発布
明治24	1891	神谷伝兵衛が「電気ブラン」を発売する	
明治25	1892	大阪麦酒から「アサヒビール」が発売される 大黒葡萄酒が創立される 箱根・富士屋ホテルに滞在中のベルツが「ベルツ水」（現在のグリセリン液）を考案する 春に発売された「喜久の露」，「玉掌露」，「艶顔水」，「キレイ水」，「美人水」，「美艶水」，「皮膚の水」などの化粧水が流行する アメリカ人ウィリアム・ペインターによって王冠栓が発明される	
明治26	1893	ジャパン・ブルワリー・カンパニーが「キリンビール」に初めて国産の瓶を使用する 大阪麦酒が堀川製瓶所を設置し，製瓶を開始する 桜田ビールが神奈川県保土ヶ谷に工場を移転し，東京麦酒株式会社と改称する 資生堂薬局（のちの資生堂）が脚気の薬「脚気丸」を発売する（ビタミン薬の初め） 森下南陽堂（のちの森下仁丹）が創業する 東京・日本橋で津村順天堂が開業し，人用煎薬「中将湯」を発売する 高橋東洋堂（のちのアイデアル）が創業する	
明治27	1894	名古屋の伊藤末吉が「蜜柑水」の製造を開始する 和歌山の名古屋伝八が「蜜柑水」を製造販売する 大阪の越後屋が国産初の「三ツ矢ソース」を発売する 丹平商会が創業し，売薬「健脳丸」が発売される 小林製薬が創業する	日清戦争始まる
明治28	1895	日本麦酒醸造が黒麦酒を発売する 日本酒の桜正宗の小瓶詰め（1合5勺入り）が発売される 本所の西岡彦三郎が「二羽鳥サイダー」を発売する	
明治29	1896	丸三麦酒醸造所が丸三麦酒製造株式会社に社名変更する 大阪の木村幸次郎が山城屋を創業して錨印ソース（のちのイカリソース）を発売する	

年号	西暦	ガラス瓶関連項目	一般
		東京・神田の小林富次郎商店（のちのライオン）が「獅子印ライオン歯磨」（瓶入りも）を発売する	
明治30	1897	横浜硝子製造会社がビール瓶の製造を開始する ラムネの玉が出回り，ビー玉遊びが始まる 名古屋の岩瀬惣太郎が「みかん水」の製造を開始する 『内務省令』で果実飲料の混濁・沈殿物が認められなくなる 田口参天堂が「大学目薬」を発売する 資生堂が「オイデルミン」，「花たちばな」，「柳糸香」など化粧品の製造販売を開始する 化粧瓶が市場に出始める	
明治31	1898	東京麦酒が「東京ビール」を発売する（明治40年に大日本麦酒に売却） 川上善兵衛，新潟県高士村で「菊水ブドウ酒」，「菊水ブランデー」を大量生産し，販売する 大阪の野村専次が「白玉ソース」を発売する 丹平商会から売薬「今治水」が発売される 平尾賛平商店が「日本美人粉」，「日本美人粉白粉」，「菊桐香水」を発売する 資生堂が「玉椿」，「花かつら」，「春風山（春風油）」，「住の江」，「春の雪」，「ねりおしろい」，「しののめ」などを発売する 「丸善最上インキ」が製造発売される	日本映画はじめて製作
明治32	1899	丸三麦酒が「カブトビール」を発売する 鳥井信治郎，小西儀助商店を退職し大阪で鳥井商店（のちのサントリー）を開業し，ブドウ酒の製造を開始する 横浜の秋元巳之助が「金線サイダー」を発売する 塩原又策，西村庄太郎・福井源次郎が横浜に三共商店（のちの三共製薬）を設立する 『特許法』，『意匠法』，『商標法』が公布される	改正条約実施
明治33	1900	輸入王冠栓付き国産ビール（「東京ビール」）が登場する 「金線サイダー」に王冠栓が使用される この頃以降，大都市の一部で牛乳瓶に機械栓が使用される 醤油が野田みやげとしてビール瓶に詰められて販売される 神戸の安井敬七郎が「日の出ソース」を発売する 長谷部中彦が無鉛白粉を発明する 『飲食物其ノ他ノ物品取締ニ関スル法律・規則』により，清涼飲料の混濁・沈殿物・防腐剤が禁止され，牛乳にガラス瓶が義務づけられる	治安警察法
明治34	1901	横浜の巴屋支店が瓶詰めの日本酒を発売する 白鶴が初めて1升瓶詰め清酒を発売する 牛乳の1合瓶が地方へ普及する 平尾賛平商店が「2人娘香水」，「ダイヤモンド香水」，「満庭香水」を発売する	八幡製鉄所操業開始
明治35	1902	養老山麓に湧出する天然鉱泉水使用の「養老サイダー」が発売される 「征露丸（のちの正露丸）」が発売される 桃谷順天館が化粧用「美顔水」を発売する 平尾賛平商店が「メリー白粉」を発売する	日英同盟
明治36	1903	家庭でビールを飲むことが一般化する 1合，2合，4合，1升など瓶詰め清酒が多彩になる 明治屋が神戸・布引きの滝の下流に出る炭酸水を使って「布引炭酸水」（のちの「ダイヤモンドレモン」）を発売する 横浜の山本染之助が「軍艦印サイダー」を発売する 資生堂が「ふけとり香水」を発売する 中山太陽堂（のちのクラブコスメチックス）が創業する	
明治37	1904	川上伝兵衛，「菊水印」の白・赤ワイン売り出す 山梨県上岩崎の川崎善次郎が「軍配印」「天目山印」のワインの生産をはじめる 横浜の秋元巳之助が「金線サイダー」を王冠使用して新発売する（このうち，サイダーに王冠が用いられ，ラムネと区別される） 山梨の葡萄酒醸造家，宮崎光太郎が「宮崎ぶどう液」（瓶詰め）を製造販売する	日露戦争始まる

年号	西暦	ガラス瓶関連項目	一般
		中野常次郎が理化学ガラスを創製し，アンプルが大量に製造される 伊東胡蝶園（のちのパピリオ）が創業され，日本初の無鉛白粉「御園白粉」を発売する	
明治38	1905	帝國鑛泉会社が「三ツ矢印平野シャンペンサイダー」を発売する 富山で翠田辰次郎が「地球トンボ印サイダー」を発売する 三沢屋商店の小島仲三郎がソース（のちのブルドックソース）の製造を開始する 森下博薬房（のちの森下仁丹）から「仁丹」が発売される 三越呉服店が輸入化粧品の販売を開始する 資生堂が国産はじめての入浴剤「花の露」を発売する 志ら毛染君が代（のちの君が代）が創業する オーエンス式自動製瓶機が完成する	
明治39	1906	札幌麦酒，日本麦酒，大阪（朝日）麦酒が合併して大日本麦酒株式会社が設立される 丸三麦酒製造株式会社が日本第一麦酒株式会社に社名変更する 明治屋が戦勝記念の「キリン・ピルスナービール」を発売する 大日本麦酒（朝日麦酒）が吹田工場で初めて王冠を使用する 鳥井商店（寿屋，のちのサントリー）が「向獅子印甘味葡萄酒」を製造販売する 蟹江一太郎が愛知県名和村でトマトソースを本格的に生産する 平尾賛平商店が「レート乳白化粧水」を発売する 資生堂がはじめての肌色白粉「かへで」，「やよい」を発売する 東洋硝子製造株式会社が創立し，デュセル式製瓶機で量産を図る（明治42年に解散）	鉄道国有法
明治40	1907	寿屋洋酒店（のちのサントリー）が「赤玉ポートワイン」を販売する ジャパン・ブルワリーが解散（明治39年），その事業を引き継いだ麒麟麦酒株式会社が創立される 大日本麦酒が東京麦酒を買収する 名古屋の塚本鶴次郎が「丸ツラムネ」を発売する ラムネにかわりにサイダーが流行する 桃谷順天館が「にきびとり美顔水」を発売する	
明治41	1908	大黒天印甲斐産葡萄会社が「大黒甘味ブドウ酒」を売り出す 明治屋がダイヤモンド印の「シャンパン」，「オレンジ」，「レモネード」，「ジンジャエール」の4種の清涼飲料水を売り出す 日本第一麦酒株式会社が加富登麦酒株式会社に社名変更する 蟹江一太郎（カゴメ）が国産初のトマトケチャップ，ウスターソースを発売する 鈴木三郎助が化学調味料「味の素」を製造開始する（発売は翌年） 加美乃素本舗が創業する 公文書にインキ使用が認められる	
明治42	1909	大日本麦酒（朝日麦酒）がコルク栓の使用を中止する 大日本麦酒が「リボンシトロン」発売する（王冠使用） この頃，ミカン水業者は東京だけで約200軒 「ロート目薬」が発売される 平尾賛平商店が「レートクリーム」を発売する この頃化粧瓶が拡販する 農商務省がドイツ式ガラス加工機を輸入し，民間に貸下げを行う	
明治43	1910	大日本麦酒が「ミュンヘンビール」を発売する 「ホッピー」で名をなすコクカ飲料が創業する コップ付瓶詰清酒の駅売りをはじめる 平尾賛平商店が「レート練白粉」，「水白粉」，「粉白粉」を発売する 中山太陽堂が「クラブ練白粉」を発売する 井田京栄堂（のちのメヌマ）が創業する 井上太兵衛商店が「オシドリポマード」を発売する ライオンが「萬歳歯磨」を国内向けに発売する 丸善が「ゼニスインキ」（気圧式瓶使用）を発売する	大逆事件，韓国併合
明治44	1911	寿屋洋酒店（のちのサントリー）が「ヘルメスウィスキー」を発売する 星製薬が創業する	

年号	西暦	ガラス瓶関連項目	一般
		中山太陽堂が「英国式美身クリーム」,「クラブ粉白粉」,「クラブ水白粉」,「クラブ美髪用ポマード」,「クラブ化粧水」を発売する 大日本麦酒（朝日麦酒）が吹田工場で機械吹き瓶を生産する	
明治45（大正元）	1912	門司に帝国麦酒が創立される 麒麟麦酒のビールに王冠の使用が開始される 大日本麦酒のビールに王冠が本格的に使用される サイダーの印入空壜が商標権で問題になる 中埜商店（のちのミツカン）で初めて瓶詰め酢（1升瓶）を生産する 植物性ポマードの製造が始まる	
大正2	1913	帝国麦酒が「サクラビール」を発売する ミツカン酢の中埜家が5合瓶を開発する（翌年に発売） 売薬「救心」が発売される 桃谷順天館が「美身クリーム」,「美顔洗粉」を発売する 中山太陽堂が「クラブ乳液」,「クラブ美身クリーム」,「クラブ洗面香水」を発売する	
大正3	1914	帝国麦酒が東京で「サクラビール」の販売を開始する 名古屋の岩瀬惣太郎が「丸ク印ラムネ」を発売する 泰昌製薬が創業する 桃谷順天館が「美顔白粉」,「白色美顔水」,「美顔粉白粉」を発売する ケンシ（のちのケンシ精香）が創業する 大戦によりソーダ灰の輸入が途絶える	第一次大戦始まる
大正4	1915	酒や醤油の1合瓶が出まわる この頃，サイダー，酒，ビールなどの瓶のコルク栓が王冠にかわる アメリカのアレキサンダー・サミュエルソンがホップルスカートをヒントにコカ・コーラ瓶をデザインする 資生堂が商標「花椿」を制定する 資生堂が「フローリン」（養毛美髪剤）を発売する 平尾賛平商店（のちのレート化粧品）が「レートフード」,「ビクトリー香油」,「髪白粉」を発売する 中山太陽堂が「クラブ天山粉」,「紙白粉」を発売する 天野源七商店が「化粧水ヘチマコロン」を発売する 大日本麦酒株式会社が半人工製瓶機を導入する ガラス工業が飛躍的に発展する	
大正5	1916	帝国鉱泉が果実汁を原料に三ツ矢平野水と天然炭酸ガスを配合した新清涼飲料水「コロナ」を発売する 三島海雲，醍醐味合資会社を設立し，「醍醐味」を発売する 平尾賛平商店（のちのレート化粧品）が「レートポマード」を発売する 矢野芳香園が「美乳」を発売する 二八堂が「ホーカー白粉」を発売する 丸善が万年筆用「アテナインキ」を製造発売する 丸善が墨汁の製造を開始する 日本硝子工業株式会社が設立され，保土ヶ谷工場と尼崎工場にオーエンス式自動製瓶機を設置し，本格的な量産化に入る エンパイア式半自動バルブ吹製瓶機が導入される	
大正6	1917	大日本麦酒株式会社が「青島ビール」を発売する ビールの生産高うなぎのぼりとなる 三島海雲，ラクトー株式会社を設立する 消化薬「ワカ末」，整腸薬「ビオフェルミン」が発売される 資生堂が「福原白粉」,「花椿香油」,「花椿香水」,「パーオキシードクリーム」を発売する 旭硝子が国産初のソーダ灰を製造する オニール式およびリンチ式自動製瓶機（無人機）が作られる	理化学研究所設立
大正7	1918	宮城県の桔梗長兵衛が「桔梗印葡萄液」を製造販売する 宝焼酎が「壜詰め宝焼酎」を発売する 野田醤油（のちのキッコーマン）が醤油1升瓶を発売する 名古屋の荒川長太郎会社が頭痛薬「ノーシン」を発売する 資生堂が「過酸化水素クリーム」,「コールドクリーム」を発売する 井田京栄堂（のちのメヌマ）が「メヌマポマード」を発売する 丸善が「オリオンインキ」を製造発売する	シベリア出兵，米騒動

年号	西暦	ガラス瓶関連項目	一般
大正8	1919	寿屋洋酒店（のちのサントリー）が「トリスウィスキー」の製造販売を開始する この頃の葡萄酒は「赤玉」と「蜂印」が勢力を二分していたが，その他に「菊水印純粋葡萄酒」，「牛久赤白葡萄酒」，「マルキ葡萄酒」，「地球撮印滋養興奮葡萄酒」，「ハート宇規那鉄葡萄酒」，「ミツワ規那鉄葡萄酒」，「赤門葡萄酒」，「人参規那鉄葡萄酒」，「王冠印国産葡萄酒」，「地球印葡萄酒」，「大黒天印甲斐産葡萄酒」などがあった ラクトーが「醍醐味」を「カルピス」と改称して発売する（400 ml 瓶） 「コカ・コーラ（コーラ炭酸）」が明治屋によって初めて輸入されたが，需要伸びずまもなく取扱いを中止する 中島薫一郎が食品工業を設立する（のちのキユーピー） 資生堂から本格的香水「梅の花」，「藤の花」が発売される 日本製壜株式会社が創立し，オニール式およびリンチ式自動製瓶機を設置する（ガラス瓶の品質向上）	ヴェルサイユ条約
大正9	1920	日英醸造株式会社が「カスケードビール」を発売する（昭和3年寿屋へ売却） 寿屋洋酒店（のちのサントリー）が瓶詰ハイボール「ウイスタン」を販売する ガラス製振出し式食卓容器入り「味の素」が発売される 東洋醸造が清酒，ワイン，ウィスキー，ブランデーの生産を開始する 守山商会がコーヒー牛乳，乳酸飲料などを製造販売する 「カルピス」の180 ml 小瓶（ねじり瓶）が発売される 柳屋がポマードなど男性化粧品の製造を始める 東洋コルク工業が設立される	
大正10	1921	東洋醸造が「フジビール」を発売する（大正12年に麒麟麦酒に合併） 鈴木梅太郎が合成清酒「理研酒」を発表し特許取得する（翌年から「利休」，「新進」，「祖国」という名で市販） 乳白色化粧瓶の製造が盛んになる 旭硝子がソーダ灰の市販を開始する 『度量衡法』によってラベルなどに容量の表示が命じられる	
大正11	1922	加富登麦酒，帝国鉱泉，日本製壜の3社が合併し，日本麦酒鉱泉となる（「カブトビール」，「三ツ矢サイダー」のほか「ユニオンビール」を発売） ラクトーが「カルピス」の徳用瓶（580 ml）を発売する 駅売りのお茶の容器が土瓶からガラス製にかわる 牛乳の紙栓を初めて国産化する 平尾賛平商店が「レート香水」を発売する 徳永硝子製造所で1升瓶の「機械吹き」成功 日本硝子工業株式会社がグラハム式製瓶機を設置し，旧式のでデュッセル式を廃止して自動製瓶法による製造を開始する	
大正12	1923	寿屋（のちのサントリー）の鳥井信次郎が国産初のウィスキーを製造する 麒麟麦酒が東洋醸造を買収して大日本麦酒に次ぐメーカーとなる 大日本麦酒が清涼飲料「ナポリン」を発売する 三島海雲がラクトー株式会社をカルピス製造株式会社と改称し，「鉄道駅売り用希釈カルピス」を発売する 森永が乳性飲料「コーラス」を発売する 野田醤油（のちのキッコーマン）が醤油1升瓶を機械栓から王冠栓に改める 山崎峯次郎，日賀志屋を創業する（のちのエスビー食品） 資生堂が初の日やけどめクリーム「ウビオリン」を発売する 高橋東洋堂が「アイデアルバニシング」，「コールド」，「ポマード」，「洋髪香油」，「ヘアーローション」，「乳液」を発売する 今村善次郎，わが国初の接着剤の合成に成功し，「セメダイン」と名づける 徳永硝子製造所にリンチ式およびミラー式全自動製瓶機が設置される	関東大震災
大正13	1924	日清製油が国産初のサラダ油を発表する ライオン水歯磨の平丸大瓶が発売される 自動製瓶機で最初の1升瓶量産が開始される	
大正14	1925	乳酸菌飲料がブームで森永製菓が「森永コーラス」，東京製乳研究所が「ラクミン」を発売する 日本麦酒鉱泉が金線飲料を合併する	治安維持法，普通選挙法 ラジオ放送開始

年号	西暦	ガラス瓶関連項目	一般
		「カルピス」の新徳用瓶（630 ml）が発売される 野田醤油（のちのキッコーマン）が醤油1升瓶を21瓶に改める 東京の食品工業（のちのキューピー）がマヨネーズの製造販売をはじめる（100 g瓶，128 g瓶） 丸美屋食品がふりかけ「是はうまい」を開発する 資生堂が黒いボトルに入った香水「銀座」を発売する 柳屋本店が「柳屋ポマード」，「椿香油」，「ペーラム」を発売する	
大正15（昭和元）	1926	「カルピス」の中瓶（330 ml）が発売される ブルドックソース食品株式会社が設立される 中埜商店（のちのミツカン）が1l瓶詰め酢を発売する 三共がビタミンBを「オリザニン」の名で発売し，理研から「ビタミンA」が発売される 中村三興堂（のちのヒメ椿本舗）が創業され，「ヒメ椿クリーム」，「ヒメ椿香油」を発売する パイロットが「パイロットインキ」を発売する	
昭和2	1927	大日本麦酒が「特大びん詰ビール」を発売する 味の素が10銭瓶（6 g入）を発売する 丸美屋食品がふりかけの元祖「是はうまい」を発売する ポーラ化成工業（のちのポーラ）が創業する 久保政吉商店（のちのウテナ）が創業され，「ウテナ液」を発売する 金鶴香水（のちのマンダム）が創業され，「丹頂香油」，「丹頂ポマード」，「金鶴香水」を発売する 大島椿製油所が創業する 『牛乳営業取締規則（新庁令）』により無色透明のガラス瓶，王冠栓（掛け紙を被せた紙栓を認める）で密栓を義務づける	金融恐慌，山東出兵
昭和3	1928	麒麟麦酒が「キリンレモン」を発売する 明治乳業が「明治牛乳」を発売する 「カルピス」の63 ml小瓶（ポケット瓶タイプ）が発売される 味の素がグラム制採用で新たな小瓶（15 g入）を発売する 平尾賛平商店が「レート五十番ポマード」，「レート香料」を発売する 「ライオン水歯磨」平丸小瓶が発売される 島田硝子製造所にて無色ガラスをタンク窯で溶融に成功し，ミラー式全自動押型機を設置する	普通選挙実施，3・15事件
昭和4	1929	寿屋（のちのサントリー）が「新カスケードビール」を発売する（昭和5年に「オラガビール」と改称する） 帝国麦酒が桜麦酒と社名変更する 寿屋（のちのサントリー）が初の本格国産ウイスキー「サントリーウィスキー白札」を発売する 麒麟麦酒が「キリンタンサン」を発売する 寿屋（のちのサントリー）が「トリスタンサン」を発売する 森永製菓が「森永果実飲料」を発売する 明治製乳が設立される（のちの明治乳業） わかもと（のちのわかもと製薬）が創業する 木村化学（のちのアース製薬）が殺虫剤「アース」を発売する 久保政吉商店（のちのウテナ）が「ウテナクリーム」を発売する 若葉ポマード本舗（のちのシボレー）が創業する 麒麟麦酒にレッドファーン製瓶機が設置される 東京電気株式会社にアイバンホー式自動バルブ吹製瓶機が輸入される 透明ガラス瓶の自動製瓶が可能になる	
昭和5	1930	荒井長治郎商店がチキンソース株式会社と改組改称する 大日本麦酒が整腸剤「エビオス」を発売する 井田京栄堂が「メヌマバニシング」を発売する 大東化学工業所（のちのテルミー化粧品）が創業する 津村順天堂（のちのツムラ）が芳香浴剤「バスクリン」を発売する	昭和恐慌
昭和6	1931	資生堂が「銀座化粧品」を発売する ポーラ化成工業が「バニシングクリーム」を発売する	満州事変
昭和7	1932	寿屋（のちのサントリー）が十年貯蔵「サントリーウイスキー特角」を発売する 大阪の寿毛加，「スモカ歯磨」を発売する（喫煙者用として人気を集める）	上海事変，血盟団事件，5・15事件

年号	西暦	ガラス瓶関連項目	一般
		中山太陽堂が「クラブ美身液」を発売する 加美乃素本舗が「加美乃素」を発売する 桃谷順天館が「明色クリンシンクリーム」を発売する 資生堂が「クレモリン」,「ドルックス化粧品」,「資生堂クリーム白粉」を発売する	
昭和8	1933	大日本麦酒と日本麦酒鉱泉が合併する カゴメが初めてトマトジュースを製造する ネッスル日本株式会社が設立される 『内務省令第37号牛乳営業取締規則』により,牛乳の細菌数・殺菌規制が行なわれる 強化ガラスの製造始まる	
昭和9	1934	大日本果汁株式会社が設立される(のちのニッカウヰスキー) 昭和酒造株式会社が設立される(のちのメルシャン) 資生堂が初の女性ホルモン含有クリーム「ホルモリン」を発売する 金鶴香水が「丹頂クリーム」,「メディカポマード」を発売する 青木栄堂(のちの栄すみれ本舗)が創業する 丸善が「チェックインキ」,製図用インキを製造発売する	
昭和10	1935	大日本麦酒(のちのアサヒビール)が「アサヒスタウト」を発売する 宮崎光太郎が大黒葡萄酒を設立する シャンソン化粧品本舗が創業する ピカソ美化学研究所が創業する	天皇機関説
昭和11	1936	清酒の缶詰(沢の鶴)初めて市場に出回る 明治製菓が「アップルジュース」を発売する カゴメがケチャップ瓶用にアルミ王冠を使用する 森永製菓が森永食品工業を設立し,トマトケチャップの製造に着手する 桃谷順天館が「明色アストリンゼン」を発売する 鐘淵紡績(のちのカネボウ)がカネボウ化粧品の製造を開始する 日本硝子株式会社が設立される(製瓶部門独立)	2・26事件
昭和12	1937	昭和酒造(のちの三楽オーシャン)が合成清酒「三楽」(1.8l瓶)を発売する サントリーが「ウイスキー角瓶」を発売する 東京醸造が「トミーウイスキー」を発売する 明治製菓が「ツルチックジュース」を発売する 化粧品「ポーラ・ネオリクィッド」が発売される ブリキ統制,王冠配給制になる	日中戦争始まる
昭和13	1938	明治製菓が「グレープジュース」を発売する 資生堂が「資生堂クリーム」を発売する 日本硝子工業組合連合会が設立され,板ガラス以外のガラス製品が統制される	
昭和14	1939	資生堂が「資生堂クリーム」を発売する 清酒,ビール,清涼飲料水などの公定価格が決定される	ノモンハン事件
昭和15	1940	大日本果汁(のちのニッカ)が「ニッカウイスキー」,「ニッカブランデー」を発売する 寿屋(のちのサントリー)が「オールド」を発売する(一般市場には出回らなかった) 花王がバニシングクリーム,ポマード,チック,洗顔クリームを発売する 「ライオン歯磨」潤製大瓶入が発売される 王冠,コルクに配給制が実施される	日独伊三国同盟 大政翼賛会発会
昭和16	1941	清酒・食用油が配給制,医薬品が購入券制になる この頃,物資不足から黒い牛乳瓶が出回る 瓶入り「花王歯磨」が発売される 花王クリームの空瓶が回収される 石塚硝子株式会社が設立される 帝国王冠株式会社が設立される(のちの日本クラウンコルク)	太平洋戦争始まる,国民学校令
昭和17	1942	みそ・醤油・塩が配給制となる	ミッドウェー海戦
昭和18	1943	ビールが配給制になり,銘柄,商標を廃止して「麦酒」に統一される	学徒出陣

年号	西暦	ガラス瓶関連項目	一般
		帝国麦酒が大日本麦酒と合併する 寿屋（のちのサントリー）が海軍用「サントリーウィスキー（イカリ印)」を特製納入する 歯磨は瓶製や練り歯磨が禁止され，粉歯磨1種になる 丸善がサイダー瓶・ビール瓶入りインキを売り出す	
昭和19	1944	寿屋（のちのサントリー）が軍用「赤玉ポートワイン」の醸造を開始する 酒税法適用に伴って，ビール瓶の容量が大瓶633 ml，中瓶500 ml，小瓶336 ml になる	
昭和20	1945	東洋醸造（のちの旭化成）が「45ウイスキー」を発売する 柳屋ポマード・花王クリーム・ケンジポマード・パピリオクリームが製造を再開する 麦酒配給統制株式会社，容器不足のため瓶3本または桟箱1個とビール1本を交換する	敗戦，財閥解体
昭和21	1946	寿屋（のちのサントリー）が「トリスウイスキー」を戦後初めて発売する 昭和農産化工（のちの三楽オーシャン）が焼酎「三楽」を発売する 大黒葡萄酒が「オーシャンウイスキー」を発売する 浦上靖介商店，浦上食糧工業所と改組改称する（のちのハウス食品工業） 寿化学（のちのジュジュ化粧品）が創業する 資生堂が回収瓶整理所を設置する	
昭和22	1947	「カルピス」大瓶（630 ml)・中瓶（350 ml）が発売される 清涼飲料水取締規則が廃止され，『食品衛生法』が制定される（翌年1月施行，人工甘味料，合成保存料の使用が許可され果実飲料が発達） 資生堂が化粧品の容器を集めるため，東京・亀戸駅で空き瓶・空き缶・古紙回収のコンクールを実施する 歯磨工業会が歯磨用の錫・アルミ製チューブやブリキ缶を贅沢品として使用を自粛する	日本国憲法施行，労働基準法 独占禁止法，食品衛生法
昭和23	1948	ソース流行でソースメーカーが全国で2100工場に激増する 寿化学（のちのジュジュ化粧品）が「ジュジュポマード」を発売する 生活必需品111種（電球・ポマード・歯磨など）の価格統制が撤廃される	
昭和24	1949	大日本麦酒が集中排除法で日本麦酒（サッポロ・エビス・リボン）と朝日麦酒（アサヒ・ユニオン・三ツ矢）に分割される ビールの銘柄商標が復活する 「サントリー角びん」が出回る アメリカから「バヤリース・オレンジ」（進駐軍の酒保向け販売）が初輸入される 花王ポマードが発売される アメリカの化粧品メーカー，マックスファクターが日本に進出する	
昭和25	1950	寿屋（のちのサントリー）が「サントリーウイスキーオールド」を発売する ウイスキーのポケットビンが初登場する（「トリスウイスキーポケット」) 牛乳の自由販売が始まる 桃屋が「江戸むらさき」を発売する 武田薬品が「パンビタン」を発売する（総合ビタミン剤普及の始め） 花王のバニシングクリーム「カトレア」が発売される 寿化学が「マダムジュジュ」を発売する 明化美研が「クレオパトラ化粧品」を発売する 瓶の価格統制撤廃される	
昭和26	1951	寿屋（のちのサントリー）が贈答用ウイスキー「デルクストリスウイスキー」を発売する 寿屋（のちのサントリー）が「サントリー・ソーダ」を発売する 朝日麦酒が「バヤリースオレンジ」（ACL瓶),「ウイルキンソンタンサン」を発売する コカ・コーラが上陸するが，連合軍専用で市販禁止する ブルドック食品株式会社が「とんかつソース」を発売する 山城屋株式会社がイカリソース株式会社と改称する 「味の素」に新しいデザインの卓上瓶（30 g）が登場する	サンフランシスコ平和条約

年号	西暦	ガラス瓶関連項目	一般
		資生堂が「ドルックス」を復活発売する ピカソ美化学研究所が「葉緑素アストリンゼン」（自然化粧品の先駆け）を発売する 大杉彩芳園が「伊豆椿ポマード」を発売する この頃ガラス瓶に中身や品名を印刷され始める（ACL瓶） 『計量法』公布される（施行は翌年3月） ソーダ灰の配給，価格統制が撤廃される	
昭和27	1952	大日本果汁，ニッカウヰスキーと改称する 朝日麦酒が「全糖三ツ矢サイダー」，日本麦酒が「全糖リボンシトロン」，麒麟麦酒が「全糖キリンレモン」を発売する 明治製菓が「オレンジジュース」を発売する 日本麦酒が「リボンジュース（のちのリボンオレンジ）」を発売する 明治屋が濃縮オレンジジュースの製造を開始する 宝酒造が「ポンジュース」を発売する ジュースがブームとなる 牛乳2合瓶現れる	
昭和28	1953	ジュースが台頭，ラムネの人気が落ちる 「味の素」卓上小瓶（15 g）が発売される（昭和32年まで） パピリオ化粧品が「パピリオ・ドオル」を発売する オッペン化粧品が創業する	テレビ放送開始
昭和29	1954	麒麟麦酒が業界トップになる 麒麟麦酒が「キリンオレンジジュース」を発売する 武田薬品がチオール型ビタミンB1「アリナミン」を発売する 日本電気硝子がダンナーマシンでアンプル管の生産を始める	自衛隊発足
昭和30	1955	ニッカウヰスキーが「ゴールドニッカ」を発売する ウォッカ，ソ連から初輸入される 明治製菓が「天然オレンジジュース」を発売する 缶詰ジュースが出回る ユースキン製薬が創業する	
昭和31	1956	ニッカウヰスキーが「ブラックニッカ」を発売する 「キリンサイダー」が発売される 日本麦酒が「リボングレープジュース」を発売する テトラ牛乳（四面体紙容器）が初登場する ビルマン製造株式会社(のちのパンピー食品)からフルーツヨーグルト「ビルマン」が発売される 法律74号により「計量法」が改正され特殊容器㊕が制定される 『通産省令39号』により牛乳瓶の胴は丸，180 mlとなる	日ソ共同宣言，国連加盟 神武景気
昭和32	1957	「サッポロビール」が全国復活発売される 寶酒造，500 ml入りの中ビン「タカラビール」（100円）を発売する オリオンビールが設立され，「オリオンビール」を発売する 東京飲料（のちの東京コカ・コーラボトリング）が民間向けに初のレギュラーサイズ（190 ml）を発売する 日本飲料が「ペプシコーラ」を発売する 「カナダドライ」が発売される 宝酒造が「宝サイダー」を発売する 日本麦酒が「リボンパインジュース」を発売する コーヒー牛乳が関西地方で売り出される（ガラス瓶入り180 ml） 牛乳瓶にフィルム・フードが付く カゴメがネジ蓋広口瓶（ワイドスクリューキャップ）入りケチャップを発売する 食品工業がキューピーと社名を変える ウテナ化粧品が男性用クリームを発売する 日本硝子がリンチ社の16Bマシンを設置する 佐々木硝子がエム・ハート社のH-28機を導入する	東海村原子炉点火
昭和33	1958	朝日麦酒がわが国初の缶ビール（スチール缶）を発売する 麒麟麦酒が「キリンレモン」（ACL瓶）を発売する 寿屋（のちのサントリー）が「サントリージンジャーエール」を発売する 東京飲料（のちの東京コカ・コーラボトリング）が「ファンタ（オレンジ・グレープ）」（200 ml）を発売する	

年号	西暦	ガラス瓶関連項目	一般
		明治屋が「アップルジュース」を発売する 武田薬品，果汁飲料「プラッシー」を米販店ルートで発売する 日本セブンアップ株式会社が設立される カルピス食品工業が果汁入り乳酸飲料である「オレンジカルピス」を発売する 野田醬油（のちのキッコーマン）が卓上瓶150 ml を発売する キユーピーがポリ容器入りマヨネーズ（100 g）を発売する キユーピーが日本初のドレッシング「フレンチドレッシング」（200 g 瓶）を発売する 牛乳などの販売用容器の完全な洗浄確保のため，ビンの口径が 26 mm 以上と決められる 日本電気硝子が M-16 マシンを導入する	
昭和34	1959	缶入り「サッポロビール」が発売される（350 ml） 朝日麦酒がスチール缶の「バヤリース」を発売する コカ・コーラの瓶が日本で製造される 米セブンアップと宝ビールが提携して「セブンアップ」を発売する 愛知トマト（のちのカゴメ）がトマトペーストを発売する 資生堂が男性化粧品「フォアメン」を発売する 丸善が「アテナエースインキ」を発売する 柴田ハリオ硝子がホウケイ酸ガラスの量産を始める	メートル法実施
昭和35	1960	寿屋（のちのサントリー）が創業六十周年記念製品「サントリーローヤル」を発売する 寿屋（のちのサントリー）が「ライム」（780 ml）を発売する 寿屋（のちのサントリー）が「トリスタンサン」，「トリスジュース」を発売する 全国清涼飲料協同組合が統一マーク製品「コアップ・ガラナ」を発売する カルピス食品工業が「オレンジカルピス」（瓶入り 550 ml）を発売する 中外製薬が「グロンサン内服液」を発売する 武田薬品が小じわ専用栄養クリーム「ビネラ」を発売する ネジ口薬瓶の協会規格が制定され，無色透明でネジ口の「規格瓶（PS 瓶）」が登場する 製瓶工場にてブースティング，バブリング法が採用される	安保闘争激化
昭和36	1961	三楽酒造（のちの三楽オーシャン）がワイン「メルシャン」を発売する 寿屋（のちのサントリー）が「ローヤルクラウンコーラ」を発売する コーラが輸入が自由化される 森永乳業が「グレープジュース」を発売する 野田醬油（のちのキッコーマン）が「なで肩」の新卓上瓶 150 ml を発売する 武田薬品が総合調味料「いの一番」を発売する 森永乳業が「クリープ」を発売する 資生堂が「サンオイル」を発売する ポーラ化粧品が高級化粧品「ビノレーム」を発売する IS 型自動製瓶機が導入される（製瓶技術の高度化，多様化）	
昭和37	1962	寿屋（のちのサントリー）が「ヘルメスブランデー VSOP」を発売する 勝沼洋酒株式会社（のちのマンズワイン）が設立される オーシャン（旧・大黒葡萄酒）と三楽酒造が合併し，三楽オーシャンとなる 明治乳業が「スカット」を発売する 大正製薬が栄養保健剤「リポビタン D」を発売する ライオン油脂（のちのライオン）が男性整髪料「バイタリス」を発売する	キューバ危機
昭和38	1963	寿屋が社名をサントリーと改称し「サントリービール」を発売する 日本麦酒（のちのサッポロビール）が「サッポロジャイアンツ」を発売する キッコーマンが「デルモンテ・トマトジュース」を発売する 桃屋の「江戸むらさき／特級」が発売される 資生堂が男性化粧品「MG5」を発売する 化粧品の輸入が自由化される	
昭和39	1964	日本麦酒がサッポロビールに社名変更する 朝日麦酒が「アサヒスタイニー」を発売する	東海道新幹線開通 東京オリンピック開催

年号	西暦	ガラス瓶関連項目	一般
		大関酒造が「ワンカップ大関」を発売する サントリーが「サントリーウイスキーレッド」（丸瓶）を発売する ニッカウヰスキーが「ハイニッカ」を発売する ペプシコーラが「ファミリーサイズ」（500 ml）を発売する コカ・コーラが「ホームサイズ」（500 ml）を発売する 森永製菓が「サンキストレモン」を発売する 日本セブンアップ飲料が「チェリオ（オレンジ・グレープ）」を発売する 野田醬油がキッコーマン醬油株式会社に社名変更する 屋根型の 1 l 牛乳紙容器が登場する バーやクラブにミネラルウォーターが登場する にんべんが「つゆの素」を発売する 金属製 PP キャップをイギリスから技術導入される	
昭和 40	1965	サッポロビールが「サッポロストライク」（334 ml）を発売する（王冠を指で押し上げるプルトップ式第 1 号） 勝沼洋酒株式会社が「マンズワイン」を発売する ニッカウヰスキーがわが国初の 1000 円ウィスキー「ブラックニッカ」を発売する コカ・コーラが缶入り「コカ・コーラ」（250 ml）を発売する ペプシボトラー 8 社が「ミリンダ（オレンジ・グレープ）」を発売する 武田薬品が「マリンカ」を発売する 麒麟麦酒が「キリンレモンクレール」を発売する 森永乳業が「リンゴジュース」を発売する 大塚製薬が炭酸入り滋養強壮ドリンク「オロナミンＣ」を発売する キッコーマンが醬油 500 ml マンパック（ポリ容器）を発売する キューピーが日本初の和風ドレッシング「オリエンタルドレッシング」（180 g 瓶）を発売する 味付け海苔の瓶がポリ容器に変わる ウテナが「お子さまクリーム」を発売する	日韓基本条約
昭和 41	1966	森永東京ルートセールスが「サンキストオレンジジュース」，「サンキストグレープフルーツジュース」を発売する 愛媛青果連がテトラパック入り果汁飲料を試作販売する	
昭和 42	1967	サントリーがわが国初の瓶詰生ビール「サントリービール〈純生〉」を発売する 池田町が「十勝ワイン」，「十勝シェリー」，「十勝ブランデー」を売り出す 朝日麦酒が「三ツ矢レモン」，「三ツ矢レモラ」を発売する フルーツ牛乳やコーヒー牛乳の“牛乳”表示が禁止される カゴメからチューブ容器入りのケチャップ（300 g）が初めて発売される ミツカンがドレッシング「フレンチ」を発売する 資生堂が男性化粧品「MG5」シリーズを発売する	公害対策基本法制定
昭和 43	1968	コカ・コーラが缶入り「コカ・コーラ」（350 ml）を発売する 明治乳業が「パンピー」を発売する 味の素がマヨネーズを発売する 大塚食品工業が初のレトルト食品「ボンカレー」を発売する PVC（ポリ塩化ビニール）ボトルが登場するチューブ容器入りのケチャップが初めて登場する	
昭和 44	1969	サッポロビールがわが国初の低アルコールビール「サッポロライト」（小瓶）を発売する マンズワインが「マンズ甲州」を売り出す サッポロビールが「リボン純糖サイダー」を発売する 1 l の牛乳紙パックが発売される キッコーマンが醬油 1 l マンパック（ポリ容器）を発売する ブルドックソースが塩化ビニール容器「ブルパック」（300 ml）を新発売する キューピーが「アオハタ 55 オレンジママレード」（低糖度ジャム）を発売する 資生堂が「ブラバス」を発売する	大学紛争激化 アポロ 11 号月面着陸
昭和 45	1970	サッポロビールがアルコールゼロの「オーライト」（小瓶）を発売する ワインの輸入が自由化される 朝日麦酒が「三ツ矢サイダーシルバー」を発売する 森永乳業が「サンキストジュース」を発売する	大阪万博

年号	西暦	ガラス瓶関連項目	一般
		愛媛青果連が「ポンジュース」を全国発売する（100％果汁時代へ） 牛乳瓶が200 mlに転換する トマトケチャップ，ソース等でチューブビニール容器など簡易容器入り 製品のシェア高まる マンダムが「マンダム」シリーズを発売する	
昭和46	1971	朝日麦酒がわが国初のアルミ缶ビールを発売する（350 ml） バーボンを除くウイスキーの輸入が自由化される 森永乳業が紙パック入り果汁飲料を発売する 日本コカ・コーラが「スプライト」（200 ml）を発売する 破瓶事故が社会問題化する（コカ・コーラ「ホームサイズ」の破瓶問題 で販売を一時中止） ガラス瓶のリサイクルが初めて試みられる	環境庁発足
昭和47	1972	サントリーがニューファミリー向けの「デリカワイン」を発売する 朝日麦酒の「三ツ矢サイダー」がACL瓶に変わる この頃，ラムネの飲み口にポリエチレン加工が始まる 東京都町田市で最初の『空き瓶条令』が制定される	
昭和48	1973	サッポロビールが天然水「No.1」を発売する 麒麟麦酒がアルミ缶の「キリンレモン」を発売する 利根コカ・コーラボトリングが「ファンタ（グレープ・オレンジ）」 500 ml瓶を発売する 「ドクターペッパー」が発売される 日本コカ・コーラが「HI－C（アップル・オレンジ）」を発売する 「カルピスソーダ」が発売される（首都圏限定，翌年全国販売） 桃屋が「ごはんですよ！」を発売する	石油危機
昭和49	1974	キリンシーグラムが「ロバートブラウン」を発売する 長野コカ・コーラが1 l 瓶を発売する	
昭和50	1975	「ブドウ酒」の表示が「果実酒」に変わる 麒麟麦酒が大瓶に製造年月日のプリント表示を始める（昭和52年に中・ 小瓶にも実施） 利根コカ・コーラボトリングが「スプライト」500 ml瓶を発売する ミツカンが家庭用酢のオリジナル瓶を開発する	ベトナム戦争終結

参考文献：日本硝子製品工業会『日本ガラス製品工業史』，山本孝造『びんの話』，小菅桂子『近代日本食文化年表』，
家庭総合研究会『昭和家庭史年表』，下川耿史『明治・大正家庭史年表』，ゆまに書房『年表で見るモノの歴
史事典』，串間努・町田忍『ザ・ジュース大図鑑』など

著者紹介

桜井準也（さくらい　じゅんや）

1958 年新潟県生まれ。1988 年慶應義塾大学文学研究科後期博士課程修了（史学博士）。慶應義塾藤沢校地埋蔵文化財調査室勤務，慶應義塾大学文学部非常勤講師，助教授を経て現在，尚美学園大学総合政策学部教授。

著書：『モノが語る日本の近現代生活』（慶應義塾大学出版会，2004）

『知覚と認知の考古学』（雄山閣出版，2004）

『近現代考古学の射程』（編著書，六一書房，2005）

『考古学が語る日本の近現代』（共著，同成社，2007）

『近世・近現代考古学入門』（共著，慶應義塾大学出版会，2007）

『歴史に語られた遺跡・遺物』（慶應義塾大学出版会，2011）

『考古学とポピュラー・カルチャー』（同成社，2014）など

増補　ガラス瓶の考古学

2006 年 5 月 10 日　初版発行
2019 年 5 月 30 日　増補版　初版発行

著　者　桜井　準也

発行者　八木　唯史

発行所　株式会社 六一書房

　　　　〒101-0051　東京都千代田区神保町 2-2-22

　　　　TEL　03-5281-6161　　　　FAX　03-5281-6160

　　　　http://www.book61.co.jp　　E-mail　info@book61.co.jp

　　　　振替　00160-7-35346

印　刷　株式会社 三陽社

ISBN 978-4-86445-118-5　　C3021　　@Junya Sakurai 2019　　Printed in Japan